ISO 27001
規格要求事項の解説とその実務

情報セキュリティマネジメントの国際認証制度への対応

島田裕次
榎木千昭
澤田智輝
内山公雄
五井　孝

日科技連

本書は，ISO/IEC 27001：2005 の日本語訳として，JIS Q 27001：2006（以下，JIS 規格票という）を使用しました．JIS 規格票を引用するにあたっては，著作権者の許可を得ております．

編集段階での校正には慎重を期しておりますが，万一，JIS 規格票と異なる場合には，規格票を優先してください．

まえがき

　ISMS適合性評価制度に関する解説書『ISMS認証基準と適合性評価の解説』を2002年に出版してから，早くも4年が経ってしまった．その間に，ISMS認証基準の改訂(Ver.2.0)や，経済産業省の情報セキュリティ監査制度の創設などさまざまな取組みが行われてきた．これにともなって，情報セキュリティに関する世間の関心と理解も高まってきているにもかかわらず，相変わらず情報セキュリティにかかわる事件・事故の発生は後を絶たない．

　こうしたなかで，ISO/IEC 27001：2005が2005年に発行され，それを受けてJIS Q 27001：2006が2006年5月に発行された．ISMS適合性評価制度においても，これにともなって，ISO/IEC 27001：2005(JIS Q 27001：2006，以下ISO 27001という)にもとづいて認証することになる．

　前著は幸いにも好評であり読者から最新の解説書を求める声が多く寄せられていたので，本書を出版することにした．執筆に際しては，前著で好評だった図表を利用して，わかりやすく説明することを心がけた．また，前著の出版以降のICT(情報通信技術)，情報セキュリティ技術，情報セキュリティ監査に関する変化や今後の動向をふまえて，ISO 27001の内容を解説した，まったく新しい解説書になったと思っている．

　情報や情報処理設備などの情報資産は，組織にとって重要な役割を果たしている．一方，システム障害によって顧客や取引先に迷惑をかけたり，個人情報が漏えいしてマスコミをにぎわせたりすることは後を絶たない．また，情報の内容が間違っていたために，誤った請求や決済を行

まえがき

うことも珍しくない．こうした情報セキュリティにかかわる事件・事故の発生を可能な限り抑制し，情報資産を安全な状態におくことは，事業活動を成功に導くための必須要件となっている．

ISO 27001 は，組織の情報セキュリティを確保するための規格として生まれたものであり，これにもとづいて情報セキュリティマネジメントシステムを確立し維持することは，組織のセキュリティへの取組みが一定水準にあることを外部にアピールできるだけではなく，経営者が事業活動を安全に遂行するための仕組みを構築するうえで非常に重要である．

本書は，ISO 27001 について，その内容をわかりやすく解説することをねらいとしている．第 1 章では，情報セキュリティの定義とその必要性について，情報セキュリティ事件・事故の事例を挙げて述べている．第 2 章では，BS 7799 などの情報セキュリティを巡る国際動向にふれつつ，ISO 27001 の策定経緯や同規格にもとづく認証制度について説明する．

第 3 章から第 8 章までは，ISO 27001 の「3 用語及び定義」から「8 ISMS の改善」に対応させて，具体的な内容について説明している．また，第 9 章は，ISO 27001 の「附属書 A（規定）管理目的及び管理策」の構成に合わせて解説している．

第 3 章では，ISO 27001 を理解するために必要な用語とその定義について説明し，第 4 章では，情報セキュリティマネジメントシステムの一般要求事項，確立および運営，文書化に関する要求事項，について述べている．第 5 章では，情報セキュリティマネジメントシステムにおいて特に重要な役割を果たす経営陣の責任に関する要求事項を解説している．また，第 6 章では，マネジメントシステムが実施されているかどうかをチェックするために不可欠な ISMS 内部監査について説明している．第 7 章では，経営陣が実施すべきマネジメントレビュー，第 8 章では，PDCA サイクルの ACT（処置）に相当する ISMS の改善について，それ

それ解説している．

第9章は，本書の中核部分である．附属書Aで示されている管理目的および管理策の内容に関して，図表を用いてわかりやすく詳細な説明を心がけた．

本書は，ISMS適合性評価制度運営委員会委員であるKPMGビジネスアシュアランス執行役員の榎木千昭氏に協力していただき，同社でISO 27001にもとづく認証の取得支援を行っている内山公雄，澤田智輝の両氏にも執筆をお願いした．また，情報セキュリティやシステム監査の国際動向や監査実務に詳しい大和総研の五井 孝氏にも執筆に加わっていただいているので，認証取得だけではなく，情報セキュリティの実務にも役立つ内容となったと考えている．

執筆に際しては，筆者らの勤務先からのご支援をいただいており，この場を借りて感謝を申し上げたい．日科技連出版社の鈴木兄宏氏には編集に際して貴重なご意見と支援をいただいており，御礼を申し上げる．

情報セキュリティマネジメントシステムを確立し維持することは，組織にとっての課題にとどまらず，社会が情報資産を安全に利用するために果たさなければならない組織の社会的な責任でもある．本書が情報セキュリティの向上に貢献し，健全なIT社会の発展に役立てば幸いである．

2006年6月

著者を代表して　島　田　裕　次

ISO 27001
規格要求事項の解説とその実務

まえがき ――――――――――― iii

第1章 情報セキュリティマネジメントシステムの意義と概要
- 1.1 ● 情報セキュリティの意義 ――――――――――― 2
- 1.2 ● 情報セキュリティマネジメントの必要性 ――――――― 5
- 1.3 ● 情報セキュリティマネジメントシステムの概要 ――― 10

第2章 情報セキュリティマネジメントの国際規格と認証制度
- 2.1 ● 情報セキュリティマネジメントの国際規格 ――――― 18
- 2.2 ● ISO/IEC 27000ファミリーの概要 ――――――――― 27

Information security library

- 2.3 ● ISO 27001とISMS認証基準（Ver.2.0）との相違点 ――― 30
- 2.4 ● ISO 27001の認証制度の概要 ―――――――――― 33
- 2.5 ● 認証取得審査の概要 ―――――――――――――― 41
- 2.6 ● ISMS認証基準（Ver.2.0）からISO 27001への移行 ――― 51

第3章 用語および定義
- 3.1 ● 用語および定義 ―――――――――――――――― 56

第4章 情報セキュリティマネジメントシステム
- 4.1 ● 一般要求事項 ――――――――――――――――― 70
- 4.2 ● ISMSの確立および運営管理 ―――――――――――― 73
- 4.3 ● 文書化に関する要求事項 ―――――――――――― 88

第5章 経営陣の責任
- 5.1 ● 経営陣のコミットメント ――――――――――――― 98
- 5.2 ● 経営資源の運用管理 ―――――――――――――― 102

第6章　ISMS内部監査
6.1 ● ISMS内部監査 ——— 108

第7章　ISMSのマネジメントレビュー
7.1 ● 一般 ——— 116
7.2 ● レビューへのインプット ——— 119
7.3 ● レビューからのアウトプット ——— 122

第8章　ISMSの改善
8.1 ● 継続的改善 ——— 126
8.2 ● 是正処置 ——— 128
8.3 ● 予防処置 ——— 130

第9章　「管理目的及び管理策」の解説
9.1 ● セキュリティ基本方針 ——— 134
9.2 ● 情報セキュリティのための組織 ——— 137
9.3 ● 資産の管理 ——— 144
9.4 ● 人的資源のセキュリティ ——— 149
9.5 ● 物理的および環境的セキュリティ ——— 158
9.6 ● 通信および運用管理 ——— 168
9.7 ● アクセス制御 ——— 199
9.8 ● 情報システムの取得，開発および保守 ——— 220
9.9 ● 情報セキュリティインシデントの管理 ——— 233
9.10 ● 事業継続管理 ——— 239
9.11 ● 順守 ——— 243

参考文献 ——— 251　　索引 ——— 253

第 1 章

情報セキュリティマネジメントシステムの意義と概要

ISO/IEC 27001：2005（JIS Q 27001：2006，以下 ISO 27001 という）は，情報セキュリティマネジメントシステム（Information Security Management System，以下 ISMS という）にかかわる規格である．本章では，情報セキュリティの基本的な概念である，機密性，完全性および可用性の3つの要素について説明する．次に，情報セキュリティの必要性について，事例を挙げて具体的に解説する．最後に ISMS のフレームワークについて述べる．

1.1 情報セキュリティの意義

(1) 情報セキュリティの定義

情報セキュリティとは，簡単にいえば，情報を安全な状態にしておくことである．ISO 27001 では，情報セキュリティを「情報の機密性，完全性及び可用性を維持すること．さらに，真正性，責任追跡性，否認防止及び信頼性のような特性を維持することを含めてもよい．」と定義している．情報セキュリティの基本は，機密性，完全性および可用性という3つの要件を満足している状態であり，これらの要件を満たした状態が安全な状態といえる(図表1.1)．

2002年に改訂されたOECDの『情報システムのセキュリティガイドライン』(Guidelines for the Security of Information Systems and Networks：Towards a Culture of Security，以下OECDガイドラインという)では，情報セキュリティの9原則として，①認識，②責任，③対応，④倫理，⑤民主主義，⑥リスクアセスメント，⑦セキュリティの設計及び実装，⑧セキュリティマネジメント，⑨再評価を挙げている．このように情報セキュリティの重要性は，OECDのセキュリティ原則で明確にされている．

なお，ISO 27001の**附属書B**において，OECD原則のうち特にISO

図表1.1 情報セキュリティの3つの要素

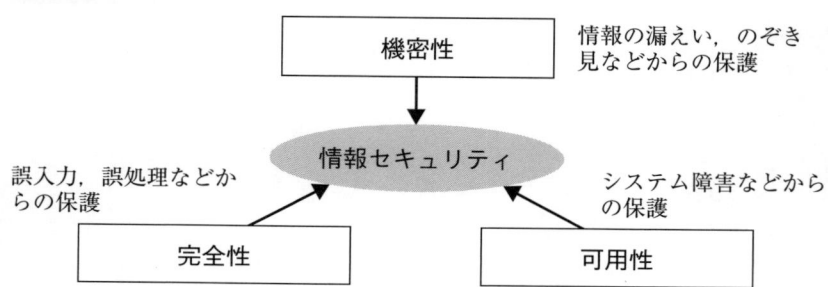

27001 に関連する原則（認識，責任，対応，リスクアセスメント，セキュリティの設計及び実装，セキュリティマネジメント，再評価）との対応表を示している．

（2） 機密性（confidentiality）

機密性は，ISO 27001 の 3.3 において，「認可されていない個人，エンティティ又はプロセスに対して，情報を使用不可又は非公開にする特性」と定義されている．許可された者によって，許可されたときに，許可された場所から情報にアクセスできる状態を機密性が確保されているという．つまり，不正アクセスや過失などによる情報（データ）の漏えいや流出から保護されている状態である．例えば，人事情報は，人事担当者しかアクセスできない状態にしておき，営業担当者など人事業務に関係のない者が従業員の給与・賞与・人事査定などの情報にアクセスできないようにしなければならない．

（3） 完全性（integrity）

完全性は，ISO 27001 の 3.8 において，「資産の正確さ及び完全さを保護する特性」と定義されている．"正確さ"とは，情報の内容自体が正確であることを意味している．例えば，"ABC"という情報がシステムに正確に"ABC"として入力され，データベースに保存されることといえる．"完全さ"とは，情報が首尾一貫して整合性をもって処理されることを意味している．例えば，"いろは"を示す"123"というコードが入力されると，情報システムのなかで"いろは"という名称が付加されて，画面や帳票に出力されることといえる．いずれにしても，"正確さ"と"完全性"は，密接な関係をもっており，両者が確実に確保されることによってセキュリティが確保される．

つまり，情報が正確・完全な状態であるとき，または情報が正確・完

全に情報システム(情報処理施設など)で処理される状態にあるときに，完全性が確保されているという．例えば，入力されたデータの内容に誤りがあると，正しい納品先(住所)に，正しい納期で，正しい商品を配送できなくなるおそれがある．また，会計情報に誤りがある場合には，正確な財務諸表を作成することができない．完全性の確保は，組織の事業活動を円滑に遂行するとともに，経営者が的確な経営判断を行ううえでの必須要件の一つである．

(4) 可用性(availability)

可用性は，ISO 27001 の 3.2 において，「認可されたエンティティが要求したときに，アクセス及び使用が可能である特性」と定義されている．情報および情報システムを利用したいときや利用する必要があるときに情報および情報システムを利用できることを，可用性が確保されているという．例えば，顧客から注文があったときに，販売情報システム(受注管理システム)がトラブルなどによって停止している場合には，注文をタイムリーに受け付けられず，ビジネスチャンスを逃すおそれがある．こうしたことを避けるために情報システムの安定稼動のための管理策が講じられる．

なお，紙の書類や図面といった情報システム以外の情報についても，利用したいときに利用できるようにしておく必要がある．例えば，段ボール箱に書類や図面を詰め込んだままにしておいては，必要なときに必要な書類や図面を取り出せないので，インデックスや整理番号を付けて管理することも大切になる．

1.2 情報セキュリティマネジメントの必要性

(1) 企業活動における情報資産の重要性の増大

　企業活動においては，情報資産(情報および情報処理施設など)が不可欠なものとなっている．情報資産は，**図表1.2**に示すように経営戦略，業務プロセスと密接な関係にある．業務プロセスは，業務用ソフトウェアなどの情報資産によって支援されており，業務用ソフトウェアを通じて収集された情報は，営業活動，商品の配送やサービスの提供など，さまざまな形で利用される．さらに，情報は，経営戦略策定などの支援システムで活用され，経営判断に利用されたり，経営戦略の策定で利用さ

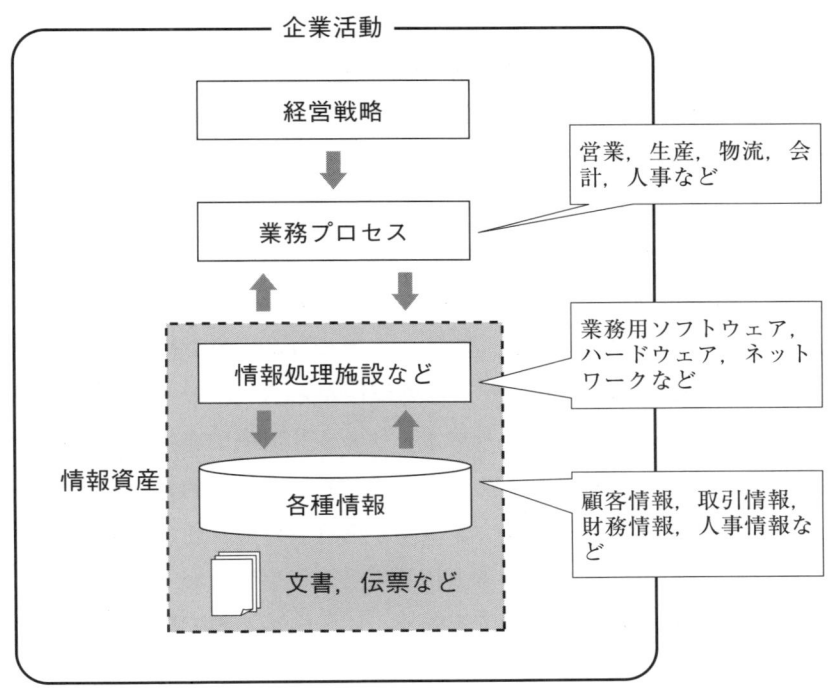

図表1.2　企業活動と情報資産の関係

れたりする．

　情報および情報処理施設などの情報資産が，システム障害，不正アクセス，通信障害などにより使用できなくなると，業務処理の中断や停滞が発生してしまう．この結果，顧客や取引先などに多大な迷惑をかけてしまうことがある．

（2） 情報セキュリティインシデントの事例

　システムトラブルや情報漏えいといった情報セキュリティにかかわる事件・事故のことを，情報セキュリティインシデントという．情報セキュリティインシデントは，機密性にかかわるインシデント，完全性にかかわるインシデント，可用性にかかわるインシデントに分類できる．具体的な情報セキュリティインシデントの事例を図表1.3に示す．

（3） 情報セキュリティに関する経営者の責任

　情報資産が企業経営にとって大きな影響を及ぼす場合，情報セキュリティの確保は経営者にとっての重要な課題である．つまり，経営者の責務だといえる．

　情報セキュリティに関する経営者の責任が問われた代表的な事例には，大手銀行のシステムトラブルがある．この事例は，銀行の統合にともなって，情報システムを統合し(情報システムの本格的な統合ではなく暫定的なもの)稼動を開始したが，稼動直後からATMのトラブル，銀行口座からの引落処理や振込処理のトラブルが相次いで発生し，社会的な問題となったものである．この結果，当該銀行の社会的責任が問われる大事件に発展した．同行は，マスコミから経営者の責任を追及されただけではなく，社長が国会に参考人招致を受ける事態になった．さらに，金融庁および東京都の特別検査を受け，口座引落処理で影響を受けた企業などから損害賠償を求められるといった厳しい状況に陥った．

1.2 情報セキュリティマネジメントの必要性

図表1.3 情報セキュリティインシデントの事例

分類		事故の内容
機密性	従業員によるもの	公務員による業務以外での年金情報の閲覧事件，電話会社の社員が端末から県内の利用者全員の住所情報をMO（光磁気ディスク）にコピーして，第三者に渡した見返りに現金を受領した事件や，百貨店のカード会員の顧客情報38万件余りが社員によって漏えいした事件などがある．
	外部委託先によるもの	地方自治体の住民情報21万人分がシステム開発の委託先から名簿業者に売却された事件や，再委託先の従業員のノートパソコンが盗難に遭って約1,500人分のメールアドレスなどが漏えいした事件などがある．
	システムの欠陥	クレジット会社で，支払義務のない元会員約4千人に請求書を送付した事例や，顧客約1万3千人に他人の利用明細を誤って記載した請求書を送付してしまった事例がある．これらは，プログラムミスや印刷ミスにチェック漏れが重なったことが原因とみられている．
	不正アクセス	菓子メーカーのホームページが外部から侵入され，パスワードがなくても約1,200人分の氏名・住所・メールアドレスなどの顧客情報を閲覧できる状態にされた事例などがある．
	操作ミス	旅行会社が広告メールを配信する際に誤って約4千人分の会員のメールアドレスが表示された状態で送信した事例や，衣料品会社がインターネット上のショッピングサイトの顧客にメールを送る際にソフトが不具合だったために手作業で送信したところ，570人のメールアドレスを隠さずに送信した事例などがある．
	コンピュータウイルス	警察，自衛隊，民間企業などでファイル交換ソフトおよびコンピュータウイルスによって，捜査情報，防衛上の機密情報，個人情報や機密情報などさまざまな情報の漏えいが発生している．
完全性		証券会社で誤発注したデータの取消しが適切に行えずに，大きな損失を被った事例，大手銀行のシステムトラブルによって，顧客の銀行口座から二重引落しされた事例や，ATM（現金自動預払機）を利用して12月28日に振込処理を行ったところ翌年の1月4日付けで処理されてしまった事例がある．このほかに，ネット銀行のプログラムミスが原因で口座維持手数料を二重に引き落とした事例などがある．
可用性		証券取引所のシステム障害によって証券取引市場が混乱した事例や，金融機関のシステム障害によってATMが利用できなくなった事例がある．また，住民基本台帳ネットワークの稼動初日にサーバープログラムミスによって約1,800件分のデータが送信できなかったトラブルが発生した事例や，サーバーの故障などにより送信できなかった事例がある．このほかに，書類の可用性を損なったものとして，大手消費者金融業で，顧客約1,800人分の契約書を誤って焼却処分してしまった事例がある．

このほかに証券取引所のシステム障害や誤発注によって，証券取引市場が大きく混乱し，社会問題となった事例もある．さらに，2005年4月からの個人情報保護法の本格施行にともなって，個人情報の紛失や漏えいがマスコミで大きく取り上げられ，経営者が謝罪するなどの事例も多発している．

(4) ERMと情報セキュリティマネジメントの必要性

ERM(Enterprise Risk Management：企業の統合的リスク管理)は，企業を取り巻くリスクを統合的に管理し，事業目的の達成，持続的発展の確保などのために経営資源を有効かつ効率的に投入していこうとする仕組みやプロセスのことをいう．情報セキュリティに関するリスクは，ERMで取り扱う重要なリスクのうちのひとつである．

ISO 27001は，ISMSの確立と維持を目的とした規格であり，適用する対象は，情報および情報処理施設などの情報資産である．組織には，情報資産にかかわらないリスクも存在する．例えば，組織の財務上のリスク(収支や資金繰りの悪化など)，取引先の信用リスク(倒産，売掛金等の貸倒など)，所有車両や従業員の交通事故，生産設備や倉庫の火災，環境リスクなど多種多様なリスクがある．

経営の立場から見ると，企業活動(企業目的の達成)を阻害する要因が情報資産に直接かかわるリスクであっても，情報資産に直接かかわらないリスクであっても，企業活動に支障を来すという事態そのものに違いがあるわけではない．例えば，物流システムのトラブル(情報セキュリティインシデント)によって取引先への納品が遅れる場合であっても，トラックの故障によって納品が遅れる場合であっても，納品が遅れるというリスクに違いはない．これは，取引先(顧客)から見ても同様である．遅れた原因によって，納期までに商品が届かないという状況に違いがあるわけではない(図表1.4)．

1.2 情報セキュリティマネジメントの必要性

図表1.4 経営者および顧客から見た情報セキュリティインシデントの意義

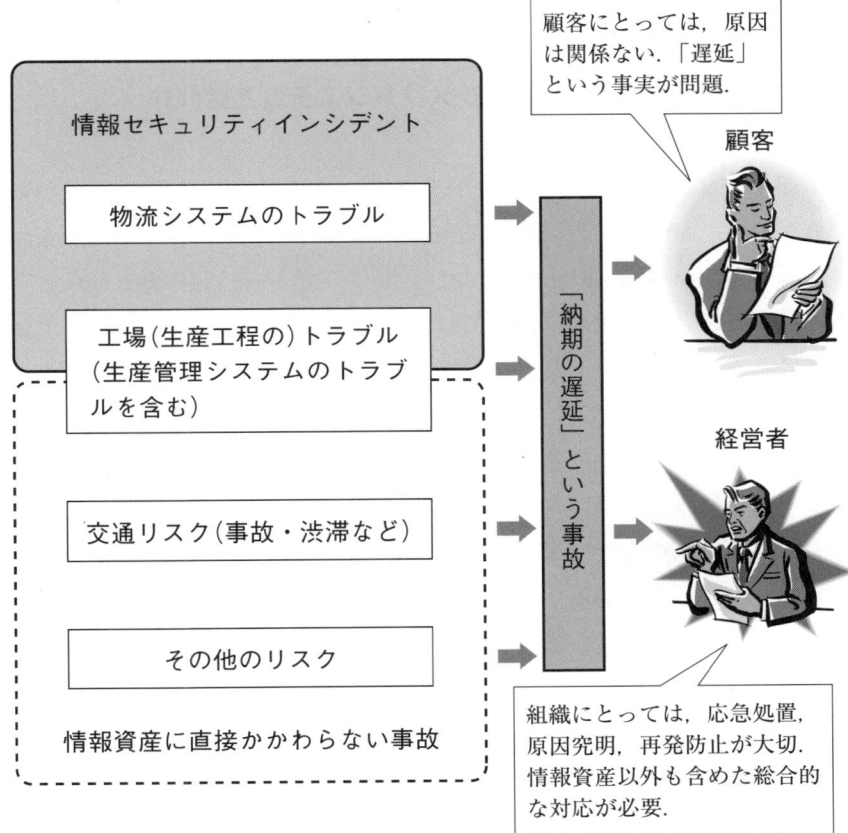

組織の事業目標を達成するためには，情報資産に直接かかわるリスクと，情報資産に直接かかわらないリスクの両方をふまえて情報セキュリティを考える必要がある．具体的には，ERMを構成する重要な要素として情報セキュリティを位置づけて，ISMSを確立・維持することが重要である．換言すれば，人，物，金，情報にかかわる情報セキュリティの相互の関連性を十分理解し，情報セキュリティを統合的に考えることが肝要である．

1.3 情報セキュリティマネジメントシステムの概要

(1) 情報セキュリティマネジメントシステムとは何か

a) 経営管理とISMS

情報セキュリティマネジメントシステム(ISMS)は，4つの単語からできている．それらは，「情報(Information)」「セキュリティ(Security)」「マネジメント(Management)」および「システム(System)」である．一つひとつの単語に関しては，既に周知のものであろう．ただし，最後にある「システム」は，いわゆる「情報システム」や「コンピュータシステム」の意味ではなく，この場合は，「経営管理の仕組みや方式」といった意味合いである．企業経営においては，コンプライアンス管理や品質管理など多くのマネジメントシステムが必要である．ISMSはそれらのうちのひとつであり，「情報セキュリティ」にかかわるマネジメントシステムである．

情報技術への依存度がますます高まり，それにともない情報セキュリティの事件や事故が多発している今日において，ISMSは，組織にとって必要不可欠なマネジメントシステムである．

マネジメントシステムとは，組織の目標を達成するために必要なマネジメントを効率的・効果的に行うための仕組みや方式である．マネジメントシステムにおいて重要なことは，その管理が継続的かつ有効に機能することである．担当者や管理者が替わったり，外部環境の変化によって，そのマネジメントシステムの目標が達成できなくなるようであれば，マネジメントシステムが有効に機能しているとはいえないのである．

b) ISMSのPDCAモデル

マネジメントシステムが継続的かつ有効に機能するには，図表1.5の

1.3 情報セキュリティマネジメントシステムの概要

図表 1.5 ISMS プロセスに適用される PDCA モデル

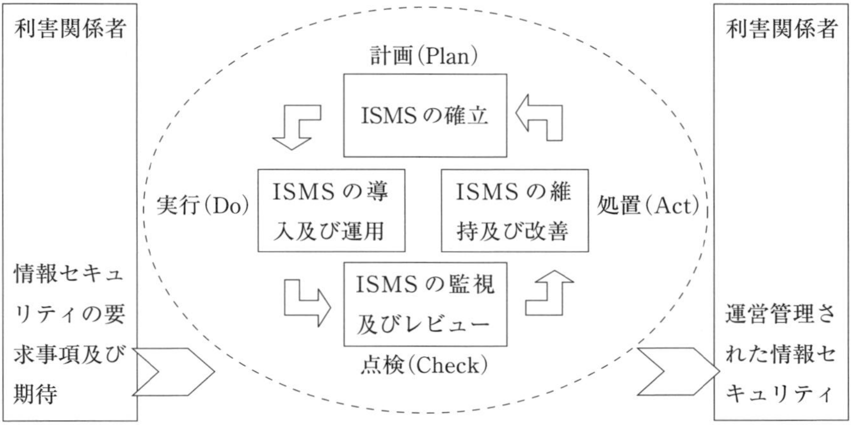

```
利害関係者                                          利害関係者

              計画(Plan)
              ISMS の確立

   実行(Do)   ISMS の導    ISMS の維   処置(Act)
              入及び運用   持及び改善

  情報セキュ    ISMS の監視
  リティの要    及びレビュー              運営管理さ
  求事項及び    点検(Check)              れた情報セ
  期待                                    キュリティ
```

出典）JIS Q 27001 : 2006.

ような PDCA モデルを確立していることが必要である．この PDCA モデルを ISMS に当てはめてみよう．最初の "Plan" の段階では，ISMS 構築のための計画を策定する．この際には，組織や業務にかかわる情報リスクを評価し，経営目標を達成するための情報セキュリティマネジメント戦略や方針および計画，またそれを実施するための組織体制を整備することになる．この情報セキュリティマネジメントにかかわる戦略や方針を文書化したものが「情報セキュリティ基本方針」である．

次の "Do" の段階では，「情報セキュリティ基本方針」にもとづく具体的な対策を実施する．情報セキュリティにかかわる具体的な判断や行動の基準となる対策基準(情報セキュリティ規程)や実施手順(情報セキュリティにかかわる各種マニュアルなど)の策定，セキュリティ機器やソフトウェアなどを導入することなどがこれにあたる．

"Check" の段階では，対策基準や実施手順が順守されているか，また，情報セキュリティ対策が有効に機能しているかなどを，情報セキュリティ監査などで監視およびレビュー(モニタリング)する．最後の "Act"

の段階では，監視およびレビューの結果をふまえて，必要に応じて対策基準，実施手順，その他の情報セキュリティ対策や組織体制を見直す．PDCAモデルを継続的に回していくことにより，組織の情報セキュリティレベルはより確かなものとなっていくのである．

(2) ISMSと経営者の役割

a) ISMSと経営責任

情報セキュリティにかかわる経営者の役割について考えてみよう．情報セキュリティにかかわるリスクを実際に評価したり，具体的なセキュリティ製品の選定にかかわったり，情報セキュリティ規程を作成したりすることは重要であるが，これらを直接行うことが経営者の役割ではない．経営者の役割は，上記のことが適切に行われるためのマネジメントシステムを構築することである．例えば，情報技術に明るく，情報セキュリティに関心の強い経営者の場合には，積極的に情報セキュリティ投資を行ったり，専任の情報セキュリティ管理者をおき，高いレベルの情報セキュリティ対策を実施するかもしれない．しかし，それだけでは適切なISMSを構築しているとはいえない．経営者が交替した途端に，その組織の情報セキュリティのレベルが低下するかもしれないからである．ISMSが適切に構築されている組織とは，たとえ経営者が交替したとしても，適切な情報セキュリティレベルが維持される仕組みを有する組織である．

2006年5月，インターネット接続サービス企業での個人情報の漏えい事件に対する訴訟の判決において，裁判所は一人当たり6,000円の支払いを命じる判決を下した．判決理由としては，「会社が不正アクセスを防止する措置を怠った」ことが挙げられている．このことは，情報セキュリティにかかわる事件や事故で企業が多額の損失を被った場合において，適切なISMSが構築されていなかったことにより，経営者個人の

責任が問われる可能性があることを示唆している．

このように，同じような事件や事故を起こした場合でも，杜撰(ずさん)な情報セキュリティ対策しか行っていなかった結果としてそれが生じたのか，それとも適切なISMSを構築していたにもかかわらず事件や事故が生じてしまったのかによって，企業や経営者の責任はまったく異なってくる．

b) 情報セキュリティ投資の考え方

今日，組織はさまざまな情報セキュリティの事件や事故によって損害を被っており，**図表1.6**が示すように情報セキュリティ対策にかかわる投資も急速に増加している．

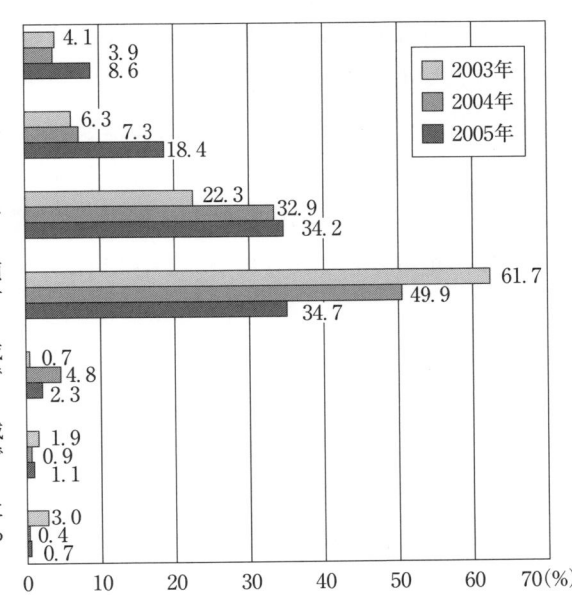

図表1.6　情報セキュリティ関連投資の経年変化

出典　NRIセキュアテクノロジーズ：『企業における情報セキュリティ実態調査2005報告書』
　　　http://www.nri-secure.co.jp/news_alert/report/trend/05_07_20.html

情報セキュリティ対策に費やしたお金が，どれぐらいの効果をあげているのか，また，その対策が効率的に行われているのか，といった疑問を抱えている経営者や管理者は多い．今日，コンサルティング会社やITベンダー，また大学などにおいて，この疑問に答えるための努力が行われているが，多くの経営者を納得させることのできる回答は当分でそうにない．一方，経営者は，情報セキュリティを単なる管理コストと考えるのではなく，組織の戦略目標を達成するために必要不可欠なインフラ投資として考える必要がある．経営者の役割は，情報セキュリティの責任者や担当者が具体的にどのようなセキュリティ対策をどの程度行えばよいのかが明確になるように，事業戦略や情報戦略を提示することであり，また適切なISMSを構築することである．

しかし，適切なISMSを構築していても，情報セキュリティにかかわる事件や事故は発生する．また，どんなに情報セキュリティ対策にお金をつぎ込んでも，事件や事故を完全に防ぐことはできない．ISMSは，事件や事故をゼロにすることが目的ではない．逆に，投資対効果などを考慮し，経営判断としてリスクの受容をどれぐらいのレベルにするかを決めることが重要である．採算を度外視して情報セキュリティ投資を行うことは，企業としてあり得ないからである．

（3） ISMSの構築と認証制度

a） マネジメントシステムと認証取得

マネジメントシステムの構築に関して，第三者が審査し，認証を行う制度がある．その代表例が，品質マネジメントシステムや環境マネジメントシステムの認証制度である．同じようにISMSについても認証制度がある．これについては第2章で詳しく述べる．これらの認証制度に共通していえることは，認証を取得していることと，適切なマネジメントシステムを構築していることは，必ずしも同じではない，ということで

ある.

　例えば，品質マネジメントシステムの認証を取得せず，独自の品質管理システムを構築している企業としては，トヨタ自動車が有名である．トヨタ自動車は，認証を取得しなくても，十分な品質が確保できるマネジメントシステムを構築していると自負している．一方，認証を取得している組織において，認証取得自体が目的化され，本来の目的が形骸化しているケースもある．ISMSにおいても，認証を取得していなくても，適切なISMSを構築できるし，実際にそうしている組織もある．

b）認証取得のメリット

　一方，認証を取得するメリットもある．ISMSを構築したものの本当にこれで良いのか確信がもてない場合に，認証取得のための審査を受けることによって，第三者に客観的に評価をしてもらうことでその妥当性を確認できる．また，既に述べたとおりマネジメントシステムは継続的に機能していることが必要である．大きな情報セキュリティ事件や事故に幸いにも遭っていない組織では，情報セキュリティのレベルを維持するためのモチベーションを維持し続けることは至難の業である．定期的に第三者の審査が行われる認証制度によって，そのモチベーションを維持していくことも，ひとつの方法である．

　最近では，適切な情報セキュリティ対策を行っていることを他社との差別化戦略として打ち出している組織もある．また，取引条件として，適切な情報セキュリティ対策を行っていることが要求される場合もある．すべての組織が，ブランド力のあるトヨタ自動車と同じように認証を取得しなくても世の中に認められることは難しい．特に情報セキュリティは品質や環境と比べて，目に見えない部分が多いからである．

　実際に，日本におけるISMSにかかわる認証制度の取得企業は，**図表1.7**のように2006年3月末時点で既に約1,500社に上り，取引先など

第1章 情報セキュリティマネジメントシステムの意義と概要

図表1.7 ISMS 適合性評価制度の認証取得推移

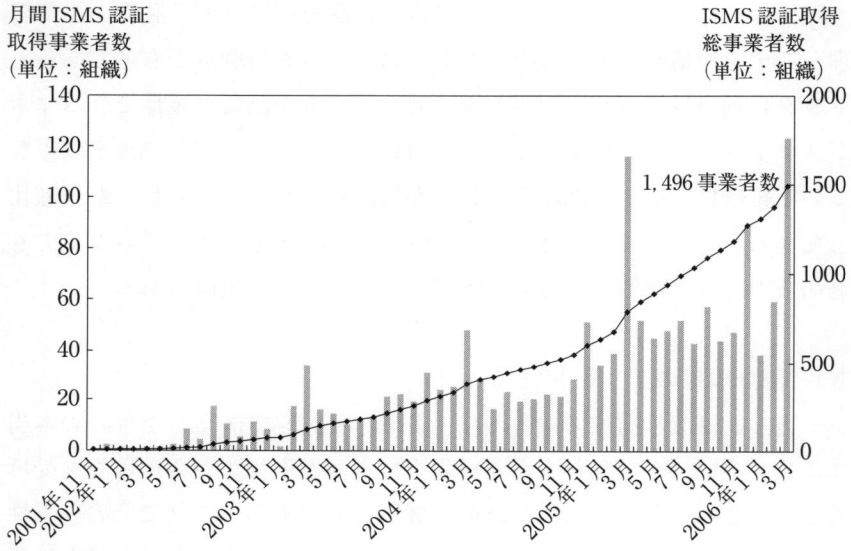

注） 2006 年 4 月 7 日現在の JIPDEC の発表にもとづき作成．

の情報セキュリティレベルを判断する指標としても利用されるようにもなってきた．このような状況をふまえ，第 2 章では，ISMS にかかわる認証取得制度の概要とその認証基準についてもふれることにする．

第2章
情報セキュリティマネジメントの国際規格と認証制度

　本章では，情報セキュリティマネジメントの国際規格であるISO 27001制定までの経緯とISO/IEC 27000ファミリーを構成する各規格の概要やISO 27001にもとづく認証制度について解説する．また，ISMS適合性評価制度において，ISMS認証基準(Ver.2.0)からISO 27001への移行を計画している組織のための参考として，規格の相違点や移行のための審査の概要について述べる．

2.1 情報セキュリティマネジメントの国際規格

(1) BS 7799のISO化

　ISO 27001は，情報セキュリティマネジメントに関するデファクトスタンダードとなっているBS 7799-2(パート2)をベースに作成された．BS 7799とは，組織が情報セキュリティを確保するための規範を取りまとめた英国規格(British Standard)であり，**図表2.1**に示すように，2つのパートから構成されている．現在では，**図表2.2**のような経緯で，パート1，パート2ともに，ISO化およびJIS化されている．

　1995年2月，英国企業の情報セキュリティのレベルを底上げするために，産業界のベストプラクティスが取りまとめられ，「BS 7799：1995 A Code of Practice of Information Security Management(情報セキュリティ管理実施基準)」が発行された．この時点では，組織全体ではなく情報システムの情報セキュリティ確保に力点が置かれていた．

図表2.1 BS 7799の構成

BS 7799-1：1999　Code of Practice for Information Security Management (情報セキュリティマネジメントの実践のための規範)
・組織の情報資産を保護するための管理策を包括的に規定した規格． ・「情報セキュリティ責任の割当て」など，BS 7799認証を取得する際に，組織が採用する管理策の具体的な例示が規定されている． ・2000年12月にISO/IEC 17799：2000となったことにともなって，BS 7799-1：1999は廃止された．
BS 7799-2：2002　Specification for information security management systems(情報セキュリティマネジメントシステム―要求事項)
・PDCAプロセスにより管理策を継続的に向上する，組織の情報セキュリティマネジメントシステムについて規定した規格． ・規定事項は，BS 7799認証を取得するために組織が対応しなければならない要求事項となる． ・ISO/IEC 27001：2005のベースとなった規格であり，2005年10月のISO 27001の発行と同時に，BS 7799-2：2002は廃止された．

2.1 情報セキュリティマネジメントの国際規格

図表2.2 BS 7799 から ISO 化および JIS 化の流れ

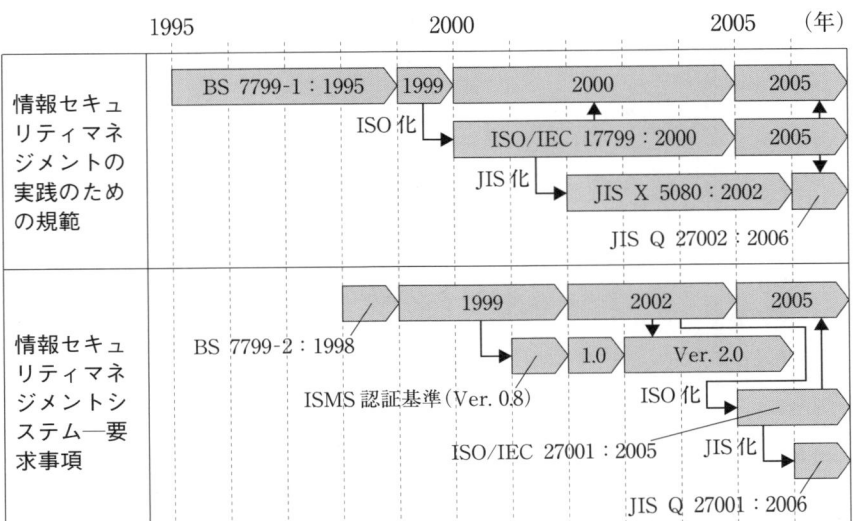

　その後，1998年2月，BS 7799：1995 は「BS 7799-1：1995 Code of practice for information security management」と改称され，新たに「BS 7799-2：1998 Specification for information security management systems(情報セキュリティ管理システム仕様)」(パート2)が追加されて，BS 7799は二部構成となった．BS 7799-2：1998 では，情報セキュリティマネジメントシステムの確立フェーズについて詳細に規定されていたが，内部監査やマネジメントレビューなどは要求事項に入っていなかった．

　パート1は，1999年5月に改訂され，情報システムではなく組織の情報セキュリティ確保のための規格として明確に位置づけられた．それにより，文書全体にわたって"IT"という用語が"Information(情報)"に置き換えられた．

　パート1は改訂後，ISO 化の検討がなされ，2000年12月，「ISO/

第2章 情報セキュリティマネジメントの国際規格と認証制度

図表2.3 ISMSのプロセスに適用されるPDCAモデル（図表1.5の再掲）

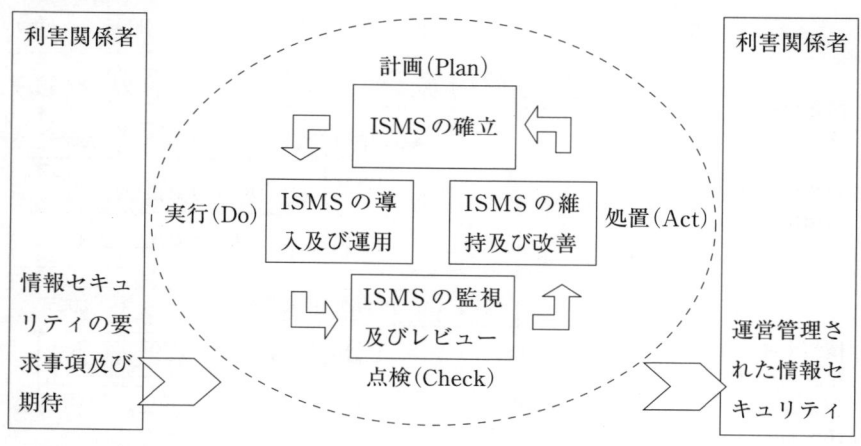

出典）JIS Q 27001：2006.

IEC 17799：2000 Information technology—Security techniques—Code of practice for information security management（情報技術—セキュリティ技術—情報セキュリティマネジメントの実践のための規範）」としてISO化された．

また，パート2は，2002年9月に改訂され，ISO 9001などの他のマネジメントシステムと調和させるために，PDCAモデルにもとづくプロセスアプローチが採用された（**図表2.3**）．それによって，情報セキュリティマネジメントシステムの「計画」「実行」「点検」「処置」の各フェーズの要求事項が詳細にまとめられた．

2005年，ISO/IEC 17799：2000の改訂と，パート2のISO化が同時に検討され，同年6月にISO/IEC 17799：2005が，10月にISO 27001が発行された．

なお，ISO/IEC 17799：2005の「まえがき」には「2007年から，〈中略〉ISO/IEC 27002とすることが計画されている」ことが明記されている．品質マネジメントシステムにかかわる規格がISO 9000ファミリ

―として整理されたように，今後は，情報セキュリティマネジメントシステムにかかわる規格を，ISO/IEC 27000 ファミリーとして整理していくことが予定されている．

(2) ISO/IEC 17799：2005 の改訂内容

ISO/IEC 17799 の改訂にあたっては，ISO/IEC 13335-1：2004（情報技術―セキュリティ技術―情報及び通信技術セキュリティのマネジメント―第1部：情報及び通信技術セキュリティマネジメントの概念及びモデル）や，ISO/IEC TR 18044：2004（情報技術―セキュリティ技術―情報セキュリティインシデントマネジメント）といった他の規格との調整が図られるとともに，構成が大きく見直された．

改訂の要点は，以下の3つである．
① 管理目的・管理策の再構成
② 管理策の記述方式の統一
③ 「リスクアセスメント及びリスク対応」の章の新設

a） 管理目的・管理策の再構成

ISO/IEC 17799 は，図表2.4 のとおり，「セキュリティカテゴリ」―

図表2.4 ISO/IEC 17799 の構造

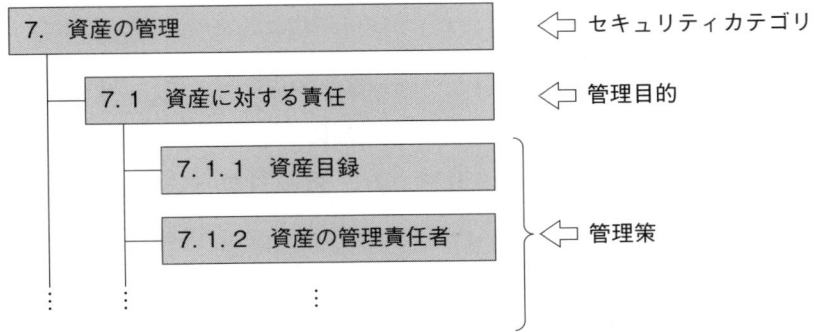

第2章 情報セキュリティマネジメントの国際規格と認証制度

図表2.5 「セキュリティカテゴリ」の比較

ISO/IEC 17799 : 2000	ISO/IEC 17799 : 2005
序　文	0.　序文
1.　適用範囲	1.　適用範囲
2.　用語及び定義	2.　用語及び定義
—	3.　規格の構成（※新設）
—	4.　リスクアセスメント及びリスク対応（※新設）
3.　セキュリティ基本方針	5.　セキュリティ基本方針
4.　組織のセキュリティ	6.　情報セキュリティのための組織
5.　資産の分類及び管理	7.　資産の管理
6.　人的セキュリティ	8.　人的資源のセキュリティ
7.　物理的及び環境的セキュリティ	9.　物理的及び環境的セキュリティ
8.　通信及び運用管理	10.　通信及び運用管理
9.　アクセス制御	11.　アクセス制御
10.　システムの開発及び保守	12.　情報システムの取得，開発及び保守
—	13.　情報セキュリティインシデントの管理（※新設）
11.　事業継続管理	14.　事業継続管理
12.　適合性	15.　順守

「管理目的」―「管理策」というツリー構造をとっている．2005年の改訂では，「セキュリティカテゴリ」を大幅に見直している（**図表2.5**）．また，「管理目的」についても見直され，36項目から39項目に増加している（**図表2.6**）．さらに，「管理策」についても，技術変化に合わせてモバイルコードにかかわる管理策が追加されたり，散在していた情報セキュリティインシデントにかかわる管理策がひとつにまとめられたり

2.1 情報セキュリティマネジメントの国際規格

図表2.6 「管理目的」の見直しの例

ISO/IEC 17799：2000	ISO/IEC 17799：2005
6　人的セキュリティ	8　人的資源のセキュリティ
6.1　職務定義及び運用におけるセキュリティ	8.1　雇用前
6.2　利用者の訓練	8.2　雇用期間中
6.3　セキュリティ事件・事故及び誤動作への対処	8.3　雇用の終了又は変更

図表2.7 管理策の記述体裁変更の例

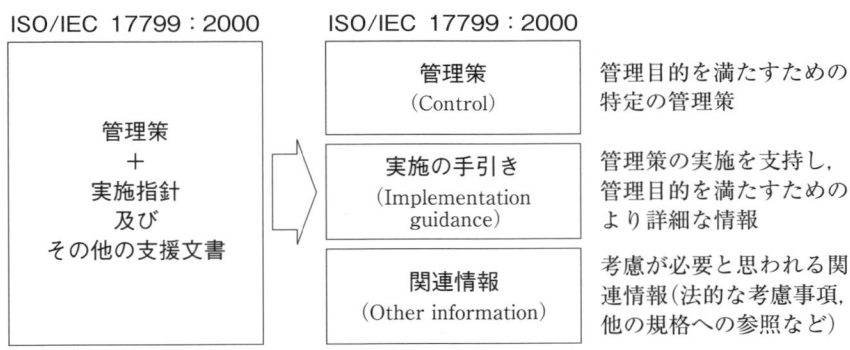

して，127項目から133項目に増加している．

b）　管理策の記述体裁の統一

ISO/IEC 17799：2005では，管理策の記述形式が変更され，例示や参考情報などが参照しやすいよう，すべての管理策について，「管理策（Control）」「実施の手引き（Implementation guidance）」「関連情報（Other information）」という構成で記載されている(**図表2.7**)．管理策記載の例を**図表2.8**に示す．

図表2.8 管理策の記載例

ISO/IEC 17799：2000
6.2.1　情報セキュリティの教育及び訓練 　組織のすべての従業員，及び該当するならば第三者ユーザは，組織のポリシー及び手順について適切な訓練及び定期的更新指導を受けることが望ましい．それには，セキュリティ要求事項，法律上の責任及び事業上の管理策，並びに情報処理施設／設備の正しい使用，例えば，ログオン手順，ソフトウェアパッケージの使用等についての，情報又はサービスへのアクセスが許される前に実施されるべき訓練が含まれる．

ISO/IEC 17799：2005
8.2.2　情報セキュリティの意識向上，教育及び訓練 **管理策** 　組織のすべての従業員，並びに関係するならば，契約相手及び第三者の利用者は，職務に関連する組織の方針及び手順についての適切な意識向上のための教育・訓練を受け，また，定めに従ってそれを更新することが望ましい．
実施の手引き 　意識向上のための教育・訓練は，情報又はサービスへのアクセスを認める前に，組織のセキュリティ方針及びセキュリティへの期待を紹介するための正式な研修プロセスをもって開始することが望ましい． 　継続中の教育・訓練は，情報処理設備の正しい使用(例えば，ログオン手順)，パッケージソフトウェアの利用，及び懲戒手続に関する情報に関する教育・訓練と同様に，セキュリティ要求事項，法的責任及び実務管理を含むことが望ましい．
関連情報 　セキュリティの意識向上，教育および訓練の活動は，その人の役割，責任及び技能に適したものであり，関連したものであることが望ましい．また，その活動は，既知の脅威，セキュリティに関する更なる助言を得るための窓口，及び情報セキュリティインシデントのための適切な報告経路に関する情報を含むことが望ましい． 　意識を高めるための教育・訓練は，各人が情報セキュリティの問題及びインシデントを認識でき，また，各人の役割分担の必要性に従って対応できるようになることを意図している．

c) 「リスクアセスメント及びリスク対応」の章を新設

ISO/IEC 17799：2000 では，「0.4 セキュリティリスクの評価」のなかで，リスクアセスメントの考え方について規定していた．ISO/IEC 17799：2005 では，新たに「4. リスクアセスメント及びリスク対応」という章を追加し，リスクアセスメント，リスク対応の考え方について，さらに踏み込んで規定している．

リスクアセスメントに関する改訂において特に注意したい点は，以下の3点が新たに規定されたことである．

① リスクを定量化することが望ましい
② 比較可能で再現可能な結果を生み出すことができるように（リスクアセスメントを）体系的に行うことが望ましい
③ 必要に応じて，情報セキュリティ以外のリスクアセスメントと関連をもたせることが望ましい

(3) BS 7799 の JIS 化と ISMS 認証基準

日本では，1981年，情報処理サービス業を対象に，安全対策に関する認定制度，すなわち情報処理サービス業・情報処理システム安全対策実施事業所認定制度（安対制度）が創設された．安対制度は，旧通商産業省の大臣認定制度として広く認知され，約200社が同制度に登録していた．同制度で用いられた「情報処理サービス業情報システム安全対策実施事業所認定基準」では，事業所の防災設備や，電源，空調などの設備の設置基準が中心となっている．

しかし，インターネットの急速な普及などにより，設備の対策よりも，BS 7799 認証のように，情報セキュリティ管理を継続的に向上していく仕組み（情報セキュリティマネジメントシステム）を認証する制度の必要性が高まっていた．そのため，旧通商産業省主導の下，「情報セキュリティマネジメントシステム適合性評価制度（ISMS 適合性評価制度）」の

第2章 情報セキュリティマネジメントの国際規格と認証制度

創設が検討され，2001年8月から同年12月までのパイロット実施を経て，2002年4月より正式発足した．ISMS適合性評価制度の発足にともなって，安対制度は2001年3月31日に廃止された．

なお，同制度の認証基準として策定されたのが，「ISMS認証基準」である．パイロット期間中に使用された「ISMS認証基準(Ver. 0.8)」を若干修正し，2002年3月に「ISMS認証基準(Ver. 1.0)」が発行された．ISMS認証基準(Ver. 1.0)は，BS 7799-2：1999との将来的な相互認証を視野に入れて発行されたため，ほぼその内容を踏襲しており，詳細管理策が若干異なっている程度であった．例えば，BS 7799-2では従業員の採用前の身元調査が要求されているが，ISMS認証基準では，採用する人員に求める資質や職能を明確にすることに留めており，日本の法規制などへの配慮がなされていた．

2002年9月のBS 7799-2の改訂にともない，ISMS認証基準(Ver. 1.0)も見直され，2003年4月に「ISMS認証基準(Ver. 2.0)」が発行された．ISMS認証基準(Ver. 2.0)は，BS 7799-2との相互認証をさらに意識し，Ver. 1.0で施されていた差異をなくし，BS 7799-2：2002と同様の内容とされた．

さらに，BS 7799-2：2002のISO化にともない，2006年5月にISO 27001がJIS化され，JIS Q 27001：2006が発行された．JIS Q 27001の発行をもって，ISMS適合性評価制度の認証基準も，ISMS認証基準(Ver. 2.0)から，JIS Q 27001に移行している．

一方，BS 7799-1がISO化されたISO/IEC 17799：2000は，2002年12月にJIS化され，「JIS X 5080：2002　情報技術―情報セキュリティマネジメントの実践のための規範」として発行された．その後，JIS X 5080：2002は，ISO/IEC 17799の改訂に従い，2006年5月に改訂されている．なお，将来，ISO/IEC 17799がISO/IEC 27002と改称されることを先取りして，改訂版はJIS Q 27002と改称された．

2.2 ISO/IEC 27000ファミリーの概要

(1) ISO/IEC 27000ファミリーの構成

　ISO/IEC 27000ファミリーとして，ISO 27001の関連規格がISO/IEC 27000番台で発行されていくことが予定されており，ISO/IEC 27009までの番号が予約されている．既に発行されているISO/IEC 27001，ISO/IEC 27002(ISO/IEC 17799：2005)を含め，現在，図表2.9に示す6つの規格から構成される体系が決まっている．ISO/IEC 27000ファミリーの策定にあたっては，ISO/IEC 13335-1：2004(情報技術—セキュリティ技術—情報及び通信技術セキュリティのマネジメント—第1部：情報及び通信技術セキュリティマネジメントの概念及びモ

図表2.9 ISO/IEC 27000ファミリーの体系

規格番号	標題	状況
ISO/IEC 27000	基本及び用語 Fundamentals and vocabulary	作成中
ISO/IEC 27001	情報セキュリティマネジメントシステム—要求事項 Information security management systems —Requirements	2005年6月発行済
ISO/IEC 27002 (ISO/IEC 17799)	情報セキュリティマネジメントの実践のための規範 Code of practice for information security management	2005年10月発行済
ISO/IEC 27003	情報セキュリティマネジメントシステム実施の指針 Information security management systems implementation guidance	作成中
ISO/IEC 27004	情報セキュリティマネジメントの効果測定 Information security management measurement	作成中
ISO/IEC 27005	情報セキュリティリスクマネジメント Information security risk management	作成中

デル)など，情報セキュリティに関連した規格を取り込んでいくことが予定されている．

(2) ISO/IEC 27000

ISO 9000 ファミリーにおける ISO 9000 と同様に，ISO/IEC 27000 には，ISO/IEC 27000 ファミリーの規格を理解するために，同ファミリーの各規格の関係についての解説や，用語の定義などが規定される予定である．ISO/IEC 27000 は，ISO/IEC 13335-1：2004 の一部が流用される予定である．

(3) ISO/IEC 27003

ISO/IEC 27003 には，ISO 27001 の要求事項を実現するための指針が規定される予定である．BS 7799-2：2002 の「附属書B 規格の利用のための手引」をベースに，ISMS 基本方針の策定，情報資産の特定など，PDCA モデルの各フェーズで要求されている事項を実施する際のガイドラインが記載される予定である．

(4) ISO/IEC 27004

ISO/IEC 27004 には，PDCA モデルと管理策の効果測定のための指針が規定される予定である．ISO 27001 の要求事項となっている「管理策の有効性評価」について，何を，どのように，どのようなタイミングで評価するのかといった参考情報が規定される予定である．

(5) ISO/IEC 27005

図表 2.10 に示すように ISO/IEC TR 13335-3 と 13335-4 が ISO/IEC 27005 のベースとなる予定である．

ISO/IEC TR 13335 は，IT セキュリティのガイドラインとして検討

され，1996年から2001年にかけ，テクニカル・リポート(TR)として5つのパートが公開されている．日本においても，全パートともTR(標準情報)化されている．なお，ISO/IEC TR 13335は，標題の「Guidelines for the management of IT Security」の頭文字よりGMITSとも呼ばれ，Plan-Do-SeeによるITセキュリティ向上活動や，ITセキュリティにかかわる文書体系・組織体制，リスクアセスメントの手法，脅威とぜい弱性の関係などが規定されている．

　2001年から全パートの改訂が検討され始め，パート1とパート2が統合されてTRからISO規格となり，2004年11月にISO/IEC 13335-1：2004として発行された(標題よりMICTS-1と呼ばれている)．また，パート3とパート4が統合されてISO/IEC 13335-2となる予定

図表2.10 ISO/IEC TR 13335の体系

規格番号	標題	TR	
ISO/IEC TR 13335-1：1996	第1部：ITセキュリティの概念及びモデル Part 1：Concepts and Models for IT Security	TR X 0036-1：2001	統合され，ISO/IEC 13335-1：2004に
ISO/IEC TR 13335-2：1997	第2部：ITセキュリティのマネジメント及び計画 Part 2：Managing and Planning IT Security	TR X 0036-2：2001	
ISO/IEC TR 13335-3：1998	第3部：ITセキュリティマネジメントのための手法 Part 3：Techniques for the Management of IT Security	TR X 0036-3：2001	ISO/IEC 27005のベース文書として使用予定
ISO/IEC TR 13335-4：2000	第4部：セーフガードの選択 Part 4：Selection of Safeguards	TR X 0036-4：2001	
ISO/IEC TR 13335-5：2001	第5部：ネットワークセキュリティに関するマネジメントの手引 Part 5：Management Guidance on Network Security	TR X 0036-5：2003	

であった.なお,ISO/IEC 27005の発行をもって,パート3とパート4は廃止されることが決定されている.

2.3 ISO 27001とISMS認証基準(Ver.2.0)との相違点

ISO 27001とISMS認証基準(Ver.2.0)との相違点は,大きく次の3つである.

① PDCAモデルの明確化
② 管理策の有効性評価の具体化
③ 詳細管理策のISO/IEC 17799：2005への対応

(1) PDCAモデルの明確化

ISO 27001は,ISO 9001やISO 14001との両立性が高められ,PDCAモデルがより強調される構成,内容となった.まず,章構成が**図表2.11**のようになり,「マネジメントレビュー」に規定されていた内部監査がひとつの章として独立した.また,「4.2.3 ISMSの監視及び見直し」に「あらかじめ定められた間隔でリスクアセスメントの見直し」を行うことが明記された.さらに,「7.3 レビューからのアウトプット」に,マネジメントレビューのアウトプットとして,「リスクアセスメント及びリスク対応計画の更新」が新たに規定された.この他に管理策の有効性評価についても,PDCAモデルの各フェーズに実施事項が規定された.

(2) 管理策の有効性評価の具体化

ISMS認証基準(Ver.2.0)においても,「セキュリティ監査の結果,事件・事故,提案,及びすべての利害関係者からのフィードバックを考慮

2.3 ISO 27001 と ISMS 認証基準(Ver.2.0)との相違点

図表2.11 ISO 27001 と ISMS 認証基準(Ver.2.0)との構成比較

ISMS 認証基準(Ver.2.0)	ISO 27001(JIS Q 27001)
まえがき	まえがき
第0　序文	0.1　序文
	0.2　ISMS の採用
1.　一般	0.2.1　概要
2.　プロセスアプローチ	0.2.2　プロセスアプローチ
3.　他のマネジメントシステムとの両立性	0.2.3　他のマネジメントシステムとの両立性
第1　適用範囲	1　適用範囲
1.　一般	1.1　一般
2.　適用	1.2　適用
第2　引用規格等	2　引用規格
第3　用語及び定義	3　用語及び定義
第4　情報セキュリティマネジメントシステム	4　情報セキュリティマネジメントシステム
1.　一般要求事項	4.1　一般要求事項
2.　ISMS の確立及び運営管理	4.2　ISMS の確立及び運営管理
（1）　ISMS の確立	4.2.1　ISMS の確立
（2）　ISMS の導入及び運用	4.2.2　ISMS の導入及び運用
（3）　ISMS の監視及び見直し	4.2.3　ISMS の監視及びレビュー
（4）　ISMS の維持及び改善	4.2.4　ISMS の維持及び改善
3.　文書化に関する要求事項	4.3　文書化に関する要求事項
（1）　一般	4.3.1　一般
（2）　文書管理	4.3.2　文書管理
（3）　記録の管理	4.3.3　記録の管理
第5　経営陣の責任	5　経営陣の責任
1.　経営陣のコミットメント	5.1　経営陣のコミットメント
2.　経営資源の運用管理	5.2　経営資源の運用管理
（1）　資源の提供	5.2.1　経営資源の提供
（2）　教育・訓練，認識及び力量	5.2.2　教育・訓練，意識向上及び力量
	6　ISMS 内部監査
第6　マネジメントレビュー	7　ISMS のマネジメントレビュー
1.　一般	7.1　一般
2.　マネジメントレビューへのインプット	7.2　レビューへのインプット
3.　マネジメントレビューからのアウトプット	7.3　レビューからのアウトプット
4.　内部監査	
第7　改善	8　ISMS の改善
1.　継続的改善	8.1　継続的改善
2.　是正処置	8.2　是正処置
3.　予防処置	8.3　予防処置
附属書「詳細管理策」	附属書A(規定)　管理目的及び管理策
参考資料　ISMS 認証基準(Ver.1.0)との対応表	附属書B(参考)　OECD 原則及びこの規格
	附属書C(参考)　JIS Q 9001:2000, JIS Q 14001:2004 及びこの規格の比較
	参考文献

第2章　情報セキュリティマネジメントの国際規格と認証制度

図表2.12 管理策の有効性評価に関するISO 27001の規定内容

項　番	規定内容
4.2.2 d)	選択した管理策又は一群の管理策の有効性をどのように測定するかを定義し，また，比較可能で再現可能な結果を生み出すための管理策の有効性のアセスメントを行うために，それらの測定をどのように利用するかを規定する［**4.2.3 c)**参照］．
4.2.3 c)	セキュリティ要求事項を満たしていることを検証するために，管理策の有効性を測定する．
4.2.3 d)5)	リスクアセスメントをあらかじめ定めた間隔でレビューする．残留リスク及び特定したリスク受容可能レベルをレビューする．これらのレビューでは，次に起きた変化を考慮する． 　　5)　導入した管理策の有効性
4.3.1 g)	情報セキュリティのプロセスを有効に計画，運用及び管理することを確実にするために，組織が必要とする文書化した手順．管理策の有効性をどう測定するか［**4.2.2 d)**参照］を記述するために，組織が必要とする文書化した手順．
7.2 f)	次の情報を，マネジメントレビューに対して提供しなければならない． 　　f）　有効性測定の結果
7.3 e)	マネジメントレビューからのアウトプットには，次に関係する決定及び処置を含めなければならない． 　　e）　管理策の有効性測定方法の改善

図表2.13 詳細管理策の記載の違い

ISO/IEC 17799：2005
5.1.1　情報セキュリティ基本方針文書 情報セキュリティ基本方針文書は，経営陣によって承認され，全従業員及び関連する外部関係者に公表し，通知することが望ましい． An information security policy document <u>should</u> be approved by management, and published and communicated to all employees and relevant external parties.

⇩

ISO/IEC 27001：2005（JIS Q 27001：2006）
A.5.1.1　情報セキュリティ基本方針文書 情報セキュリティ基本方針文書は，経営陣によって承認されなければならず，また，全従業員及び関連する外部関係者に公表し，通知しなければならない． An information security policy document <u>shall</u> be approved by management, and published and communicated to all employees and relevant external parties.

にいれ，ISMSの有効性についての見直し（セキュリティ管理策の見直し含む）を定期的に行うこと」とあり，管理策の有効性を評価することが要求されていた．ISO 27001では，管理策の有効性評価について，**図表 2.12**のように新たに追加規定され，具体化された．

(3) 詳細管理策の ISO/IEC 17799：2005 への対応

ISO 27001では，附属書A（規定）の詳細管理策をISO/IEC 17799：2005に合わせている．詳細管理策は，表現の違いによる誤解を生じないよう，原則として，ISO/IEC 17799：2005で規定された文の助動詞を置き換える（"should（～が望ましい）"→"shall（～しなければならない）"）のみに留めるよう配慮されている（**図表 2.13**）．

2.4 ISO 27001 の認証制度の概要

(1) 認証制度の仕組み

ISO 27001にもとづく認証制度は，組織の情報セキュリティ管理態勢がISO 27001に適合することを評価する仕組みであり，㈶日本情報処理開発協会（JIPDEC）の場合，**図表 2.14**に示す枠組みで制度が運営される．この枠組みにおいて，審査登録機関が評価希望事業者に認証を与える仕組みが，品質や環境の国際規格であるISO 9001やISO 14001と同様のマネジメントシステムの審査登録制度である．いずれの枠組みにおいても認定機関が，審査登録業務を希望する「法人格をもつ組織」に対して認定審査を行う．審査に合格した組織は「審査登録機関」として認定され，審査登録業務を行うことができる．審査登録機関は，認定機関による1年ごとのサーベイランスおよび3年ごとの更新審査を受けて，審査登録機関としての適正性を維持する義務を負う．

第2章　情報セキュリティマネジメントの国際規格と認証制度

図表2.14 ISMS適合性評価制度の枠組み

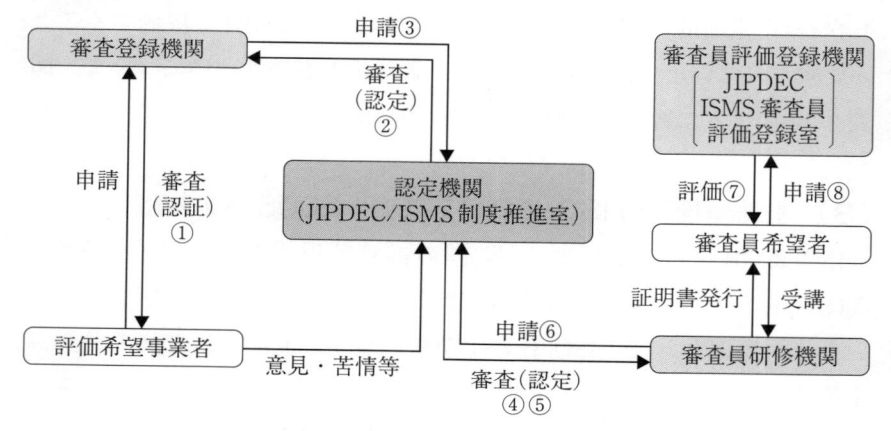

```
                申請③
[審査登録機関] ←――――――
    ↑ ↓       審査
    ↑ ↓       (認定)              [審査員評価登録機関]
    ↑ ↓        ②                   JIPDEC
  申請 審査                         ISMS審査員
      (認定)    [認定機関]            評価登録室
       ①     (JIPDEC/ISMS制度推進室)
                                  評価⑦  申請⑧
                                  [審査員希望者]
[評価希望事業者]                    証明書発行  受講
           意見・苦情等  申請⑥    [審査員研修機関]
                      審査(認定)
                        ④⑤
```

出典）　日本情報処理開発協会(JIPDEC)ホームページ(2006年2月7日)．

（2）認定機関

　2005年10月に情報セキュリティマネジメントシステムの国際規格として ISO/IEC 27001：2005が発行され，英国の認定機関である UKAS (United Kingdom Accreditation Service)は，いち早く新規格にもとづく認定を開始した．

　日本の ISO 27001の適合性評価に関する制度運営については，JIPDEC と㈶日本適合性認定協会(JAB)が認定機関として名乗りを上げており，実現すれば2つの認定機関が国内に並存することになる．JIPDEC は，2001年のパイロット事業開始から BS 7799をベースとした ISMS 認証基準にもとづく認証制度(ISMS 適合性評価制度)を開始し，2006年5月現在約1,600の認証取得事業者を抱える ISMS の適合性に関する評価制度のパイオニアである．一方 JAB は，日本における ISO 9001や ISO 14001などのマネジメントシステムにもとづく適合性を評価する認定・認証制度を立ち上げ，国際標準化機構(ISO)が定める規格の認定機関として IAF(国際認定機関フォーラム)に加盟している．IAF

に加盟しているIAF相互認証協定(MLA)のメンバーは,メンバー(認定機関)間で認定プログラムの同等性が認められる.このことは,事業者がメンバーである特定の国の認定機関が認定した審査登録機関で認証を取得すれば,IAFメンバーが所属するどの国でもISO 27001の登録証が認められることを意味する.なお,JIPDECも2007年4月までにはIAFへ加盟する予定とのことである.

(3) 審査登録機関

ISO 27001にもとづく認証制度における審査登録機関は,各認定機関が認定基準にもとづき審査し認定を与えられた機関である.

現在登録されている審査登録機関は,いずれもマネジメントシステムにかかわる認証制度にもとづく審査の経験が豊富であり,情報セキュリティマネジメントシステムの審査業務に必要とされるマネジメントシステムの枠組みにかかわる審査能力を備えている.

審査登録機関に求められる主要な要件として,前述のマネジメントシステムの審査能力のほかに「公正性」が挙げられる.これは,いかなる組織・業界団体とも利害関係をもたず,独立性を確保することにより公正な審査を提供できるということである.また,審査業務を遂行する過程で知り得たクライアントの機密情報は決して他者に開示しないという,いわゆる守秘義務を厳格に守ることが求められる.JIPDECの場合,審査登録機関に対する一般要求事項は,『ISMS審査登録機関認定基準に関する指針(JIP-ISAC101-1.0)』に詳細が規定されている.JABの審査登録機関認定においては,ISMSの審査を行ってきた審査登録機関が中心となるので,これまでISMS適合性評価制度の審査にあたってきた審査員が,ISO 27001の登録審査サービスにスライドすると考えられる.審査員の知識や審査能力を保証することも,審査登録機関の重要な責務のひとつと考えられる.

組織は，ISO 27001の認証を受ける範囲，いわゆる「適用範囲」を決定した後，いくつかの審査登録機関から情報収集を行い，費用の見積りを依頼する．審査登録機関は，適用範囲を明確化するための質問事項（アンケート）を準備しており，それに対する回答結果にもとづいて見積りを作成し当該組織に提示する．この質問事項は審査登録機関によって多少の相違はあるが，ISO 27001の適用範囲を次の項目について確認するものである．

- 適用範囲の事業（業務）内容
- 組織（主として適用範囲に含まれる要員の人数，適用範囲への外部組織からの派遣者数も含まれる）
- 場所（拠点の所在地や数，施設，設備など）
- 情報技術（ネットワークやソフトウェアなど）
- 適用範囲にかかわる重要な情報資産

（4） 審査員評価登録機関と審査員研修機関

ISO 27001にもとづく認証制度における審査員は，マネジメントシステム審査員を評価登録する機関（以下，審査員評価登録機関）により，審査員研修コースの修了，業務経歴，情報セキュリティ分野の経験や保有する情報セキュリティにかかわる各種の資格などにもとづき評価登録される．

審査員研修コースは，特定の研修機関により運営され，少なくとも40時間（5日間）の講義および模擬審査などの実践的訓練で構成される．実践的訓練は，ケーススタディおよびロールプレイング形式を用いて，前述の40時間のうち15時間以上を割り当てる必要がある．研修コースの修了可否は，40時間の観察評価結果および研修の最後に実施される2時間の修了試験結果による総合的評価にもとづき判定される．

業務経歴（経験）や資格は，ITおよび情報セキュリティに関する経験

など，次に示すような要件が求められる．
- 情報技術分野における4年以上の実務経験
- 情報セキュリティ分野における2年以上の実務経験(情報技術分野の経験と重複してもよい)かそれに代わる各種資格の保有(情報処理技術者試験のシステム監査技術者や情報セキュリティアドミニストレータの資格など)
- 審査員登録する業種区分における分野での3年以上の業務経験もしくはそれに代わる経験

(5) 認証の対象事業者と認証取得のメリット

a) 認証の対象事業者

ISO 27001にもとづく認証制度における対象事業者と認証取得のメリットについて，ISMS適合性評価制度を例にとって説明する．

ISMS適合性評価制度は，2002年4月から本格運用が開始された．対象範囲としては，パイロット事業における参加企業の条件であった「情報処理サービス業」または「業務区分が情報処理である」という制限枠が設けられていたが，それを撤廃して対象範囲を拡大し，他の業種・業務区分に属する事業者であっても認証を取得できるようになった．ISMS適合性評価制度で採用している業種区分および業務区分は，**図表2.15**に示すEC委員会が1994年に発行した「経済活動に関する統計的分類基準」(NACE Rev.1)にもとづく区分である．業務区分は，ISO 9001やISO 14001でも用いられており，これらのマネジメントシステムとの整合性をとることがこの区分を採用したねらいのひとつである．

この業務区分は，事業者よりもむしろ審査登録機関の審査チーム編成に必要な情報となる．情報資産を取り巻く環境は各々の業務区分ごとに特徴があり，それらの洗出し，脅威やぜい弱性にもとづくリスクアセス

第2章 情報セキュリティマネジメントの国際規格と認証制度

図表2.15 経済活動に関する統計的分類基準（NACE Rev.1）

No.	業務区分	No.	業務区分
1	農業・漁業	21	航空宇宙産業
2	鉱業・採石業	22	その他輸送装置
3	食料品・飲料・タバコ	23	その他上記いずれにも属さない製造業
4	織物・繊維製品	24	再生業
5	皮革・皮革製品	25	電力供給
6	木材・木製品	26	ガス供給
7	パルプ・紙・紙製品	27	給水
8	出版業	28	建設
9	印刷業	29	卸売業・小売業・並びに自動車・オートバイ
10	コークス及び精製石油の製造	30	個人所持品及び家財道具の修理業
11	核燃料	31	輸送・倉庫・通信
12	化学薬品・化学製品及び繊維	32	金融・保険・不動産・賃貸
13	医薬品	33	情報技術
14	ゴム製品・プラスチック製品	34	エンジニアリング・研究開発
15	非金属鉱物製品	35	その他専門的サービス
16	コンクリート・セメント・石炭・石こう他	36	公共行政
17	基礎金属・加工金属製品	37	教育
18	機械・装置	38	医療及び社会事業
19	電気的及び光学的装置	39	その他社会的，個人的サービス
20	造船業		

2.4 ISO 27001の認証制度の概要

メント手法も業種ごとに固有な要素が多分にある．したがって，審査に際して対象業種に精通していることが，的確な審査を実施するための必要条件と考えられる．実際の審査は，申請がなされた事業者の業種や業務区分により，該当する業務区分の知識を保有する審査員，または技術専門家による審査チームを編成し実施する．

b）認証取得のメリット

それでは，認証登録事業者のメリットとは何か．ISO 27001にもとづき構築した情報セキュリティの管理態勢は，顧客や取引先などビジネスパートナーとの間で互いの情報セキュリティレベルを確認する共通言語となる．業務を委託する顧客の立場からみると，顧客自ら委託先の監査を実施しなくても，作業を依頼する事業者の情報セキュリティレベルを確認する指標として利用できる．業務を受託する側の立場からみると，顧客の信頼を勝ち得るためのツールとしての期待が大きい．これは，既存顧客のロイヤリティ獲得にとどまらず，新規顧客の開拓にもつながる．

組織が，以上のメリットを享受するための有効な手段のひとつが，登録証書および認定マークである．初回審査の結果，組織のISMSが認証基準に適合すると判断された場合には，適用範囲について認定機関に登録され，審査登録機関から登録証書が発行される．また，審査登録機関から登録範囲に対して審査登録機関の登録マーク（審査登録機関のロゴと登録番号）および認定機関の認定マーク（図表2.16）の使用が許可される．認定マークは単独での利用は禁止されており，必ず登録マークとの併記が義務づけられている．マークは，組織のパンフレット，封筒，各種用紙，登録範囲の従業員の名刺などに利用できる．ただし，登録範囲内の利用であっても，製品やサービスなどの情報セキュリティを保証する目的で使用することはできない．マークの使用方法については，登録の際に各審査登録機関から必要事項を規定した規則などが配付されるの

図表2.16 ISMS認定マーク（JIPDECの例）

で，これに従えばよい．

一方，組織内に目を向けると次のようなメリットが挙げられる．

- 本質的な情報セキュリティ管理態勢の向上が図られる
- 重要な情報資産の情報セキュリティ確保に必要な資金や人員などのリソース（経営資源）を，リスクに応じて無駄なく効率的に配分することが可能となる
- 情報セキュリティを適切に守っていくために従業員一人ひとりの役割と責任を明確化することが求められるので，全員が参加する意識を醸成することが可能となる
- 業務的視点に立てば，情報セキュリティの観点から業務フローが見直され，規程，マニュアル，手順書・申請書などの各種文書・様式が整理される．これにより，情報やノウハウの共有化，業務やサービスの効率化，品質の向上といった効果が期待できる

経営陣は，情報セキュリティの管理を重要な経営活動のひとつとしてとらえる必要がある．その活動を適正に運営するには，情報リスクに対する総合的判断にもとづくリスク対応方針の決定，監視による実施結果の有効性や効果に関する情報の適時の収集，残留リスクへの対応方針の決定と実施といった継続的改善のためのマネジメントサイクルが必要と

なる．マネジメントサイクルを適切に維持するためには，経営活動において何らかの有効な手段（ツール）が必要となる．組織のISMSは，経営陣が判断や監視を行うための有効な情報収集ツールおよび監視ツールであり，情報セキュリティに関する方針や目標を組織に展開するためのツールでもある．

　ISO 27001の認証を取得することは，情報リスクを管理する仕組みを経営陣に与え，維持し，継続的に改善するツールとして有効である．

2.5　認証取得審査の概要

　ここでは，JIPDECのISMS適合性評価制度を例にとって，認証取得審査の概要を解説する．

(1)　審査の流れ

　ISMS適合性評価制度の審査は，認証登録を達成するまでの審査とISMS認証を維持する審査の2つのプロセスでとらえることができる．認証登録のプロセスは，二段階の審査から構成される「初回審査」と審査登録機関が初回審査の前にオプションで行う「予備審査」がある．また，ISMS認証を維持する審査のプロセスは，認証登録から1年ごとに1回以上の頻度で行われるサーベイランスと3年ごとに行われる更新審査で構成される（図表2.17）．

(2)　予 備 審 査

　JIPDECが発行する『ISMS審査登録機関認定基準に関する指針（JIP-ISAC101-1.0)』では，予備審査の実施を規定していないが，オプションとして提供している審査登録機関がある．本審査前に組織のISMSが本審査を受けられるレベルか否かの判断と不適合箇所を明確にするため

第2章　情報セキュリティマネジメントの国際規格と認証制度

図表2.17 ISMS審査登録にかかわる一連の手続き

(1) 審査登録機関の選定
- a. 審査登録機関への問合せ
- b. 見積り依頼
- c. 審査登録機関の選定，審査登録業務の依頼
- d. 正式契約の締結，申請書類の提出

　a. 審査登録機関の方針・実績・審査登録システムなどに関する問合せを行い，自組織に合った審査登録機関を選定するための情報を収集する．
　b. ISMSの適用範囲に対する行き違いがないよう審査登録機関に説明を行い，合意された範囲における見積りを依頼する．なお，審査登録機関はあらかじめ見積り依頼主との間で守秘義務契約を結ぶ．
　c. 問い合わせた結果と見積内容を勘案して審査登録機関を選定し，正式に依頼する．
　d. 正式な契約書を取り交わして，審査登録申請書類を審査登録機関に提出する．

(2) 予備審査（オプション）

　予備審査は必須ではなく，組織のISO 27001に対する達成レベルを確認し，実際の審査手順を体験したい組織がオプションとして実施する．

(3) 初回審査
- a. 審査準備
- b. 初回審査（ステージ1／ステージ2）
- c. フォローアップ
- d. ISMS認証可否の判定

　a. 登録審査の実施日程，当日のスケジュールや対応者を調整し，実施計画を決定する．
　b. 初回審査は，ISO/IEC 27001：2005（JIS Q 27001：2006）にもとづき，審査（ステージ1）と審査（ステージ2）を行う．
　c. 初回審査で発見された不適合事項に対する是正処置を検討し実施する．一般的には，是正計画を審査するとともにサーベイランスにおいて改善状況の確認を行う．不適合の内容が重大な場合は，組織の改善を待って再び審査を実施することがある．
　d. 初回審査終了後，審査チームの認証登録の推薦を受けて，審査登録機関がもつ判定委員会が合否の最終判断を行う．

(4) ISMS認証登録

　審査登録機関は，審査を受けた組織に登録書を発行する（JIPDECの場合，認証を受けた組織の情報が，認定機関のWebサイトで公開される）．

(5) サーベイランス

　認証登録を維持するために，審査受審後の1年以内に前回の指摘事項に対するフォローアップ状況やISMSの有効性の確認を行う．

(6) 更新審査

　認証を継続する目的で，3年ごとに初回審査の実地審査とほぼ同じ内容で更新審査を行う．

2.5 認証取得審査の概要

の手段として有効である．この審査は，初回審査を簡素化して実施するもので，ISO 27001の要求事項にもとづくレビュー，初回審査までに準備すべき事項の明確化，適用範囲の確認と合意の形成を目的として実施される．

　審査登録機関は，審査の公正性を担保するために，コンサルティングサービスの提供は禁止されている．そのため，予備審査において確認された不適合事項に対しては，組織自らが是正処置を検討して改善する必要がある．審査登録機関が，予備審査を同じ組織に複数回実施することは，コンサルティングサービスと同様の意味をもつと考え，実施回数を1回に限定する審査登録機関もある．

(3) 初回審査

　初回審査は，ISMS認証登録を目的とする審査であり，少なくとも2つの段階で行われる．一般的な審査の流れを図表2.18に示す．

a) ステージ1の審査

　ステージ1の審査では，組織のISMSがISO 27001の要求事項にもとづいて適切に計画(設計)されていることを確認するための文書を入手し，審査する．審査対象の文書には，少なくとも組織の実施した情報セキュリティに関するリスクアセスメント方法と結果，適用宣言書，その他組織が必要であると判断した各種の規程や手順書などが含まれる．

　ステージ1の審査の目的は，審査登録機関が審査対象組織の情報セキュリティ基本方針および目標に照らしてISMSを理解し，審査に対する組織の準備状況を理解することであり，次のステージへ進めるか否かの判断を含めてステージ2の審査計画の方針を定めることにある．

　この審査は，文書審査に限定しないことが望ましいとされ，現地で審査対応する担当者へのインタビューや現場視察(サイトツアー)を交えて

第2章 情報セキュリティマネジメントの国際規格と認証制度

図表 2.18 審査の流れ

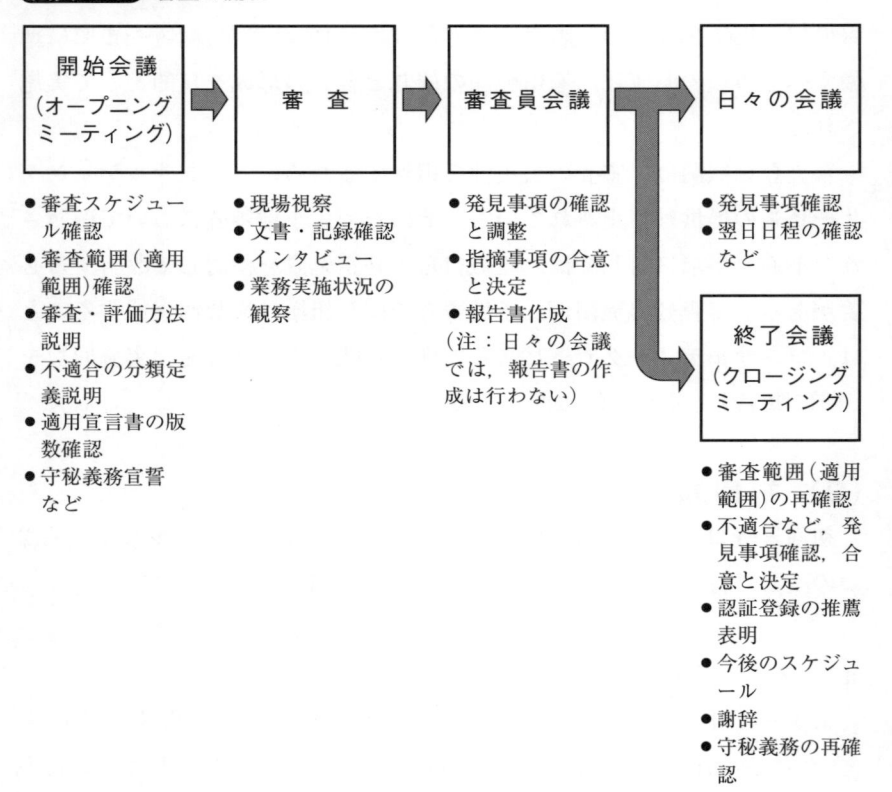

```
┌─────────────┐    ┌─────────┐    ┌─────────────┐    ┌─────────────┐
│  開始会議    │ →  │  審 査  │ →  │  審査員会議  │ →  │  日々の会議  │
│ (オープニング │    │         │    │             │    │             │
│  ミーティング)│    │         │    │             │    │             │
└─────────────┘    └─────────┘    └─────────────┘    └─────────────┘
```

開始会議
- 審査スケジュール確認
- 審査範囲（適用範囲）確認
- 審査・評価方法説明
- 不適合の分類定義説明
- 適用宣言書の版数確認
- 守秘義務宣誓 など

審査
- 現場視察
- 文書・記録確認
- インタビュー
- 業務実施状況の観察

審査員会議
- 発見事項の確認と調整
- 指摘事項の合意と決定
- 報告書作成
（注：日々の会議では，報告書の作成は行わない）

日々の会議
- 発見事項確認
- 翌日日程の確認 など

終了会議（クロージングミーティング）
- 審査範囲（適用範囲）の再確認
- 不適合など，発見事項確認，合意と決定
- 認証登録の推薦表明
- 今後のスケジュール
- 謝辞
- 守秘義務の再確認

実施される．現場視察の目的は，現場のリスクを確認することにより，策定された計画が適切であることを確認することである．ここでいう「計画が適切である」とは，守るべきすべての情報資産が識別され，各々に対するリスクが適正に評価され，リスク管理方法が明確化されていることである．審査中に不適合事項が発見された場合，審査対象組織は，審査登録機関がステージ2の審査で是正状況を確認できる内容の実施計画を策定し，審査登録機関の合意を得る必要がある．特に発見された不適合事項が重大である場合には，ステージ2の審査に進むことがで

きないこともある．

初回審査におけるステージ1の審査は，その実施目的から，主として経営陣やISMSの管理部門が対応する．

b） ステージ2の審査

ステージ2の審査は，審査対象組織の拠点にて実施される．ステージ2の審査の目的は，組織のISMSがISO 27001の要求事項や各種の法令，規範や契約など，順守すべき基準に適合していること，組織の情報セキュリティ基本方針および目標，手順を順守していること，ISMSが組織の基本方針および目標を実現しつつあること(情報リスクが有効に低減されていること)を確認することにある．ステージ2の審査では，例えば重要なサーバーのアクセスログやそれらに対する監視の実施記録などをサンプリングして確認し，現場におけるISMSの運用状況を確認・審査する．

初回審査におけるステージ2の審査対象は，適用宣言書で宣言されたすべての要求事項であるが，特に図表2.19の項目が中心となる．

図表2.19 初回審査の審査(ステージ2)における主な審査対象

---
a．審査(ステージ1)の是正項目に対するフォローアップ
b．情報セキュリティに関するリスクのアセスメントおよびその結果にもとづくISMSの設計
c．適用宣言書
d．このプロセスの結果にもとづいて設定された目標および対象
e．目標と対象に照らした実施状況の監視，測定，報告およびレビューの実施
f．セキュリティレビューおよびマネジメントレビュー
g．情報セキュリティ基本方針に対する経営陣の責任
h．基本方針，情報セキュリティのリスクアセスメントの結果，目標および対象，責任，計画，手順，実施状況のデータ，ならびにセキュリティレビュー間の関連

出典） 日本情報処理開発協会：『ISMS審査登録機関認定基準に関する指針(JIP-ISAC 101-1.0)』，2005年4月26日，pp.20-21を一部修整．

ステージ2の審査方法は，文書確認，インタビュー，現場視察が基本である．情報セキュリティ基本方針および目標，各種文書，施設・設備，従業員の業務手順や言動，契約書，情報システムへのアクセスログ，作業記録などを客観的に分析する．審査における分析と評価の有効性は，審査員のスキルに依存する部分が大きいが，適切な協力を行うなど審査を受ける組織の果たす役割も大きい．報告書には，客観的証拠にもとづく指摘事項とその重要度(重大，軽微，観察)が記載される．指摘を受けた組織は，改善計画を策定し，審査登録機関の承認を受けたうえで実施する．軽微な指摘事項については改善処置の実施状況と適切性，および実効性を認証登録後に実施される次回のサーベイランスでフォローする．重大な指摘事項については，フォローアップ審査を行い，改善計画が実施されたことを確認する．

(4) 維持のための審査

a) サーベイランス

サーベイランスは，登録有効期間内すなわち登録日から3年後の更新審査までに通常1年に1～2回ずつ実施される．サーベイランスの目的は，次の2つである．

- 組織の情報セキュリティ基本方針の目標達成の点からみた ISMS の有効性，該当する情報セキュリティに関する法規制の順守を定期的に評価しレビューする手順が機能していること
- 前回の審査における不適合に対する処置などを確認すること

サーベイランスにおいて重大な不適合が指摘された場合や登録した ISMS が適切に維持されていない場合には，登録を維持するために組織が行う是正処置についてフォローアップ審査を受けなければならないこともある．また，サーベイランスの結果は，当然，組織が ISMS 認証登録を維持できるか否かを判定するためにも利用される．

2.5 認証取得審査の概要

b）更新審査

更新審査は，その名のとおりISMS認証登録を更新する目的で3年ごとに実施される．審査範囲および内容は，初回審査における審査（ステージ2）とほぼ同様であるため，十分な準備をもって臨む必要がある．初回審査から3年間，組織のISMSに大きな変更がない場合には，簡略化された審査が可能な場合もある．しかし，IT環境は日々目まぐるしく変化しており，3年間にわたって組織のISMSに目立った変更が行われていない場合には，逆にその有効性，実効性を問われる可能性がある．したがって，IT環境や事業内容の変化をふまえて，リスクアセスメントや管理策の見直しを十分に行う必要がある．

c）その他の審査

適用するISMSの規格の変更（ISMS適合性評価制度に使用する規格の変更，バージョンアップなど）のほかにも，次のような場合に，組織が認証登録を維持することが可能か否かを判定するために，特別審査が行われる場合がある．

- 登録範囲の変更（拡大または縮小）
- 組織のISMSの重大な変更
- 重大な情報セキュリティインシデントの発生
- 認証登録時に審査登録機関と締結した順守事項（登録マークと認定マークの利用方法など）への違反

（5）審査および登録にかかわる費用の内容

a）準備にかかる費用

ISO 27001にもとづく認証取得の準備に必要な費用は，組織における準備期間や作業量によって異なる．コンサルタントを利用する場合は，その費用も考慮に入れる必要がある．コンサルティング費用は，依頼内

容や担当するコンサルタントによってかなり異なるので，複数から見積りを入手し，比較検討するとよい．また，安易に見積額の低いコンサルタントを選択するのではなく，提供内容や実績，評判などを加味することを忘れてはならない．

　上記以外にも，さまざまな管理策の導入費用を考慮に入れる必要がある．例えば，入退管理のためのカードキーの導入，指紋認証システム，鍵付キャビネットや書庫，暗号化ソフトウェアやPKI（公開鍵暗号基盤）などの物理的・環境的あるいは技術的な対策が考えられる．

b）　初回審査にかかる費用

　審査登録機関に支払う費用は，適用範囲の事業内容，規模，事業所数，情報リスクの大きさ，事業プロセスの複雑さなどによって異なる．審査対象の業務区分が専門性を必要とする場合は，審査チームに専門家を招聘するための費用が別途必要となる場合がある．また，審査チームの交通費，宿泊費などの必要経費についても確認するとよい．初回審査は，ステージ1とステージ2の2回の審査が必須であり，予備審査を受ける場合にはさらに追加費用が発生する．その他，認証登録が実現した場合の認定機関への登録費用などがかかる．こうした費用は，一般的に審査登録機関の提示する見積りに含まれるが，後で別途請求されることがないよう，見積りを依頼するときに詳細を確認するとよい．

　審査登録機関や業務の複雑さ，特殊性などによって相違はあるが，情報システムの運用を業務とする100名規模の組織であれば，200万円から300万円くらいで初回審査が行われるケースが多い．

c）　維持にかかる費用（更新費用）

　サーベイランスは，初回審査や更新審査のように適用範囲全体を審査せず，3年後の更新審査までに適用範囲の部分部分を計画的に審査する

場合が多いので，初回審査に比べ費用は安くなる．更新審査は，適用範囲全体を審査するが，審査登録機関はすでに実施した審査から組織のISMSについての知識を蓄積しているので，初回審査費用に比べ割安で実施できる場合が多い．維持のための審査で適用範囲を拡大する場合には，追加費用が発生することが考えられるため審査登録機関に確認する必要がある．

　このほかに，情報セキュリティ専任組織や内部監査実施のための人員確保，必要に応じて外部専門家やコンサルタントの利用なども検討する必要がある．

(6) 認証取得にあたっての留意点
a) 経営陣の意思表明

　ISO 27001 にもとづく認証取得にあたっては，組織内，特に経営陣の合意を形成したうえで，作業計画や費用計画を策定するとともに，認証取得の対象となる組織に，ISO 27001 にもとづく認証取得と ISMS 活動の趣旨，および必要性を周知する．情報セキュリティにかかわる活動は，決して安いとはいえない費用が発生するので，厳しい経営環境の下でそれを実行に移すにあたっては，経営陣の決断も慎重にならざるを得ない．ISMS 活動の責任者は，経営陣に対して，経営活動との関係をふまえて情報セキュリティ管理態勢を確立する重要性を説明し，十分に理解してもらったうえで賛同を得ることが重要である．また，経営陣は，認証取得の意義を，多くの機会を利用して関係者に表明することで，組織として認証取得を積極的に推進する意思があることを明確にし，周知する必要がある．認証取得を実現するためには，組織が認証登録という「錦の御旗」の下に一致団結して取り組む体制を確立することが不可欠である．

　一方，現場サイドから見れば，認証を取得するために本来の業務以外の活動を強いられていると感じる．成果主義が重視される今日，現場は，

本来の業務以外に労力を割くことは避けたいと考えている．現場の合意を得られなければ，認証登録までの活動計画を円滑に進めることはできない．したがって，経営陣の意思表明を後ろ盾として，現場に対する教育・訓練や周知活動を継続的に実施し，情報セキュリティの確立・維持が組織にとっていかに重要であるか，もし情報セキュリティが確保できない場合には，事業がどのような影響を受け，それが従業員（自分自身）にどのように波及するかについて認識してもらう必要がある．その認識が現場に根付いたときに，従業員は，情報セキュリティが本来の業務のひとつであることを理解するようになる．

b) コンサルタントの活用

コンサルタントを利用する場合は，組織の事業目的を理解し，事業活動に寄与するような情報セキュリティマネジメントシステムを構築するための適切なアドバイスや支援を提供する能力があるかどうかを確認する必要がある．認証取得だけを目的とするアプローチをとるコンサルティングは，形式的に認証を取得できたとしても，実質的には情報セキュリティを確保できないおそれがある．コンサルタントの助言を鵜呑みにせず，さまざまな方法論を組織に合った形に修正して取り入れていく姿勢が重要である．また，コンサルタントを選択するときは，達成したい情報セキュリティレベルを明確にし，コンサルティングの方針，姿勢，提供メニュー，内容，実績，評判，費用などを総合的に評価するとよい．

c) 審査登録機関選定のポイント

審査登録機関の選定に際しては，情報セキュリティに対する考え方，審査アプローチ，費用，認定機関などを事前に検討・評価する．認証取得後に審査登録機関を変更することは可能であるが，認証登録時に審査を依頼した審査登録機関に継続的に依頼するほうが，審査アプローチや

組織の情報セキュリティマネジメントシステムに対する考え方を理解しているので，審査準備や対応は効率的である．

既に ISO 9001 や ISO 14001 など他のマネジメントシステムの認証登録を達成している組織であれば，審査の効率性やコストの観点から同じ審査登録機関を選定することも考えられる．最近ではマネジメントシステムの統合審査を推奨する審査登録機関が増え，審査側の体制が整いつつあることも選定する際に考慮するとよい．

また，各々の審査登録機関の見積りや業務区分にもとづく得意分野，事業展開に対する影響を勘案して，自組織に最も合った審査登録機関を選定するとよい．

審査登録機関は，長期的な視点に立って慎重に選定しなければならない．決して審査が甘いなどの安易な理由で選定すべきではなく，組織の本質的な情報リスクを見極め，情報セキュリティレベルを高めることに協力する姿勢をもつような審査登録機関を選定する必要がある．

最近は ISMS の認証審査を希望する事業者が急激に増加しており，既取得事業者の維持のための審査も勘案すると，審査登録機関の稼動率は極めて高い．特に年末や年度末に認証の取得を計画する組織が多いので，早い時期に審査登録機関と連絡をとり，審査のスケジュールなどについて相談するとよい．

2.6 ISMS 認証基準(Ver. 2.0)から ISO 27001 への移行

2005 年 10 月の ISO/IEC 27001：2005 発行にともない，ISMS 適合性評価制度の審査で使用する規格が従来の規格から ISO 27001(JIS Q 27001)に変更される．多くの審査登録機関は，規格変更にともなう特別審査ではなく，サーベイランスや更新審査などのときに ISO 27001 へ

移行する方針を打ち出している．JIPDEC が表明している ISO 27001 への移行スケジュールを以下に説明する．

(1) ISMS 認証基準(Ver.2.0)から ISO 27001 への移行計画

JIPDEC では，ISMS 適合性評価制度で使用している規格を ISMS 認証基準(Ver.2.0)から ISO 27001 に移行するための計画を発表している（**図表 2.20**）．ISO 27001 の日本語版である JIS Q 27001 の発行日（2006 年 5 月 20 日）を基点とする 6 カ月間は，準備期間として JIS Q 27001

図表 2.20 ISO 27001 への移行計画（JIPDEC）

		2005年	2006年	2007年	2008年
		1　4　7　10	1　4　7　10	1　4　7　10	1　4　7　10
認証基準	ISMS 認証基準 (Ver. 2.0)	10/15 発行	6ヶ月　　11/19	12ヶ月　　11/19	
	ISO/IEC 27001		JIS 化		
	JIS Q 27001 (ISO/IEC 27001)		5/20 発行		
Ver.2.0 により初回審査及び維持／更新審査をする場合	Ver.2.0 による初回審査・登録（維持／更新審査を含む）	初回審査・登録	6ヶ月　　完了		
	Ver.2.0 による維持審査及び JIS Q 27001 への移行			維持審査(Ver.2.0 と JIS Q 27001 との差分を含む) 移行完了 12ヶ月	
JIS Q 27001 により初回審査する場合	JIS Q 27001 による初回審査・登録			初回審査・登録	
	JIS Q 27001 による維持審査			維持審査	
Ver.2.0 から JIS Q 27001 へ移行する場合	維持審査もしくは更新審査で Ver.2.0 と JIS Q 27001 との差分を審査			維持審査もしくは更新審査(Ver.2.0 と JIS Q 27001 との差分を含む) 移行完了 18ヶ月	

出典）　日本情報処理開発協会：『ISO/IEC 27001 への移行計画』，2006 年 5 月 29 日改訂．

2.6 ISMS 認証基準(Ver. 2.0)から ISO 27001 への移行

およびISMS認証基準(Ver.2.0)の両規格にもとづく初回審査(新規登録のための審査)を実施する.その後12カ月間は移行期間とし,ISMS認証基準(Ver.2.0)についてはサーベイランスおよび更新審査のみ実施される.この間に ISMS 認証基準(Ver.2.0)で認証登録を受けているすべての事業者は ISO 27001 への移行を完了させなければならない.すなわち JIS Q 27001 発行から起算して 18 カ月後には ISMS 認証基準(Ver.2.0)は廃止されるので,すべての事業者は,2007 年 11 月 19 日までに ISO 27001 への移行を完了する必要がある.

(2) BS 7799-2:2002 から ISO 27001 への移行計画

UKAS も JIPDEC と同様,認証審査で使用する規格を BS 7799-2:2002(以下,BS 7799-2)から ISO 27001 に移行するための計画を公表している.2006 年 1 月 23 日を基点とする 6 カ月間を準備期間として ISO 27001 および BS 7799-2 両規格にもとづく初回審査を実施する.その後 12 カ月間は移行期間とし,BS 7799-2 についてはサーベイランスおよび更新審査のみの実施となる.この間に BS 7799-2 で認証登録を受けているすべての事業者は ISO 27001 への移行を完了することとなる.すなわち 2007 年 7 月 23 日をもって BS 7799-2 が廃止されるので,すべての事業者は,廃止前に ISO 27001 への移行を完了する必要がある.

(3) ISO 27001 移行にかかる費用

ISO 27001 への移行のために審査登録機関に特別審査を要請することも可能であるが,前述のようにサーベイランスや更新審査において旧規格と ISO 27001 の差分審査を併せて実施するケースが多い.両規格の差分は多くはないため,通常は組織の ISMS の変更も少ないと考えられる.審査登録機関としても,差分審査のみを実施することは効率性の観点から避けたいため,サーベイランスや更新審査時に ISO 27001 への

第2章　情報セキュリティマネジメントの国際規格と認証制度

移行のための差分審査を併せて受けることを勧める傾向が強い．費用については，サーベイランス費用や更新審査費用に加えて差分審査費用を要求しない審査登録機関もあるので，審査登録機関に確認するとよい．

　維持にかかる費用(更新費用)同様，移行に際してコンサルタントの利用なども検討する必要がある．

第3章

用語および定義

　本章では，ISO 27001 で用いられている用語について，説明する．情報セキュリティに関する用語は，人によって異なった意味に受け取られてしまうことがあるので，注意が必要である．ここでは，情報セキュリティの対象となる資産や情報セキュリティの定義とその構成要素である機密性，完全性，可用性のほかに，リスクアセスメントに関する用語などを解説する．ISO 27001 の内容を的確に理解するためには，本章で説明する用語の意味を理解しなければならない．

　ISO 27001 では，16 の用語が定義されている．説明の便宜上，情報セキュリティ，リスクアセスメントおよび適用宣言書に区分して，それぞれに関連する用語について，重要と思われる事項を中心に図表を使ってわかりやすく解説する．

第3章　用語および定義

3.1 用語および定義

(1) 情報セキュリティに関連する用語

ISO/IEC 27001／JIS Q 27001

3 用語及び定義

この規格で用いる主な用語及び定義は，次による．

3.1 資産（asset）

組織にとって価値をもつもの（JIS Q 13335-1：2006）．

3.2 可用性（availability）

認可されたエンティティが要求したときに，アクセス及び使用が可能である特性（JIS Q 13335-1：2006）．

3.3 機密性（confidentiality）

認可されていない個人，エンティティ又はプロセスに対して，情報を使用不可又は非公開にする特性（JIS Q 13335-1：2006）．

3.4 情報セキュリティ（information security）

情報の機密性，完全性及び可用性を維持すること．さらに，真正性，責任追跡性，否認防止及び信頼性のような特性を維持することを含めてもよい（JIS Q 27002：2006）．

3.5 情報セキュリティ事象（information security event）

システム，サービス又はネットワークにおける特定の状態の発生．特定の状態とは，情報セキュリティ基本方針への違反若しくは管理策の不具合の可能性，又はセキュリティに関連するかもしれない未知の状況を示しているものをいう（ISO/IEC TR 18044：2004）．

3.6 情報セキュリティインシデント（information security incident）

望まない単独若しくは一連の情報セキュリティ事象，又は予期しない単独若しくは一連の情報セキュリティ事象であって，事業運営を危うくする確率及び情報セキュリティを脅かす確率が高いもの

> (ISO/IEC TR 18044：2004).
>
> **3.7 情報セキュリティマネジメントシステム，ISMS**(information security management system)
>
> マネジメントシステム全体の中で，事業リスクに対する取組み方に基づいて，情報セキュリティの確立，導入，運用，監視，レビュー，維持及び改善を担う部分.
>
> > **注記** マネジメントシステムには，組織の構造，方針，計画作成活動，責任，実践，手順，プロセス及び経営資源が含まれる.
>
> **3.8 完全性**(integrity)
>
> 資産の正確さ及び完全さを保護する特性(JIS Q 13335-1：2006).

要求事項の解説

① 資産とは

ISO 27001 の 1.1 では，「ISMS は，情報資産を保護し，また，利害関係者に信頼を与える，十分で，かつ，均整のとれたセキュリティ管理策の選択を確実にするために設計される」としている．つまり，ISMSは，情報資産を保護するためのマネジメントシステムである．

ここでは，"情報資産"のうちの"資産"について定義している．この定義でのポイントは，「組織にとって価値のあるもの」ということであり，価値がないものについては，情報であっても情報資産とはいえないということになる．また，第三者にとっての価値と，組織にとっての価値は，異なることがあるので注意が必要である．

ISMS で保護する情報資産には，**図表 3.1** に示すようなものがある．組織の事業活動や IT 環境などをふまえて，保護すべき情報資産を明確にする必要がある．

図表3.1 保護すべき情報および情報資産

項　目	内　容
情　報	契約書，取締役会議事録，営業日報，取引先名簿，顧客データ，財務会計データ，販売データ，生産データなど
ソフトウェア	顧客情報システム，会計情報システム，販売情報システム，生産管理システムなどの業務用ソフトウェアや，オペレーティングシステム，データベース管理ソフト，ネットワークOSなどのシステムソフトウェアなど
ハードウェア	サーバー，クライアント，プリンタ，周辺機器など
ネットワーク	LAN，ルーター，ハブ，その他通信機器など
人　員	SE，プログラマー，オペレーターなどのシステム技術者および管理者，研究員，利用者など
知的財産，ノウハウなど	著作権，特許，実用新案権，商標権，営業秘密，開発および運用の標準化資料（ノウハウ）など

② 情報セキュリティの定義

　セキュリティには，"安全"とか"安心"といった意味がある．したがって，情報セキュリティは，情報資産が安全な状態にあること，または安全な状態におくことと定義できる．"安全な状態"は，図表3.2に示すような3つの側面に整理できる．情報セキュリティが維持されている状態とは，情報資産の機密性，完全性，可用性の3つの側面がバランスよく確保されている状態である．

③ 可　用　性

　可用性とは，エンティティが情報資産を利用したいときに，または利用しなければならないときに情報資産が利用できる特性のことである．特に，情報システムは，組織活動の基盤であり中核となっているので，それを適切に稼動・運用させることは，事業活動を安心して行ううえで必須の要件となっている．

3.1 用語および定義

図表3.2 情報セキュリティの定義

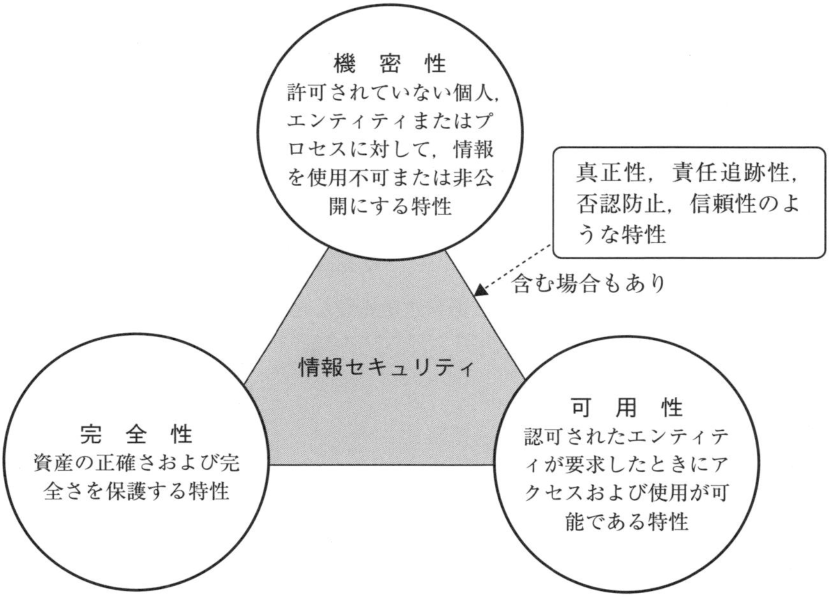

- **機密性**: 許可されていない個人,エンティティまたはプロセスに対して,情報を使用不可または非公開にする特性
- **完全性**: 資産の正確さおよび完全さを保護する特性
- **可用性**: 認可されたエンティティが要求したときにアクセスおよび使用が可能である特性

真正性,責任追跡性,否認防止,信頼性のような特性 → 含む場合もあり

情報セキュリティ

　エンティティとは,情報システムなどの資産を利用する団体などのことをいい,営利企業,政府機関,非営利団体などさまざまな形態のものがある.

　可用性が阻害された事例としては,大手銀行のシステムトラブルによってATMをはじめとするサービスが提供できなくなった情報セキュリティインシデントや,証券取引所のシステム停止によって証券市場が混乱し,社会的な大問題になった情報セキュリティインシデントがある.このほかにも,ネット広告やネットオークションなどを行うサイトがDoS(Denial of Service：サービス妨害)攻撃によってサービスを提供できなくなった事例がある.

　情報資産(情報や情報処理施設など)が利用できなければ,社内業務に混乱が生じるだけでなく,顧客へのサービス提供や生産活動などにも支

図表3.3 可用性を阻害する要因

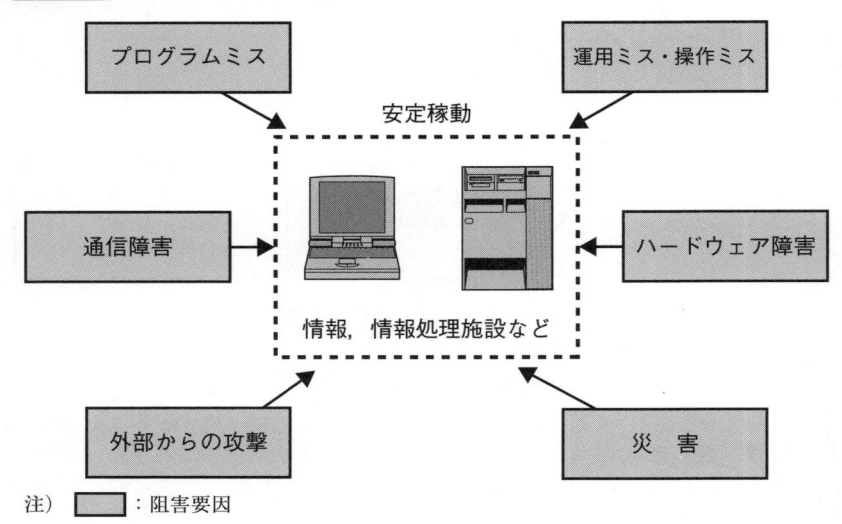

- プログラムミス
- 運用ミス・操作ミス
- 通信障害
- ハードウェア障害
- 外部からの攻撃
- 災害

（安定稼動：情報，情報処理施設など）

注）□：阻害要因

障が生じることになり，事業活動の継続に重大な影響を及ぼすことになる．

情報資産の可用性を阻害する要因としては，例えば**図表3.3**に示すものがある．

④ 機 密 性

情報セキュリティでいう機密性とは，情報に対してアクセスを認められた者だけが，当該情報にアクセスできる特性のことをいう．企業から顧客情報が漏えいしてマスコミで取り上げられたり，警察の捜査情報，自衛隊の防衛情報や地方自治体の住民情報などが漏えいして問題になったりする事件は後を絶たない．こうした情報漏えいは，機密性の確保にかかわる重大な問題である．機密性を確保するためには，アクセス権の適切な付与と，それにもとづくアクセス制御を適切に行う必要がある（**図表3.4**）．

図表3.4 機密性の確保

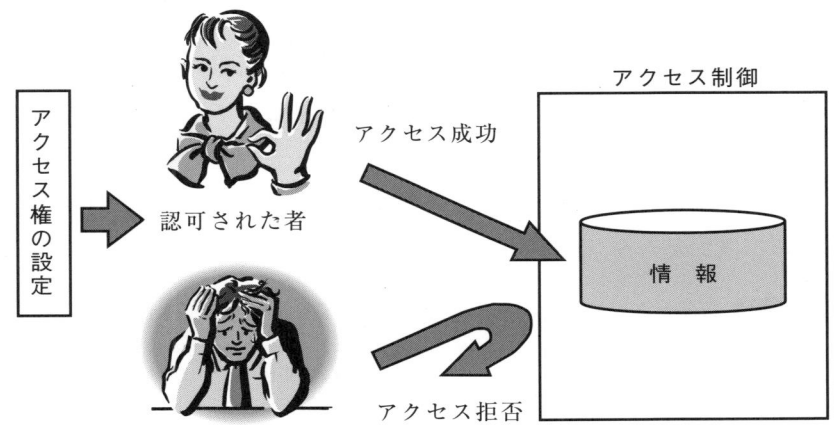

⑤ 情報セキュリティ事象と情報セキュリティインシデント

情報セキュリティ事象とは，情報セキュリティが確保できない状況につながる可能性のある事象をいう．一方，情報セキュリティインシデントとは，情報セキュリティ事象のうち，事業運営や情報セキュリティを危うくする可能性（確率）が高いものをいう（**図表3.5**）．例えば，PC（パソコン）端末への接続が許可されていないUSBメモリーの機能があることが情報セキュリティ事象であり，当該USBメモリーへ機密データをコピーして持ち出すことが情報セキュリティインシデントである．情報セキュリティ事象の報告や情報セキュリティインシデントの管理については，ISO/IEC TR 18044に規定されている．

⑥ 完　全　性

完全性とは，情報が首尾一貫して処理され，内容が正確（完全）であり，整合性が保たれる特性のことをいう．情報の内容が信頼できる状態ともいえる．完全性は，原文ではintegrityであり，日本語に訳すことが難

第3章 用語および定義

しい言葉である．保全性と訳されたり，片仮名でインテグリティと表記されることもある．ISMS認証基準(Ver.2.0)の定義では処理方法の正確性，完全性についてふれていた．処理方法は，情報の完全性を担保するものなので，情報の完全性に注意すれば結果として情報処理の完全性を確保できることになる．

情報システムの完全性が確保されなかった事例としては，大手銀行における二重引落しや，定期預金の中途解約者に対する支払利息の計算ミ

図表3.5 情報セキュリティ事象と情報セキュリティインシデントの関係

- 情報セキュリティ基本方針への違反
- 管理策の不具合の可能性
- 情報セキュリティに関連するかもしれない未知の状況

情報セキュリティ事象

情報セキュリティインシデント

事業運営を脅かす確率の高いものおよび情報セキュリティを脅かす確率が高いもの

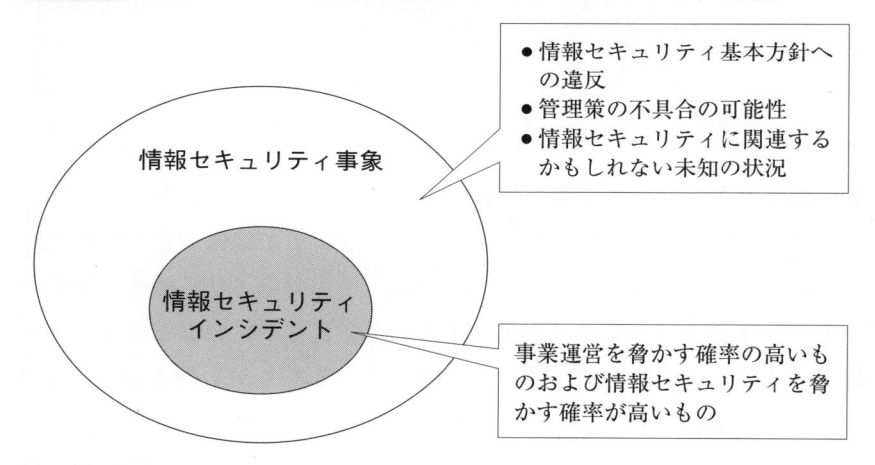

図表3.6 完全性の確保

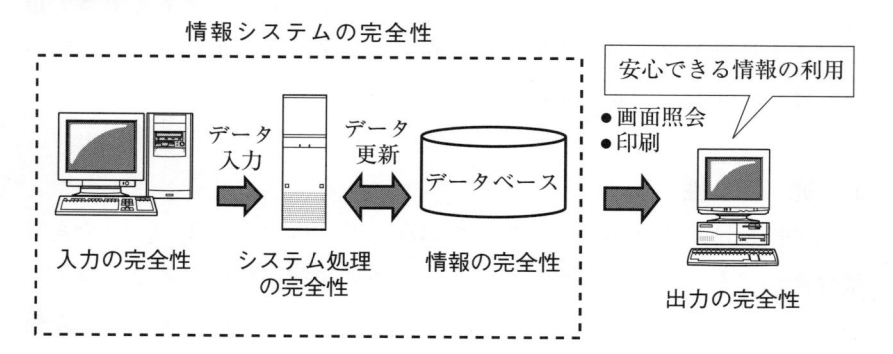

情報システムの完全性

入力の完全性 → データ入力 → システム処理の完全性 → データ更新 → 情報の完全性（データベース）

安心できる情報の利用
- 画面照会
- 印刷

出力の完全性

スなどがある．完全性を確保するためには，プログラム処理の正確性だけではなく，データ入力やデータ出力の正確性を確保する必要がある（図表3.6）．

（2） リスクアセスメントに関連する用語

ISO/IEC 27001／JIS Q 27001

（「3 用語及び定義」の続き）

3.9 残留リスク（residual risk）
　リスク対応の後に残っているリスク（TR Q 0008：2003）．

3.10 リスクの受容（risk acceptance）
　リスクを受容する意思決定（TR Q 0008：2003）．

3.11 リスク分析（risk analysis）
　リスク因子を特定するための，及びリスクを算定するための情報の系統的使用（TR Q 0008：2003）．

3.12 リスクアセスメント（risk assessment）
　リスク分析からリスク評価までのすべてのプロセス（TR Q 0008：2003）．

3.13 リスク評価（risk evaluation）
　リスクの重大さを決定するために，算定されたリスクを与えられたリスク基準と比較するプロセス（TR Q 0008：2003）．

3.14 リスクマネジメント（risk management）
　リスクに関して組織を指揮し管理する調整された活動（TR Q 0008：2003）．

3.15 リスク対応（risk treatment）
　リスクを変更させるための方策を，選択及び実施するプロセス（TR Q 0008：2003）．
　　注記　この規格では，"管理策"という用語を"方策"の類義語
　　　として使用する．

第3章 用語および定義

要求事項の解説

① **リスクアセスメントの意義**

情報セキュリティマネジメントでは，「何を（どのような対象を）」「どのようなリスクから」「どのように守るか」を明確にする必要がある．「何を」に該当するものは，情報および情報処理施設などの情報資産である．「どのようなリスクから」に該当するのがリスク分析とリスク評価である．リスク分析からリスク評価までのすべてのプロセスが，リスクアセスメントである．リスクアセスメントの"アセスメント（assessment）"は，"評価"と訳されるので，3.13の「リスク評価」と誤解しないように注意することが大切である．原文の3.13では"evaluation"のことであり，リスクの大きさの評価（算定）のことを意味している．

リスク分析およびリスク評価では，情報および情報処理施設などを取り巻くリスクを洗い出して，その大きさを算定しリスクの重大さを決定する．「どのように保護するのか」は，管理策（情報セキュリティ対策）に該当する．リスク分析および評価が適切に行われなければ，管理策が不十分であったり，過大な管理策を講じたりすることにつながる．

② **事業の視点が重要**

リスク分析およびリスク評価では，事業活動に及ぼす影響を分析・評価することが重要である．事業活動に及ぼす影響には，脅威が顕在化して，情報が滅失したり，ハードウェアやネットワークが損壊したりするような損失や，情報システムの停止などによって事業活動が停止して収益を獲得しそこねる損失（機会損失）などがある．

ISO 27001では，脅威が顕在化した場合の損失の大きさと，発生可能性の2つの視点からリスクを分析することが規定されている．発生可能性は，一般に記載されている脅威，ぜい弱性，資産に関連する影響，現

在実施されている管理策を考慮する．損失の大きさは，金額換算し，発生可能性は，年に何回，月に何回，日に何回といったように数値化するとよい．しかし，現実には，金額換算や数値化が難しいので，損失の大きさや発生可能性を，大中小で評価することが多い．

③ リスク対応の選択肢

リスク分析の結果，リスクの重大さ（影響度と発生可能性）に応じて，リスク対応を行う．リスク対応には，次のものがある．

- 管理策の選択・実施：影響度や発生可能性の低減
- リスクの受容：管理策を講じないという対応
- リスクの回避：リスクが発生する可能性のある環境からの回避．
  例えば，ネットワークを物理的に接続しない，地盤の悪い場所に

図表3.7 リスクアセスメントにかかわる用語の関係

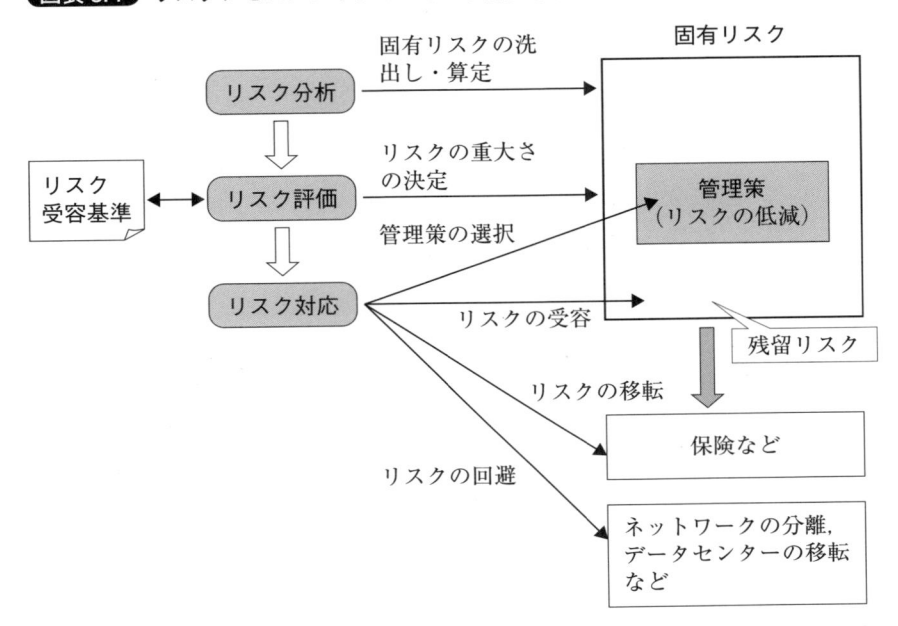

第3章 用語および定義

データセンターを設置しないなど．
- リスクの移転：リスクを第三者に移転するという対応．例えば，保険への加入など．

④ **リスク分析・評価およびリスク対応にかかわる用語の関係**

リスクアセスメントに関する用語として，さまざまなものが使われているが，これらの関係は，前掲の**図表3.7**のように整理できる．

（3） 適用宣言書

ISO/IEC 27001／JIS Q 27001

（「3　用語及び定義」の続き）
3.16　適用宣言書（statement of applicability）
　その組織のISMSに関連して適用する管理目的及び管理策を記述した文書．
　　注記　管理目的及び管理策は，組織の情報セキュリティに対する，次のものに基づく．
　　　― リスクアセスメント及びリスク対応のプロセスの結果及び結論
　　　― 法令又は規制の要求事項
　　　― 契約上の義務
　　　― 事業上の要求事項

要求事項の解説

① **適用宣言書の位置づけ**

適用宣言書は，4.3.1 i)において，作成が求められている．リスク対応の結果，管理策を採用すると決めたリスクに対して，どのような管理目的および管理策を適用するのか，どのような理由からそれを選択また

3.1 用語および定義

は選択しなかったのかを明確にするものである．ISO 27001における管理策とは，いわゆる情報セキュリティ対策（コントロール）のことである．適用宣言書は，組織の情報セキュリティ対策に関する考え方を明確にした文書といえる．

② **適用宣言書の内容**

適用宣言書には，**図表3.8**に示すように**附属書A**で示された管理目的

図表3.8 適用宣言書と管理目的および管理策

- 選択した管理目的および管理策，選択理由
- 現在実施している管理目的および管理策
- 適用除外とした管理目的および管理策，理由を記載する

適用宣言書

適用する管理目的・管理策

附属書A（規定）
管理目的および管理策

A.5	セキュリティ基本方針
A.6	情報セキュリティのための組織
A.7	資産の管理
A.8	人的資源のセキュリティ
A.9	物理的及び環境的セキュリティ
A.10	通信及び運用管理
A.11	アクセス制御
A.12	情報システムの取得，開発及び保守
A.13	情報セキュリティインシデントの管理
A.14	事業継続管理
A.15	順守

適用時のベース

- リスクアセスメントおよびリスク対応のプロセスの結果および結論
- 法令または規制の要求事項
- 契約上の義務
- 事業上の要求事項

67

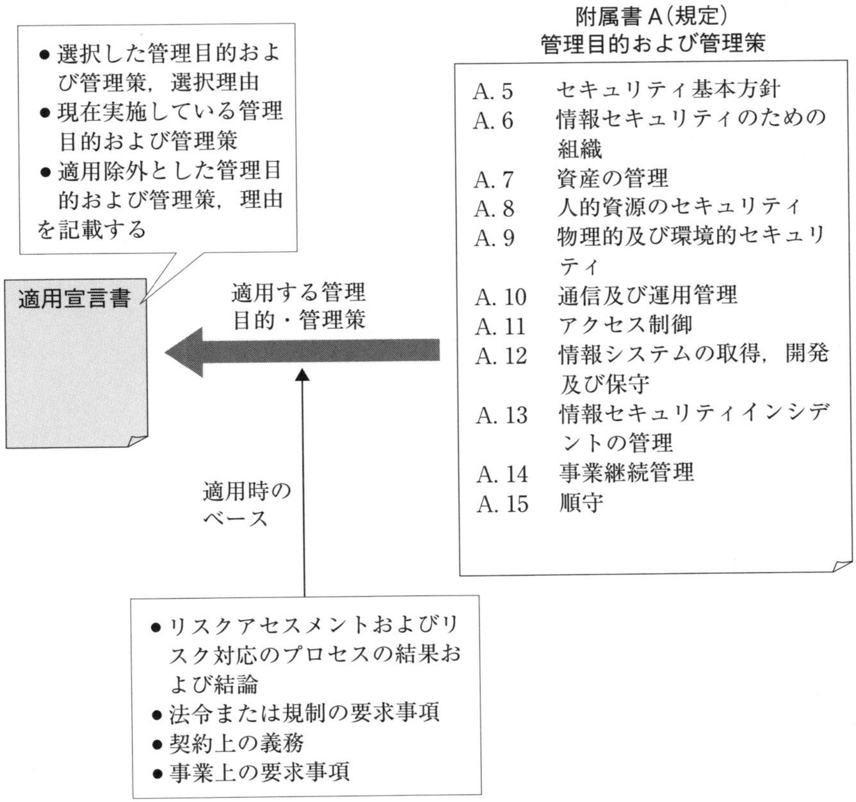

および管理策のどれを適用するのか，また，どれを適用除外にするのかについて，その理由を含めて明確にしたものである．適用宣言書を読めば，組織がどのような考え方にもとづいて管理目的および管理策を選択したのかがわかるようにしなければならない．

第4章
情報セキュリティマネジメントシステム

　ISMSは，情報セキュリティにかかわるマネジメントシステムであり，マネジメントシステムの考え方は，ISO 9001, ISO 14001, JIS Q 15001などと同様である．本章では，ISMSで求められている一般要求事項，ISMSの確立および運営管理，文書化に関する要求事項について解説する．ここで求められている事項は，ISMSを確立し，維持していくための基本となる枠組みである．ISO 27001の認証を取得するためには，ISMSの仕組みづくりが基礎となるので，認証を取得しようとする組織は，本章で解説する事項を十分に理解しなければならない．

第4章　情報セキュリティマネジメントシステム

4.1 一般要求事項

> ISO/IEC 27001／JIS Q 27001
>
> **4 情報セキュリティマネジメントシステム**
> **4.1 一般要求事項**
>
> 　組織は，その組織の事業活動全般及び直面するリスクに対する考慮のもとで，文書化したISMSを確立，導入，運用，監視，レビュー，維持及び改善しなければならない．この規格の目的のために，ここで用いるプロセスは，図1に示すPDCAモデルに基づいている．

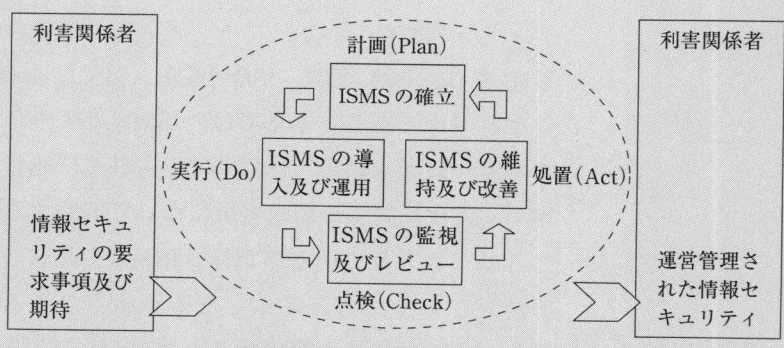

計　画（ISMSの確立）	組織の全般的方針及び目的に従った結果を出すための，リスクマネジメント及び情報セキュリティの改善に関連した，ISMS基本方針，目的，プロセス及び手順の確立
実　行（ISMSの導入及び運用）	ISMS基本方針，管理策，プロセス及び手順の導入及び運用
点　検（ISMSの監視及びレビュー）	ISMS基本方針，目的及び実際の経験に照らした，プロセスのパフォーマンスのアセスメント（適用可能ならば測定），及びその結果のレビューのための経営陣への報告
処　置（ISMSの維持及び改善）	ISMSの継続的な改善を達成するための，ISMSの内部監査及びマネジメントレビューの結果又はその他の関連情報に基づいた，是正処置及び予防処置の実施

図1　ISMSプロセスに適用されるPDCAモデル

4.1 一般要求事項

要求事項の解説

① 事業活動全般の考慮

ISMS は，組織における情報セキュリティを確保するためのマネジメントシステムであり，組織の事業活動における情報セキュリティを確保するためのマネジメントシステムともいえる．そこで，ISMS の導入にあたっては，まず，事業活動全般を十分に考慮し，そのリスクを十分にふまえて情報セキュリティを考えることが求められる（図表 4.1）．

事業活動が直面するリスクは，いわゆる ERM で取り扱うリスクのことと考えてもよい．ERM では，企業が直面するリスクを統合的にとらえ，それに対する管理策（コントロール）を整備し維持していくものである．リスクには，例えば，戦略リスク，市場リスク，IT リスク，法的リスク，財務リスク，コンプライアンスリスクなど多種多様なものがある（図表 4.2）．情報セキュリティリスクは，IT リスクに深く関係する．IT リスクとは，組織の IT にかかわるリスクであり，IT の有効性，効

図表 4.1 情報セキュリティマネジメントシステムの必要性にかかわる要因

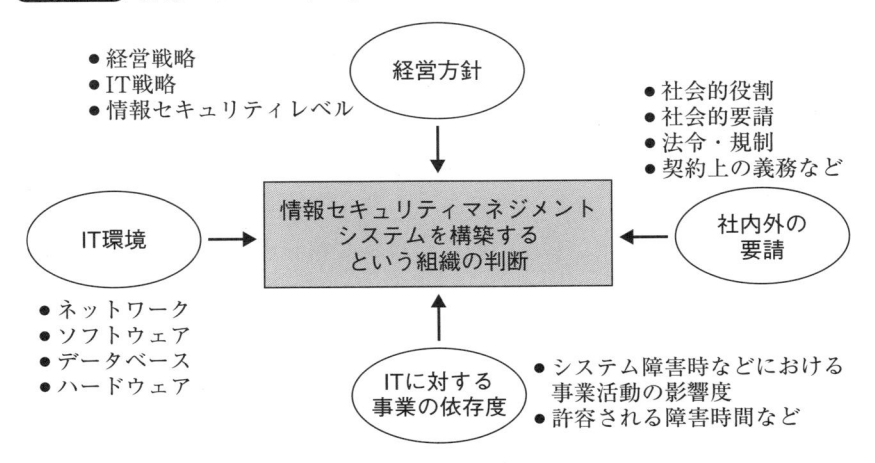

- 経営戦略
- IT戦略
- 情報セキュリティレベル

経営方針

- 社会的役割
- 社会的要請
- 法令・規制
- 契約上の義務など

IT環境

- ネットワーク
- ソフトウェア
- データベース
- ハードウェア

情報セキュリティマネジメントシステムを構築するという組織の判断

社内外の要請

ITに対する事業の依存度

- システム障害時などにおける事業活動の影響度
- 許容される障害時間など

71

第4章　情報セキュリティマネジメントシステム

図表4.2 リスクの連鎖とITリスク

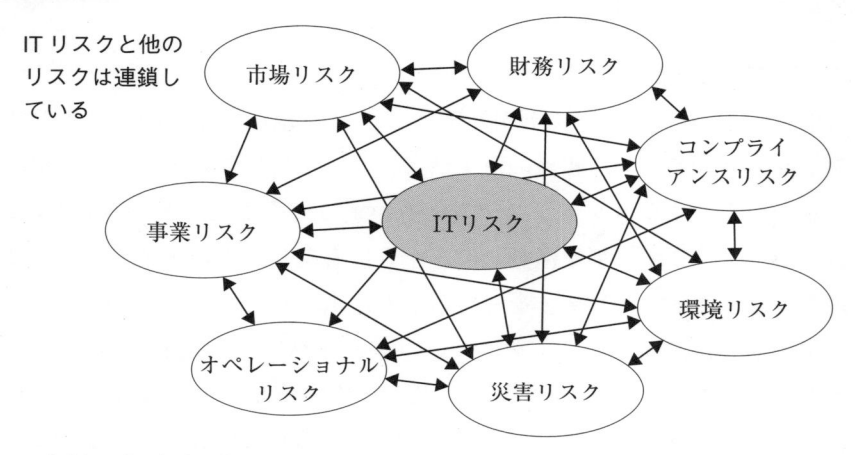

ITリスクと他のリスクは連鎖している

（市場リスク、財務リスク、コンプライアンスリスク、環境リスク、災害リスク、オペレーショナルリスク、事業リスク、ITリスク）

出典）島田裕次：「ERM時代のシステム監査」,『月刊　監査研究』, No.377, p.33, 2006年1月.

率性，戦略性に関するリスクといった，情報セキュリティ以外のリスクも含まれる．

②　PDCAのサイクルがポイント

ISMSのプロセスの基本は，PDCAのサイクルである．Plan-Do-Check-Actというビジネス活動の基本的な仕組みができていなければならない．この考え方は，ISO 27001を理解するときの前提になっている点に注意する必要がある．

ISMSは，マネジメントシステムであり，ISO 27001に従ったプロセスを確立し維持していても，そのこと自体が情報セキュリティを確保することにはならない．つまり，ISO 27001の認証取得は，情報漏えいやシステム停止といった情報セキュリティインシデントが発生しないことを保証するものではないことを理解しておく必要がある．

4.2 ISMS の確立および運営管理

(1) ISMS の確立

> ISO/IEC 27001／JIS Q 27001
>
> (「4　情報セキュリティマネジメントシステム」の続き)
>
> **4.2　ISMS の確立及び運営管理**
> **4.2.1　ISMS の確立**
> 　組織は，次の事項を実行しなければならない．
> a) 事業・組織・所在地・資産・技術の特徴の見地から，ISMS の適用範囲及び境界を定義する．この定義には，適用範囲からの除外について，その詳細及びそれが正当である理由も含めるものとする(1.2 参照)．
> b) ISMS 基本方針を，事業・組織・所在地・資産・技術の特徴の見地から，次を満たすように定義する．
> 　1) 目的を設定するための枠組みを含め，また，情報セキュリティに関係する活動の方向性の全般的認識及び原則を確立する．
> 　2) 事業上及び法令又は規制の要求事項，並びに契約上のセキュリティ義務を考慮する．
> 　3) それのもとで ISMS の確立及び維持をする，組織の戦略的なリスクマネジメントの状況と調和をとる．
> 　4) リスクを評価するに当たっての基軸を確立する［4.2.1 c) 参照］．
> 　5) 経営陣による承認を得る．
> 　　**注記**　この規格の目的のために，ISMS 基本方針は，情報セキュリティ基本方針を包含する上位概念とする．これらの方針は，一つの文書に記載することができる．
> c) リスクアセスメントに対する組織の取組み方を，次を満たす

ように定義する.
  1) ISMS, 特定された事業上の情報セキュリティの要求事項, 並びに特定された法令及び規制の要求事項に適したリスクアセスメントの方法を特定する.
  2) リスク受容基準を設定し, また, リスクの受容可能レベルを特定する [5.1 f)参照].
 選択するリスクアセスメントの方法は, それを用いたリスクアセスメントが, 比較可能で, かつ, 再現可能な結果を生み出すことを確実にしなければならない.
  注記 リスクアセスメントの方法には, 幾つか異なるものがある.
  参考 リスクアセスメントの方法の例については, TR X 0036-3 による.
d) リスクを, 次のように特定する.
  1) ISMS の適用範囲の中にある資産及びそれらの資産の管理責任者を特定する.
  2) それらの資産に対する脅威を特定する.
  3) それらの脅威がつけ込むかもしれないぜい弱性を特定する.
  4) 機密性, 完全性及び可用性の喪失がそれらの資産に及ぼす影響を特定する.
e) それらのリスクを次のように分析し, 評価する.
  1) セキュリティ障害に起因すると予想される, 組織における事業的影響のアセスメントを行う. このアセスメントでは, その資産の機密性, 完全性又は可用性の喪失の結果を考慮する.
  2) 認識されている脅威及びぜい弱性並びに情報資産に関連する影響の観点から, 起こり得るセキュリティ障害などの現実的な発生可能性についてアセスメントを行う. その際に, 現

在実施されている管理策を考慮する．
   3) そのリスクのレベルを算定する．
   4) そのリスクが受容できるか，又は対応が必要であるかを判断する．この判断には，4.2.1 c) 2)によって確立したリスク受容基準を用いる．
f) リスク対応のための選択肢を特定し，評価する．選択肢には，次がある．
   1) 適切な管理策の適用
   2) 組織の方針及びリスク受容基準を明確に満たすリスクの，意識的，かつ，客観的な受容［4.2.1 c)参照］
   3) リスクの回避
   4) 関連する事業上のリスクの，他者(例えば，保険業者，供給者)への移転
g) リスク対応のための，管理目的及び管理策を選択する．

　管理目的及び管理策は，リスクアセスメント及びリスク対応のプロセスにおいて特定した要求事項を満たすために選択し，導入しなければならない．

　この選択には，法令，規制及び契約上の要求事項と同じく，リスク受容基準［4.2.1 c) 2)参照］も考慮しなければならない．

　このプロセスの一部として，**附属書A**の中から，特定した要求事項を満たすために適切なように，管理目的及び管理策を選択しなければならない．

　附属書Aに規定した管理目的及び管理策は，すべてを網羅してはいないので，追加の管理目的及び管理策を選択してもよい．

　　注記　附属書Aは，様々な組織が共通的に関連する管理目的及び管理策を幅広く集めたリストである．この規格の利用者には，**附属書A**を，重要な管理策の選択に見落しがないことを確実にする，管理策選択の出発点として示す．

> h） その結果としての残留リスクについて経営陣の承認を得る．
> i） そのISMSを導入し，運用することについて経営陣の許可を得る．
> j） 適用宣言書を作成する．
> 　適用宣言書は，次を含むように作成しなければならない．
> 　1） 4.2.1 g)によって選択した管理目的及び管理策，並びにそれらを選択した理由
> 　2） 現在実施している管理目的及び管理策［4.2.1 e) 2)参照］
> 　3） 附属書Aに規定された管理策の中で適用除外とした管理目的及び管理策，並びにそれらを適用除外とすることが正当である理由
> 　　注記　適用宣言書は，リスク対応に関する決定の概要を提供する．適用除外に対する理由付けは，不注意による管理策の抜けを起こさないための点検手段を提供する．

要求事項の解説

①　ISMSの構築手順

ISMSでは，図表4.3に示す手順でマネジメントシステムを構築する．

②　リスクアセスメントの重要性

ISMS構築の中核となるのは，リスクアセスメントである．リスクアセスメントが適切に行われなければ，適切な管理目的および管理策を選択し，それを実施することはできない．また，ISO 27001は，すべてのリスクに対して管理策を講じることを想定しておらず，むしろ受容すべきリスクは受容していこうという考え方になっている．リスクを受容するかどうかは，リスクの受容基準を策定し，それにもとづいて判断する（図表4.4）．

4.2 ISMSの確立および運営管理

図表4.3 ISMS構築の基本的枠組み

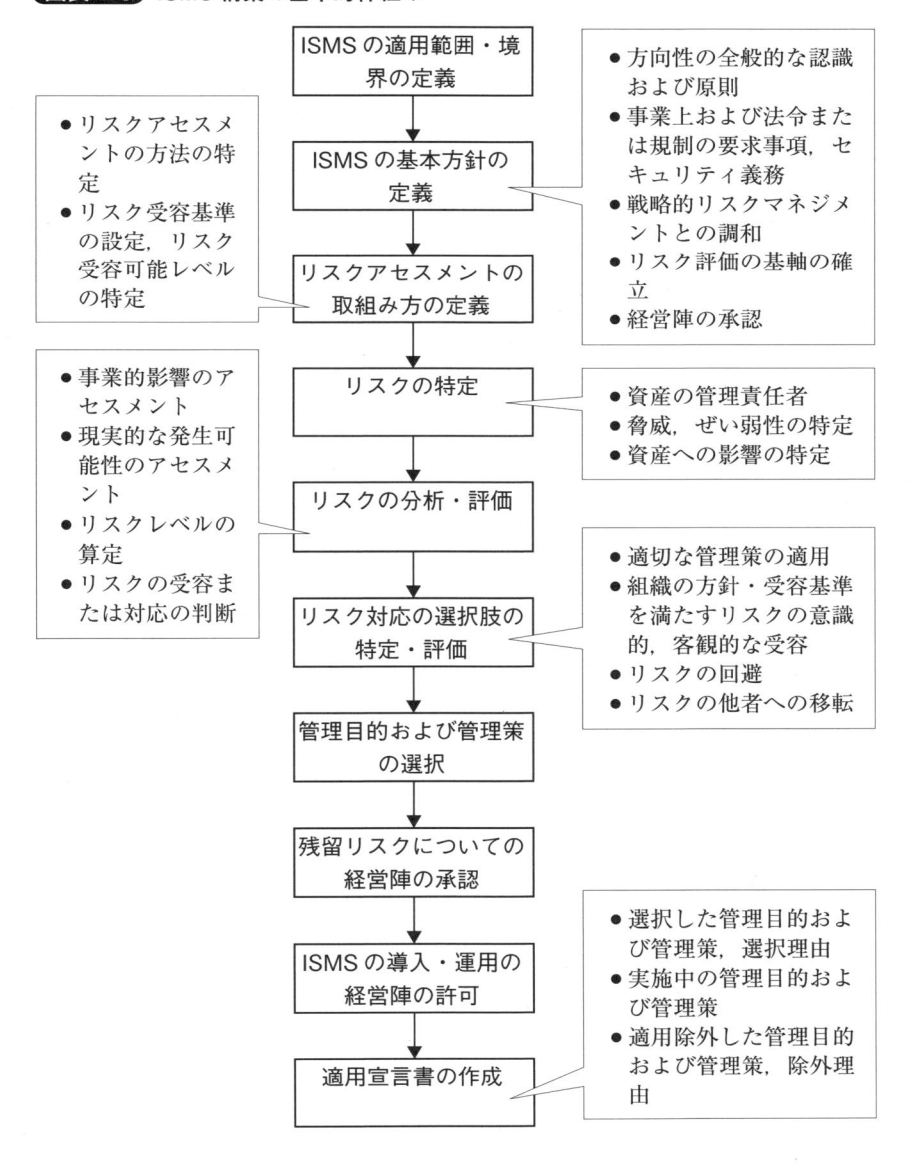

```
                    ┌─────────────────────┐
                    │ ISMSの適用範囲・境   │
                    │ 界の定義            │
                    └──────────┬──────────┘
                               │         ┌──────────────────────────┐
                               ▼         │ ● 方向性の全般的な認識    │
                    ┌─────────────────────┐ │   および原則             │
                    │ ISMSの基本方針の    │─│ ● 事業上および法令また   │
                    │ 定義                │ │   は規制の要求事項, セ   │
                    └──────────┬──────────┘ │   キュリティ義務         │
                               │            │ ● 戦略的リスクマネジメ   │
                               ▼            │   ントとの調和           │
┌──────────────────┐ ┌─────────────────────┐ │ ● リスク評価の基軸の確   │
│ ● リスクアセスメ │ │ リスクアセスメントの│─│   立                    │
│   ントの方法の特 │─│ 取組み方の定義      │ │ ● 経営陣の承認           │
│   定             │ └──────────┬──────────┘ └──────────────────────────┘
│ ● リスク受容基準 │            │
│   の設定, リスク │            ▼
│   受容可能レベル │ ┌─────────────────────┐ ┌──────────────────────────┐
│   の特定         │ │ リスクの特定        │─│ ● 資産の管理責任者       │
└──────────────────┘ └──────────┬──────────┘ │ ● 脅威, ぜい弱性の特定   │
                               │            │ ● 資産への影響の特定     │
┌──────────────────┐            ▼            └──────────────────────────┘
│ ● 事業的影響のア │ ┌─────────────────────┐
│   セスメント     │ │ リスクの分析・評価  │
│ ● 現実的な発生可 │─└──────────┬──────────┘
│   能性のアセスメ │            │
│   ント           │            ▼            ┌──────────────────────────┐
│ ● リスクレベルの │ ┌─────────────────────┐ │ ● 適切な管理策の適用     │
│   算定           │ │ リスク対応の選択肢の│ │ ● 組織の方針・受容基準   │
│ ● リスクの受容ま │─│ 特定・評価          │─│   を満たすリスクの意識   │
│   たは対応の判断 │ └──────────┬──────────┘ │   的, 客観的な受容       │
└──────────────────┘            │            │ ● リスクの回避           │
                               ▼            │ ● リスクの他者への移転   │
                    ┌─────────────────────┐ └──────────────────────────┘
                    │ 管理目的および管理策│
                    │ の選択              │
                    └──────────┬──────────┘
                               │
                               ▼
                    ┌─────────────────────┐
                    │ 残留リスクについての│
                    │ 経営陣の承認        │
                    └──────────┬──────────┘
                               │            ┌──────────────────────────┐
                               ▼            │ ● 選択した管理目的およ   │
                    ┌─────────────────────┐ │   び管理策, 選択理由     │
                    │ ISMSの導入・運用の  │ │ ● 実施中の管理目的およ   │
                    │ 経営陣の許可        │ │   び管理策               │
                    └──────────┬──────────┘ │ ● 適用除外した管理目的   │
                               │            │   および管理策, 除外理   │
                               ▼            │   由                     │
                    ┌─────────────────────┐ └──────────────────────────┘
                    │ 適用宣言書の作成    │─┘
                    └─────────────────────┘
```

第4章 情報セキュリティマネジメントシステム

図表4.4 リスクアセスメントとリスクの受容基準

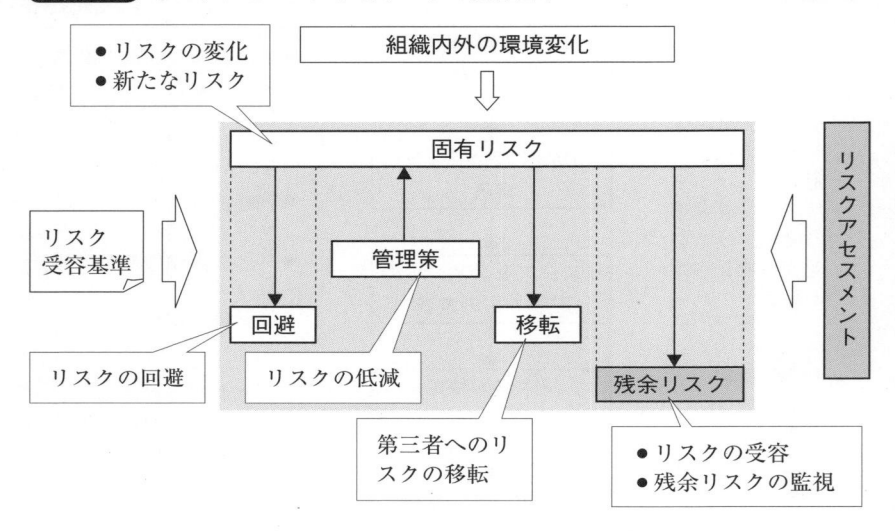

- リスクの変化
- 新たなリスク

組織内外の環境変化

固有リスク

リスク受容基準

管理策

回避 — リスクの回避
リスクの低減
移転 — 第三者へのリスクの移転
残余リスク
- リスクの受容
- 残余リスクの監視

リスクアセスメント

しかし，リスクアセスメントが適切に行われなければ，評価したリスクの大きさが信頼できないものとなってしまうので，それにもとづいて実施したリスクの受容も適切ではなくなる．つまり，リスクアセスメントにおいてリスクの重要度を過小評価してしまったために，本来は管理策を講じなければならないリスクであるにもかかわらず，受容してもよいリスクと判断し管理策を講じない場合がある．その結果，システムトラブルや不正アクセスといった情報セキュリティインシデントが発生し，大きな損失を被るおそれがある．

③ 経営陣の承認

ISMSは，経営陣が承認しなければならない．ISO 27001では，情報セキュリティに関する経営陣の責任が強く求められている．経営陣の承認は，稟議書で行われたり，取締役会や経営会議などの場で承認されたりする．いずれの場合でも，承認されたことの記録が必要である．

④ **管理目的および管理策選択の理由**

　附属書Aで定められた管理策を選択しない場合や，追加的な管理策を講じる場合には，その理由を明確にしなければならないことに注意する．その理由は，当然のことながら第三者から見ても納得できる合理的なものでなければならず，組織の都合によって管理策を選択しないということは原則として認められないからである．事業特性やIT環境をふまえたリスク評価の結果，リスクが小さいので当該管理策の必要性が低いというような理由や，経営判断として当該リスクを受容（リスクテイク）するなどの客観性や合理性のある理由でなければならない．客観性や合理性を確保するために，第三者にリスク評価を委託して実施する方法をとることも一つの方法である．

（2） ISMSの導入および運用

　　　　　　ISO/IEC 27001／JIS Q 27001

（「4 情報セキュリティマネジメントシステム」の続き）
4.2.2 ISMSの導入及び運用
　組織は，次の事項を実行しなければならない．
a） リスク対応計画を策定する．この計画では，情報セキュリティリスクを運営管理するための，経営陣の適切な活動，経営資源，責任体制及び優先順位を特定する．
b） 特定した管理目的を達成するためにリスク対応計画を実施する．この計画には，必要資金の手当て並びに役割及び責任の割当てへの考慮を含む．
c） 4.2.1 g)によって選択した管理策を，その管理目的を満たすために実施する．
d） 選択した管理策又は一群の管理策の有効性をどのように測定するかを定義し，また，比較可能で再現可能な結果を生み出す

第4章 情報セキュリティマネジメントシステム

> ための管理策の有効性のアセスメントを行うために，それらの測定をどのように利用するかを規定する［4.2.3 c)参照］．
>   **注記** 管理策の有効性の測定は，管理策が，計画した管理目的をよく達成していることを，管理者及び要員が判断することを可能にする．
> e) 教育・訓練及び意識向上のためのプログラムを実施する(5.2.2参照)．
> f) ISMS の運用を管理する．
> g) ISMS のための経営資源を管理する(5.2参照)．
> h) 迅速にセキュリティ事象を検知でき，かつ，セキュリティインシデントに対応できるための手順及びその他の管理策を実施する［4.2.3 a)参照］．

要求事項の解説

① リスク対応計画の策定

ISMS は，PDCA モデルを基礎としている．PDCA モデルでのスタートは，Plan つまり計画である．ここでは，リスク対応計画の策定が求められている．

リスク対応計画は，リスクを管理するための計画であり，経営陣の役割，つまり，どのような活動を行うのかを記載する．また，リスク対応のためには，管理策を導入し維持するためのコスト(設備投資，運用経費，人件費など)が必要になる．さらに，リスク対応を実施するためにはさまざまな関係者が必要なので，各人にどのような責任があるのかを明確にしなければならない．

リスク対応としては，管理策の導入・維持，リスクの受容，リスクの移転など，多種多様な対応が行われる．これらの対応を順序だてて整合性を確保しつつ，適切に実施するためには，対応策に優先順位を付ける

4.2 ISMSの確立および運営管理

必要がある．

② リスク対応計画の実施の重要性

PDCAモデルでいうDoに相当するのがリスク対応計画の実施である．適切なリスク対応計画を策定しても，それが実施されなければ意味がない．リスク対応計画の実施にあたっては，実施するための予算手当てや要員の配置，職務権限表などにリスク対応を行うための権限や責任の明記といった準備を行わなければならない．

例えば，不正アクセス対策のためのIDS(Intrusion Detection System：侵入検知システム)を構築し維持するための設備投資や運用経費を，予算計上しておく必要がある．また，管理策を実施するための要員を要員計画に盛り込んで，実際に他部署からの異動または外部からの採用(外部委託を含む)を行わなければならない．

この要求事項が求めていることは，リスク対応計画が"絵に描いた餅"とならないように，それを実施するための対応が重要だということである．そのためには，教育・訓練などのプログラム(4.2.2 e))や，ISMSの運用管理(4.2.2 f))およびISMSを実施するための経営資源(人，物，金，情報)の管理(4.2.2 g))が不可欠である．

③ 管理策の有効性の評価

管理策の有効性は，ISMS認証基準(Ver.2.0)にはなかった項目である．ISO 27001では，管理策の有効性が重視されている．ISMSでは，リスク対応計画に沿って管理策を講じることが中心であるが，講じた管理策が必ずしも有効とは限らない．例えば，ISMS導入当初は，社内外の状況に適合した管理策であっても，その後外部委託の拡大などの状況変化によって，管理策の見直しが必要な場合がある．

管理策をより有効なものとし，ISMSの有効性を向上させるために，

4.2.2 d)の要求事項は非常に重要である．

④ 情報セキュリティ事象，情報セキュリティインシデントへの迅速な対応

ISMSを確立し維持していても，情報セキュリティインシデントの発生を完全に防止することはできない．情報セキュリティには，"絶対"という言葉はないのである．そこで，情報セキュリティインシデントが発生する前に，情報セキュリティインシデントにつながる情報セキュリティ事象を迅速に検出し，適切な是正処置を速やかに講じることが求められている．

また，情報セキュリティインシデントが発生した際に，対応手順に従って対応できるようにすることが大切である．情報セキュリティインシデントが発生した場合の対応状況を定期的に整理・分析して，迅速かつ適切な対応を行ううえでの課題を把握し，対応手順や管理策を改善することも忘れてはならない．

（3） ISMSの監視およびレビュー

> ISO/IEC 27001／JIS Q 27001
>
> (「4 情報セキュリティマネジメントシステム」の続き)
> ### 4.2.3 ISMSの監視及びレビュー
> 　組織は，次の事項を実行しなければならない．
> a) 監視及びレビューの手順並びにその他の管理策を，次のために実施する．
> 　1) 処理結果の中の誤りを迅速に検知する．
> 　2) 未遂であるか既遂であるかを問わず，セキュリティの違反及びインシデントを迅速に特定する．
> 　3) 人力にゆだねて又は情報技術を導入して実施しているセキ

4.2 ISMSの確立および運営管理

　　ユリティ活動が期待どおりかどうかを経営陣が判断することを可能にする．
　4) セキュリティ事象の検知を補助し，その結果の表示を利用してセキュリティインシデントを防止する．
　5) セキュリティ違反を解決するためにとった処置が有効であるかどうかを判断する．
b) ISMSの有効性について定期的にレビューする．これには，ISMS基本方針及び目的を満たしていることのレビューとセキュリティ管理策のレビューとがある．このレビューでは，セキュリティ監査の結果，インシデント，有効性測定の結果，提案，及びすべての利害関係者からのフィードバックを考慮する．
c) セキュリティ要求事項を満たしていることを検証するために，管理策の有効性を測定する．
d) リスクアセスメントをあらかじめ定めた間隔でレビューする．残留リスク及び特定したリスク受容可能レベルをレビューする．これらのレビューでは，次に起きた変化を考慮する．
　1) 組織
　2) 技術
　3) 事業の目的及びプロセス
　4) 特定した脅威
　5) 導入した管理策の有効性
　6) 外部事情(例えば，法令又は規制の状況，契約上の義務，社会的風潮)
e) あらかじめ定めた間隔でISMS内部監査を実施する．
　　注記 第一者監査と呼ばれる内部監査は，内部目的のために，その組織自身又はその組織に代わる者が実施するものである．
f) 適用範囲が引き続き適切であること，及びISMSのプロセスにおける改善策を特定(**7.1**参照)することを確実にするために，

83

> ISMSのマネジメントレビューを定期的に実施する．
> g) 監視及びレビューの活動から見出された事項を考慮に入れるために，セキュリティ計画を更新する．
> h) ISMSの有効性又はパフォーマンスに影響を及ぼす可能性のある活動及び事象を記録する(4.3.3参照)．

要求事項の解説

① **監視およびレビューの重要性**

PDCAモデルのCheckに相当するのが，ISMSの監視とレビューである．ISMSの監視およびレビューが実施されていなければ，ISO 27001の認証を受けることはできない．

ここでは，ISMSの監視・レビューのための手順や管理策として，誤処理や障害の早期検出，不適切なアクセスなどの情報セキュリティ上の違反行為の把握，経営陣や管理者による判断，指標化による情報セキュリティ事象の検出，情報セキュリティ違反を解決した処置の有効性の判断を要求事項として挙げている．

情報セキュリティ事象の指標化については，ISMS認証基準(Ver. 2.0)にはなかったものである．こうした指標化は，ITガバナンス協会の*COBIT*(*Control Objectives for Information and related Technology*)で導入されている．具体的には，KPI(Key Performance Indicators：主要業績指標)，KGI(Key Goal Indicators：主要目標指標)，CSF(Critical Success Factors：重要成功要因)を取り入れている．ISMSにおいても指標化が重視されていることの現れといえよう．

② **定期的なレビュー**

ISMSでは，定期的なレビューが不可欠である．IT環境は日々変化

しており，組織の事業活動も厳しい競争に対応するために常に変化している．ISO 27001 では，4.1 で「組織は，その組織の事業活動全般及び直面するリスクに対する考慮のもとで……」と定めているので，組織の内外の環境が常に変化していることを考えると，ISMS の定期的なレビューは，当然のことといえる．

③ 管理策の有効性の測定

管理策の有効性の測定は，セキュリティ要求事項が満たされているかどうかを検証するために実施される．この項目は，4.2.2 d) で求めている管理策の有効性を測定する方法に関する規定や，4.2.3 b) の ISMS の有効性に関する定期的なレビューと関係する．これらの要求事項のいずれかを実施するのではなく，これらの要求事項のすべてを満たし，相互に連携を図りつつ，管理策の有効性を測定する必要がある．

また，測定された結果は，管理策や ISMS の改善につなげる必要がある点にも注意しなければならない．ISMS のようなマネジメントシステムの導入で陥りやすい誤りは，要求事項に沿った対応を行うことだけに関心が向いてしまい，何のためのマネジメントシステムなのかを忘れてしまうことである．

④ リスクの受容可能レベルのレビュー

リスクは，固有リスクと残留リスクに区分できる．この両者の差分が管理策である．したがって，リスクアセスメントの結果，固有リスクの大きさが変化した場合には，管理策の内容や有効性によっても異なるが，残留リスクの大きさも変化することになる．

また，リスクアセスメントによって受容可能なリスクのレベルも変化する．残留リスクが大きくなれば，そのリスクを受容することができなくなるかもしれないし，組織の管理策に投入できる資源には制約がある

ので，リスクの受容可能レベルをレビューしなければならない（前掲の図表4.4参照）．

（4） ISMSの維持および改善

> ┌─ ISO/IEC 27001／JIS Q 27001 ─┐
>
> （「4 情報セキュリティマネジメントシステム」の続き）
>
> **4.2.4　ISMSの維持及び改善**
>
> 　組織は，常に次の事項を実行しなければならない．
> a） 特定した改善策をISMSに導入する．
> b） 8.2及び8.3に従った適切な是正処置及び予防処置をとる．自他の組織のセキュリティの経験から学んだものを適用する．
> c） すべての利害関係者に，状況に合った適切な詳しさで，処置及び改善策を伝える．該当するときは，処置及び改善策の進め方について合意を得る．
> d） 改善策が意図した目的を達成することを確実にする．

要求事項の解説

① 処置の実施の重要性

　PDCAモデルのActに相当するのが，ISMSの維持と処置である．ここでは，4.2.3で行われたISMSのレビューの結果を受けて，必要な処置を実施しなければならない．ISMSでは，マネジメントシステムの継続的な処置を図ることによって，ISMSのレベルを向上させようとしている．

　処置の内容がISMSの向上につながるものであることは当然だが，処置は，確実かつタイムリーに実施されなければならない．実施されなければ，ISMSの維持および改善はあり得ないからである．

② 改善内容の周知・徹底

　ISMS は組織全体で実施していくものなので，ISMS の改善，つまり変更が発生した際には，組織の構成員全員に対して改善内容を周知・徹底することが必要になる．また，情報システムに関するさまざまな業務の一部または全部を外部委託している場合は，外部委託先に対する周知・徹底も忘れてはならない．例えば，システム運用の委託先に対してアクセス管理の強化を周知・徹底したり，荷物の配送業者や外部委託している警備員などに対して，入退管理の方法の変更点を周知・徹底したりすることがある．

　改善内容の周知・徹底で重要なことは，ISMS に携わる者すべてに対して周知・徹底することである．そこで，周知・徹底に漏れがないようにチェックリストで管理するといった方法が考えられる．

③ 改善目的の達成

　ISMS を改善する場合には，その目的が定められているはずである．改善目的が明確になっていないような改善ならば，コストと手間をかけて実施する必要はない．

　ISMS の改善では，その目的が達成されるようにすることが重要になる．改善目的が達成されたかどうかを評価するためには，改善目的を指標化するとよい．ISMS では，管理策の有効性を評価する方法が求められている（4.2.2 d)）が，このような評価方法を，ISMS の改善目的にも活用すれば，効率的に ISMS を運用できる．

4.3 文書化に関する要求事項
(1) 一　般

> ┌─── ISO/IEC 27001／JIS Q 27001 ───┐
>
> (「4　情報セキュリティマネジメントシステム」の続き)
> **4.3　文書化に関する要求事項**
> **4.3.1　一般**
> 　文書には，経営陣の決定に関する記録も含めなければならない．文書は，とった処置から，経営陣の決定及び方針へたどれること，並びに記録した結果が再現可能であることを確実にしなければならない．
> 　選択した管理策からリスクアセスメント及びリスク対応のプロセスまで，更には ISMS 基本方針及び目的までにつながる関係を説明できることが重要である．
> 　ISMS 文書には，次を含めなければならない．
> a)　文書化した ISMS 基本方針［**4.2.1 b)** 参照］及び目的
> b)　ISMS の適用範囲［**4.2.1 a)** 参照］
> c)　ISMS を支えている手順及び管理策
> d)　リスクアセスメントの方法［**4.2.1 c)** 参照］の記述
> e)　リスクアセスメント報告［**4.2.1 c)**〜**4.2.1 g)** 参照］
> f)　リスク対応計画［**4.2.2 b)** 参照］
> g)　情報セキュリティのプロセスを有効に計画，運用及び管理することを確実にするために，組織が必要とする文書化した手順．管理策の有効性をどう測定するか［**4.2.2 d)** 参照］を記述するために，組織が必要とする文書化した手順．
> h)　この規格が要求する記録(**4.3.3** 参照)
> i)　適用宣言書
> 　　**注記1**　この規格で"文書化した手順"という用語を使う場合

4.3 文書化に関する要求事項

> には，その手順を確立し，文書化し，実施し，かつ，維持していることを意味する．
> **注記2** ISMSの文書化の程度は，次の理由から組織によって異なることがある．
> — 組織の規模及び活動の種類
> — 適用範囲，並びにセキュリティの要求事項及び運営管理するシステムの複雑さ
> **注記3** 文書・記録の様式及び媒体の種類は，どのようなものでもよい．

要求事項の解説

① アカウンタビリティ(説明責任)の重要性

ISO 27001では，情報セキュリティにかかわるマネジメントシステムが確立され，それが適切に運用されていなければならない．文書化は，マネジメントシステムを確立し，適切に運用するために必要なだけではなく，それを実施していることの証拠としても必要になる．記録は，ISMSの管理者や担当者，ISMSの内部監査部門および経営陣が，ISMSの実施状況をチェックするときに必要となるとともに，審査登録機関が審査する際にも必要となるものである．

ISO 27001の認証を受ける組織は，審査に合格するために第三者である審査員に対して，情報セキュリティマネジメントシステムを確立し，それを運用していることを，きちんと説明できるようにしなければならない(アカウンタビリティ)．また，第三者に口頭で説明するだけでは，審査登録機関にマネジメントシステムの状況を理解してもらうことは難しいので，書類や電子データとして記録を残し，それを提示して説明する必要がある(図表4.5)．

第4章 情報セキュリティマネジメントシステム

図表 4.5 ISMS 文書化と説明責任

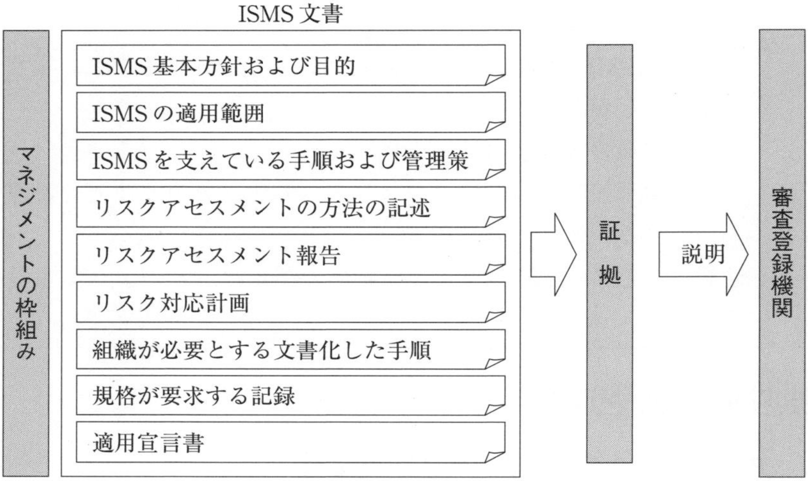

ISMS 文書

- ISMS 基本方針および目的
- ISMS の適用範囲
- ISMS を支えている手順および管理策
- リスクアセスメントの方法の記述
- リスクアセスメント報告
- リスク対応計画
- 組織が必要とする文書化した手順
- 規格が要求する記録
- 適用宣言書

マネジメントの枠組み → 証拠 → 説明 → 審査登録機関

（2） 文 書 管 理

ISO/IEC 27001／JIS Q 27001

（「4 情報セキュリティマネジメントシステム」の続き）

4.3.2 文書管理

ISMS が要求する文書は，保護し，管理しなければならない．次の事項を行うのに必要な管理活動を定義するために，文書化した手順を確立しなければならない．

a） 適切かどうかの観点から，文書を発行前に承認する．
b） 文書をレビューする．また，必要に応じて更新し，再承認する．
c） 文書の改変を特定すること及び現在の改版状況を特定することを確実にする．
d） 使用する必要があるとき，適用する文書の関連する版が使用可能であることを確実にする．

4.3 文書化に関する要求事項

> e) 文書は読みやすく，かつ，容易に識別可能であることを確実にする．
> f) 文書を，それを必要とする者には利用可能にすることを確実にする．また，文書を，その分類区分に適用される手順に従って受け渡すこと，保管すること，及び最終的には処分することを確実にする．
> g) 外部で作成された文書であることの識別を確実にする．
> h) 文書配付の管理を確実にする．
> i) 廃止文書の誤使用を防止する．
> j) 廃止文書を何らかの目的で保持する場合には，適切な識別を施す．

要求事項の解説

① ISMS文書

ISMS文書には，図表4.6に示すようなものがある．これらの文書については，図表4.7に示すように管理する必要がある．

② 文書管理手順の制定

ISMS文書の管理は，ISMS文書のライフサイクルを考えると理解しやすい．4.3.2で定められた要求事項を文書のライフサイクルに従って整理したものが図表4.8である．

③ 文書更新の重要性

情報セキュリティ基本方針文書や規程などは，環境の変化などにともなって改訂されるので，ISMS文書もこれに対応した変更が必要になる．ISMS文書更新の失念や遅延がある場合や，情報セキュリティマネジメントシステムに関係する者がその内容を理解していない場合には，ISO

第4章 情報セキュリティマネジメントシステム

図表4.6 ISMS文書の例

文書の種類	内　　容
ISMS基本方針および目的	情報セキュリティ基本方針(ポリシー),規程類(スタンダード)など.
ISMSの適用範囲	ISMSを組織体全体に適用するのか,特定の事業所に適用するのかなどが記載された文書.適用範囲の決定結果がわかる役員会の文書,稟議書など.
ISMSを支えている手順および管理策	管理策を実施するための作業マニュアルや管理マニュアル.実施責任者および関連する作業内容などに関する文書.業務分担表やマニュアルに記述しておいてもよい.
リスクアセスメントの方法の記述	リスクアセスメント実施手順書など.リスクアセスメントの実施時期,実施者,脅威・ぜい弱性の洗出し(分析),リスクの大きさの評価方法などが記載されたもの.
リスクアセスメント報告	リスクアセスメントの結果をまとめた文書.リスクアセスメントの実施日,評価方法,洗い出したリスク項目,リスクの大きさの評価などが記載されたもの.
リスク対応計画	リスクアセスメントの結果にもとづいて,管理策の構築,リスクの移転・回避・受容に関する計画をまとめたもの.
組織が必要とする文書化した手順	情報セキュリティに関するプロセスの効果的な計画,運用および管理の確実な実施,管理策の有効性の測定方法を説明するための手順書.
規格が要求する記録	ISMSの実施状況がわかる記録.例えば,来訪者記録,監査報告書,記入済みのアクセス認可の書式,基本方針・規程・マニュアルなどの改訂記録,教育の実施記録(参加者リスト,実施通知など).
適用宣言書	組織のISMSに関連して,適用する管理目的および管理策を記述した文書(**3.16**).選択した管理目的および管理策,選択理由,現在実施している管理目的および管理策,**附属書A**の管理目的および管理策のなかで適用除外したもの,その理由を記載する(**4.2.1 j**)).

注) 表中の太字は,ISO 27001の項番を表す.

4.3 文書化に関する要求事項

図表 4.7 ISMS 文書管理のポイント

- 責任体制の明確化
- 文書管理の手順確立と維持
- 発行・改変日付の明記
- 適切な保管,廃棄
- 識別性・整頓

(ISMS文書)

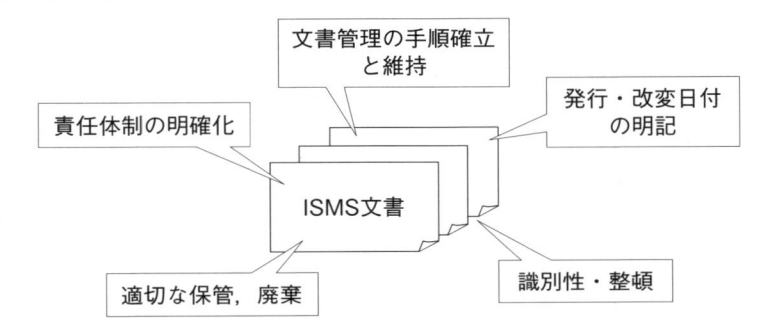

図表 4.8 ISMS 文書管理の手順

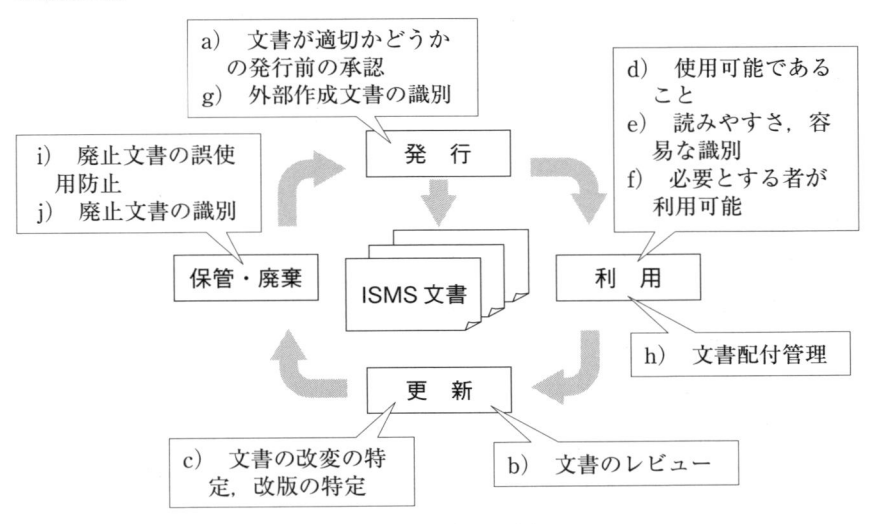

発行
- a) 文書が適切かどうかの発行前の承認
- g) 外部作成文書の識別

利用
- d) 使用可能であること
- e) 読みやすさ,容易な識別
- f) 必要とする者が利用可能
- h) 文書配付管理

更新
- b) 文書のレビュー
- c) 文書の改変の特定,改版の特定

保管・廃棄
- i) 廃止文書の誤使用防止
- j) 廃止文書の識別

注) a)～j)は ISO 27001 の 4.3.2 a)～j)の番号に対応.

27001 の認証が取得できなかったり取り消されたりするおそれがあるので注意しなければならない.

④ 電子化された ISMS 文書の場合

ISMS 文書の電子化で利用する文書管理システムには,電子化された

第4章 情報セキュリティマネジメントシステム

図表4.9 ISMS文書の電子化

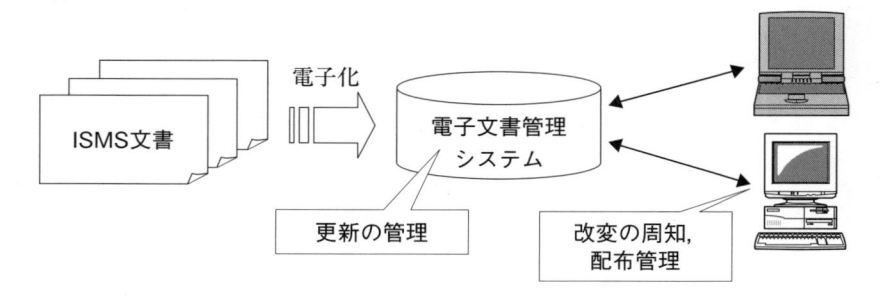

文書の承認やアクセス管理，リテンション管理などさまざまな機能がある．このようなシステムを導入して，ISMS文書を電子化している場合には，ISMS文書の更新管理の適切性を説明するために，こうした機能を利用すると効率的に管理を行うことができる(**図表4.9**)．

（3） 記録の管理

> **ISO/IEC 27001／JIS Q 27001**
>
> (「4　情報セキュリティマネジメントシステム」の続き)
> **4.3.3　記録の管理**
> 　記録は，要求事項への適合性及びISMSの有効な運用の証拠を提供するために，作成し，維持しなければならない．記録は，関連する法令又は規制の要求事項及び契約上の義務を考慮して保護し，管理しなければならない．記録は，読みやすく，容易に識別可能で，検索可能にしておかなければならない．記録の識別，保管，保護，検索，保管期間及び廃棄のために必要な管理策を文書化し，実施しなければならない．
> 　4.2に規定したプロセスのパフォーマンスの記録，及びISMSに関係する重大なセキュリティインシデントすべての発生記録を保持しなければならない．

4.3 文書化に関する要求事項

> **例** 記録の例として，来訪者記録帳，監査報告書，記入済みのアクセス認可の書式などがある．

要求事項の解説

① 順守状況の記録の意義

ISO 27001 の認証を取得するには，組織が自ら立てた方針を順守して一定期間 ISMS を運用していることを審査登録機関に対して説明できなければならない．そのためには，適切に管理策が実施されていることを示す記録を残す必要がある．記録には，**図表 4.10** に示すような意義がある．

② 記録の管理手順

記録は，組織内で使用するだけではなく，審査登録機関に対する説明でも利用される．したがって，審査登録機関から記録の提出や提示を求められた際に，速やかに記録を提示または提出できるように管理しておかなければならない．また，ISO 27001 を適用している組織内で統一的

図表 4.10 順守状況の記録の意義

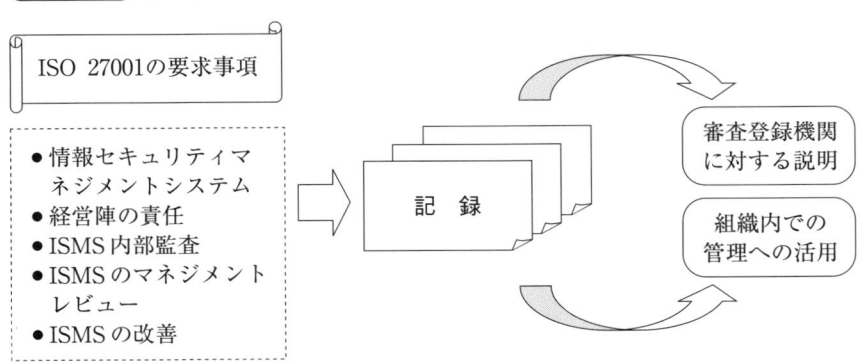

- ISO 27001の要求事項
  - 情報セキュリティマネジメントシステム
  - 経営陣の責任
  - ISMS内部監査
  - ISMSのマネジメントレビュー
  - ISMSの改善

→ 記録 →
- 審査登録機関に対する説明
- 組織内での管理への活用

な管理が行われるようにするために，記録に関する手順を定め，ISO 27001を適用している組織内に周知しなければならない．

③ 記録の情報セキュリティ対策

作成した記録は，滅失，改ざん，破壊などのリスクから保護するための情報セキュリティ対策を講じなければならない．順守状況の記録を提示または提出できるようにするためには，記録自体の情報セキュリティを確保しなければならない．具体的には，アクセス制御，バックアップなどの対策が必要になる．

第 5 章

経営陣の責任

　本章では，ISMSにおける経営陣の責任について解説する．ISMSの構築は，経営陣にその責任がある．

　情報セキュリティレベルをどの程度にすればよいのか，すなわち情報セキュリティ対策をどの程度講じればよいのかは，業種や事業内容など組織の環境により異なるため，一律かつ明確な基準は存在しない．また，情報セキュリティレベルの設定は，事業継続にかかわる判断と関係する．さらに，決定したレベルにリスクを抑えるために講じる情報セキュリティ対策は，コストや人員などの経営資源の投入が必要になる．したがって，リスクの受容レベルすなわち情報セキュリティレベルの決定は，経営判断によらなければならない．そこで，ISMSにおける経営陣の責任が重要になる．

5.1 経営陣のコミットメント

> ┃ ISO/IEC 27001／JIS Q 27001 ┃
>
> **5 経営陣の責任**
> **5.1 経営陣のコミットメント**
> 　経営陣は，ISMS の確立，導入，運用，監視，レビュー，維持，及び改善に対する自らのコミットメントの証拠を，次によって提供しなければならない．
> a) ISMS 基本方針を確立する．
> b) ISMS の目的及び計画の確立を確実にする．
> c) 情報セキュリティのための役割及び責任を確立する．
> d) 組織に，次を伝える．
> 　― 情報セキュリティ目的を満たすことの重要性
> 　― 情報セキュリティ基本方針に適合することの重要性
> 　― 法のもとでの責任
> 　― 継続的改善の必要性
> e) ISMS の確立，導入，運用，監視，レビュー，維持及び改善のために十分な経営資源を提供する（5.2.1 参照）．
> f) リスク受容基準及びリスクの受容可能レベルを決定する．
> g) ISMS 内部監査の実施を確実にする（箇条 6 参照）．
> h) ISMS のマネジメントレビューを実施する（箇条 7 参照）．

要求事項の解説

① 経営陣によるコミットメント

　コミットメント（commitment）とは，「言質，約束，公約」という意味であり，「委託，委任，責任」などと訳されることもある．ISMS は，経営陣が確立し維持するものなので，経営陣の ISMS に関するコミット

メントが必須要件となる．

したがって，ISMSの意義，重要性，内容について，経営陣は十分に理解し，自らがリーダーシップを発揮しなければならない．ISMSの担当者にISMSの確立・運用を任せたままで，自分はISMSについて何も理解していないといった経営陣であってはならないということである．

② **コミットメントで求められている事項**

コミットメントで求められている事項は，図表5.1のようにPDCAモデルの視点から考えると理解しやすい．

③ **コミットメントの証拠**

ISMSでは，第三者である審査登録機関に対して，実施しているISMSの内容を説明できるようにしておかなければならない．そこで，経営陣のコミットメントの証拠が必要になる．証拠には，文書，インタビュー記録，電磁的な証拠，物理的な証拠，証言などさまざまな形態がある．

経営陣のコミットメントの証拠は，要求事項の5.1 a)～h)について

図表5.1 コミットメントで求められている事項

PDCAモデル	コミットメントで求められている事項
Plan	ISMS基本方針の確立，ISMSの目的および計画の確立の確実化，役割および責任の確立
Do	情報セキュリティの目的達成や情報セキュリティ基本方針への適合の重要性などに関する組織内への伝達，ISMSの確立・運用などに関する経営資源の提供，リスク受容基準およびリスクの受容可能レベルの決定
Check	ISMS内部監査，マネジメントレビュー（インプット）
Act	マネジメントレビュー（アウトプット）

第5章 経営陣の責任

図表5.2 経営陣のコミットメント

コミットメントの証拠
- ISMS基本方針の確立 → 経営会議の議事録，稟議書など
- ISMS目的設定，計画の確立 → 計画書（目的設定を含む）の承認
- ISMSの重要性などの組織内への伝達 → 社内通知（社長名など），教育計画書の承認
- リスク受容基準，受容可能レベルの決定 → 文書化したリスク受容基準，リスクの受容可能なレベルの承認
- ISMS内部監査の実施 → ISMS内部監査計画の承認，内部監査担当組織の設置，内部監査報告の承認
- マネジメントレビューの実施 → マネジメントレビューの実施と記録の保存

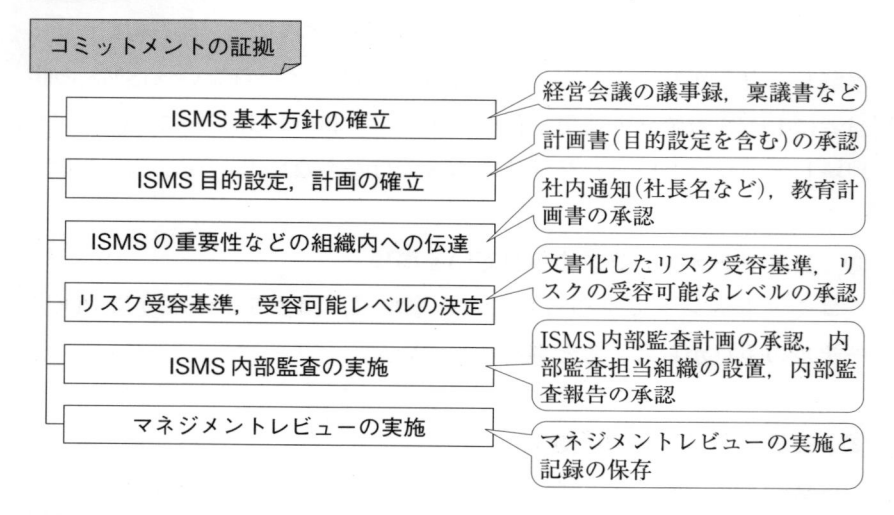

図表5.3 ISMS実施と経営陣の責任

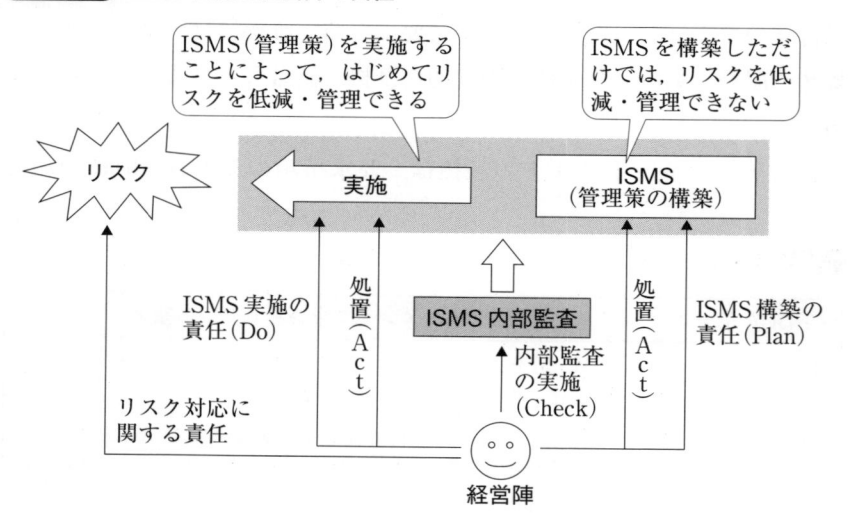

- ISMS（管理策）を実施することによって，はじめてリスクを低減・管理できる
- ISMSを構築しただけでは，リスクを低減・管理できない

リスク ← 実施 ← ISMS（管理策の構築）

- ISMS実施の責任（Do）
- 処置（Act）
- ISMS内部監査
- 内部監査の実施（Check）
- 処置（Act）
- ISMS構築の責任（Plan）
- リスク対応に関する責任

経営陣

文書化し，経営陣が承認していることがわかるようにしておくことが重要である(**図表 5.2**)．承認には，稟議書や議事録への押印，文書の電子決裁があるが，組織の風土，IT 環境などを考慮して ISMS を運用しやすいものを選択するとよい．

④　ISMS における経営陣の役割と責任

　経営陣のコミットメントでは，すべてを経営陣が自ら実施することを求められているわけではない．経営陣は，ISMS の基本方針を確立し，組織内の各部門や管理者にそれを実施させればよい(**図表 5.3**)．しかし，そのための経営資源，例えば予算を認めたり，必要な人員計画(人事異動・採用など)を承認したりして，ISMS の確立・運用などに関する条件整備を行う責任がある．

5.2 経営資源の運用管理

> ISO/IEC 27001／JIS Q 27001
>
> (「5 経営陣の責任」の続き)
> 5.2 経営資源の運用管理
> 5.2.1 経営資源の提供
> 　組織は,次の事項を行うのに必要な経営資源を決定し,提供しなければならない.
> a) ISMSを確立,導入,運用,監視,レビュー,維持及び改善する.
> b) 事業上の要求事項を満たすことに,情報セキュリティの手順が寄与することを確実にする.
> c) 法令及び規制の要求事項並びに契約上のセキュリティ義務を明確にし,これを扱う.
> d) 導入したすべての管理策を正確に適用することによって,十分なセキュリティを維持する.
> e) 必要に応じてレビューし,レビューの結果に対して適切に対応する.
> f) 必要な場合には,ISMSの有効性を改善する.
> 5.2.2 教育・訓練,意識向上及び力量
> 　組織は,ISMSに定義された責任を割り当てた要員すべてが,要求された職務を実施する力量をもつことを,次の事項によって確実にしなければならない.
> a) ISMSに影響がある業務に従事する要員に必要な力量を決定する.
> b) 必要な力量がもてるように教育・訓練するか,又は他の処置(例えば,適格な要員の雇用)をとる.
> c) とった処置の有効性を評価する.

d) 教育，訓練，技能，経験及び資格についての記録を維持する（4.3.3 参照）．

組織は，また，関連する要員すべてが，自らの情報セキュリティについての活動がもつ意味と重要性とを認識し，ISMS の目的の達成に向けて，自分はどのように貢献できるか認識することを確実にしなければならない．

要求事項の解説

① 経営資源とは

ISO 27001 の要求事項では，「経営資源」という用語を用いているが，その具体的な内容を定義しているわけではない．そこで，一般的な用語として考えればよいと考えられる．経営資源には，人，物，金，情報があるといわれているので，この視点から ISMS における経営資源をとらえればよい（図表5.4）．

図表5.4 ISMS にかかわる経営資源

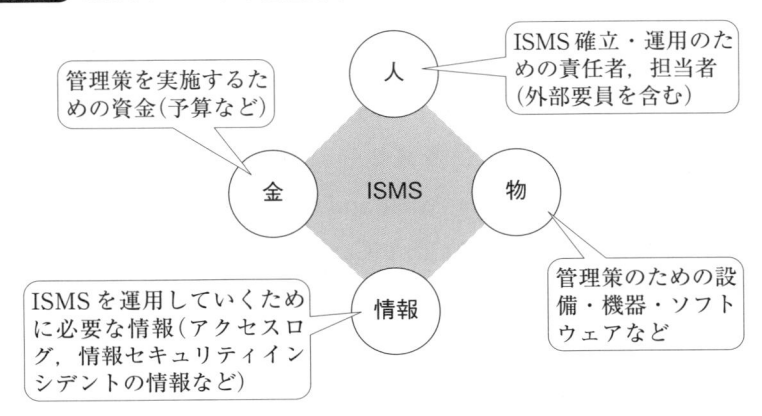

- 人：ISMS 確立・運用のための責任者，担当者（外部要員を含む）
- 物：管理策のための設備・機器・ソフトウェアなど
- 金：管理策を実施するための資金（予算など）
- 情報：ISMS を運用していくために必要な情報（アクセスログ，情報セキュリティインシデントの情報など）

② 経営陣と経営資源

経営陣は，経営目標の達成のために経営資源をどのように配分するかの決定権をもっている．また，経営資源が計画どおり使われ，経営目標の達成につながっているかをチェックし，必要に応じて経営資源の配分のレビューを行う．ISMSを確立し運用していくためには，経営資源が不可欠であることから，経営陣は責任をもってISMSのための経営資源を確保し，提供しなければならない．

具体的には，事業計画，予算，要員計画などにおいて，ISMSのための活動を事業計画などで明確にし，管理策の構築・維持のための設備投資，運用経費などのコストを予算に織り込み，要員計画でISMSのための要員を確保するといったことを行う．ISMS計画書として，活動内容，予算，要員などをまとめて記載してもよい．もちろん具体的な行動計画は，担当部門に策定させ，経営陣はそれを承認することになる．

③ 要員の力量

ISMSのための要員は，人数をそろえるだけでは不十分である．ISMSを確立・運用していくためには，**図表5.5**に示すような情報セキュリティや情報セキュリティマネジメントに関する専門知識，専門技術が不可欠である．また，専門知識や専門技術だけでは不十分であり，それを発揮するためのノウハウが必要になる．

情報セキュリティマネジメントの関連資格には，例えば，経済産業省のシステム監査技術者および情報セキュリティアドミニストレータ，ISACA(Information Systems Audit and Control Association：情報システムコントロール協会)のCISA(Certified Information Systems Auditor：公認情報システム監査人)およびCISM(Certified Information Security Manager：公認情報セキュリティマネージャー)などがある．

経営陣は，こうした資格の保持者をISMS要員(管理者，担当者)とし

5.2 経営資源の運用管理

図表5.5 ISMSのための専門知識・専門技術

分　類	専門知識・専門技術
ICT（情報通信技術）	・経営一般 ・ICTの動向 ・情報システム（ネットワーク含む）に関する技術 ・情報システム企画・開発・運用・保守業務 ・情報システムの評価
情報セキュリティ	・情報セキュリティ管理業務 ・情報セキュリティ関連技術 ・情報セキュリティ関連の標準化の動向 ・情報セキュリティ関連の法制度，ガイドラインなど ・リスク分析と情報セキュリティ ・ISO/IEC 27001：2005（JIS Q 27001：2006） ・ISO/IEC 13335-1：2004 ・情報セキュリティ監査制度（情報セキュリティ監査基準，情報セキュリティ管理基準など）
関連知識・技術	・個人情報保護関連の法制度，ガイドラインなど（JIS Q 15001，プライバシーマーク制度を含む） ・知的財産権関連の法制度 ・システム監査関連の制度（システム監査基準，システム管理基準など） ・内部監査に関する知識・技術 ・コンピュータ犯罪関連の法制度（刑法，プロバイダー責任法などを含む）

て選任するとよい．また，こうした資格保持者が組織内にいない場合には，IT部門の経験者などを選任して，教育を行ってISMSに関する力量を向上させる方法がある．また，社内で適任者がいない場合には，外部から採用したり，ISMSの確立・運用の一部を外部に委託したりする方法もある．ただし，外部委託する場合であっても，外部に任せたままにしてはならない．ISMSを確立するのは自己の責任であり，外部への委託元としての管理責任があることを常に意識することが重要である．

第6章

ISMS 内部監査

本章では，ISMS 内部監査について解説する．ISMS では，PDCA モデルの確立が求められているが，内部監査は，このうちの Check に相当するものである．選択した管理目的および管理策が確実に実施されているかどうかを把握し，実施されていないようであれば適切な対応を行わせる必要がある．内部監査は，管理策を確実に実施するために不可欠な機能であることを十分認識して，そのための体制や環境づくりを進めることが大切である．

6.1 ISMS内部監査

ISO/IEC 27001／JIS Q 27001

6 ISMS内部監査

組織は，そのISMSの管理目的，管理策，プロセス及び手順について，次の事項を判断するために，あらかじめ定めた間隔でISMS内部監査を実施しなければならない．

a) この規格及び関連する法令又は規制の要求事項に適合しているかどうか．

b) 特定された情報セキュリティ要求事項に適合しているかどうか．

c) 有効に実施され，維持されているかどうか．

d) 期待したように実施されているかどうか．

組織は，監査の対象となるプロセス及び領域の状況及び重要性，並びに前回までの監査結果を考慮して，監査プログラムを策定しなければならない．監査の基準，範囲，頻度及び方法を定義しなければならない．監査員の選定及び監査の実施においては，監査プロセスの客観性及び公平性を確実にしなければならない．監査員は，自らの仕事を監査してはならない．

監査の計画・実施に関する責任及び要求事項，並びに結果報告・記録維持(4.3.3参照)に関する責任及び要求事項を，文書化した手順の中で定義しなければならない．

監査された領域に責任をもつ管理者は，発見された不適合及びその原因を除去するために遅滞なく処置がとられることを確実にしなければならない．フォローアップには，とった処置の検証及び検証結果の報告を含めなければならない(箇条8参照)．

　　注記 JIS Q 19011：2003は，ISMS内部監査の実施のための有益な手引となる場合がある．

6.1 ISMS 内部監査

要求事項の解説

① ISMS 内部監査の特徴

　一般的に行われる内部監査では，会計，業務，コンプライアンス，環境，内部統制などが幅広く監査対象に含まれる．一方，ISMS 内部監査は，こうした内部監査とは役割や意義が異なる点に留意しなければならない．ISMS は，ISMS の確立および維持状況などを点検・評価するものであり，その監査対象は，ISMS にかかわる部分である．また，ISMS で策定した情報セキュリティ基本方針にもとづいて選択した管理策が実施されているかどうかを点検・評価するものであり，いわゆるISMS の順守状況を監査するものである（**図表 6.1**）．

　また，ISMS 内部監査では，情報セキュリティが監査の視点になっているが，一般的な内部監査では，戦略性，効率性，ISMS の経営活動への有効性なども監査の視点に含まれている（**図表 6.2〜6.4**）．

図表 6.1 情報セキュリティ基本方針の順守

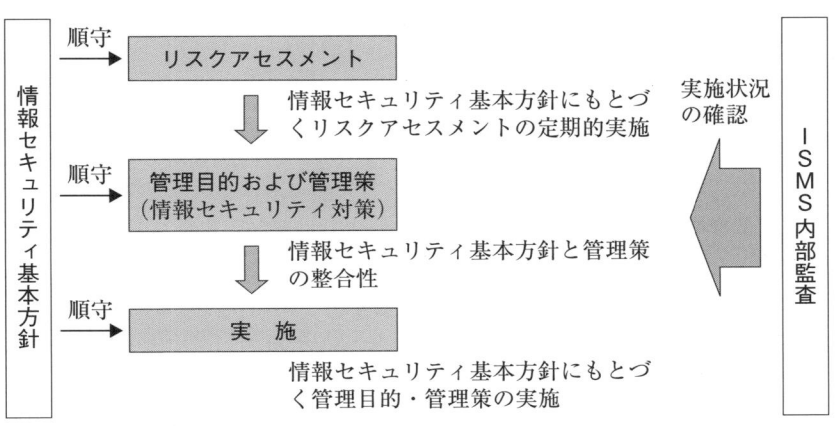

```
情報セキュリティ基本方針 ──順守──→ リスクアセスメント
                                      ↓ 情報セキュリティ基本方針にもとづくリスクアセスメントの定期的実施
                 ──順守──→ 管理目的および管理策（情報セキュリティ対策）
                                      ↓ 情報セキュリティ基本方針と管理策の整合性
                 ──順守──→ 実　施
                                        情報セキュリティ基本方針にもとづく管理目的・管理策の実施

                         ←── 実施状況の確認 ── ISMS 内部監査
```

109

第6章 ISMS内部監査

図表6.2 ISMS内部監査と一般の内部監査の比較

項　目	ISMS内部監査	一般的な内部監査
（1）　監査目的	当該ISMSの管理目的、管理策、プロセスおよび手順についての判断	保証とコンサルティング
（2）　監査対象	ISMSの適用範囲	組織内のすべての部門（関係会社を含む）
（3）　監査の視点	機密性、完全性、可用性、管理目的・管理策の有効性	戦略性、有効性、効率性、信頼性、安全性、コンプライアンス、環境など
（4）　監査範囲	ISO 27001の認証を取得している範囲（事業所、部門など）	会計業務、会計以外の業務（経営企画、営業、生産、物流、人事、総務など）、IT、コンプライアンス、環境、個人情報保護など、組織内のすべての業務
（5）　監査の実施主体	ISMS管理部門（セキュリティ担当部門、品質管理部門など）	内部監査部門
（6）　監査員／人	ISMS内部監査の教育を受けた者（システム監査技術者、情報セキュリティアドミニストレータ、ISMS主任審査員／審査員／審査員補、公認システム監査人、公認情報システム監査人（CISA）などの資格保持者の場合もある）	公認内部監査人（CIA） 内部監査士（日本内部監査協会） 組織内の内部監査部門の要員
（7）　監査手順	監査計画→予備調査→本調査→評価・結論→フォローアップ	監査計画→予備調査→本調査→評価・結論→フォローアップ
（8）　監査結果の報告先	経営陣	経営陣（組織体の長）、監査委員会など

注）　ISMS内部監査での有効性：管理策の有効性（ビジネス目標を直接意識しない）。
　　一般的な内部監査での有効性：組織にとってのISMS導入の有効性（組織の目的やビジネス目標の達成などを意識する）。

6.1 ISMS 内部監査

図表6.3 監査対象から見た ISMS 内部監査と一般の内部監査の相違点

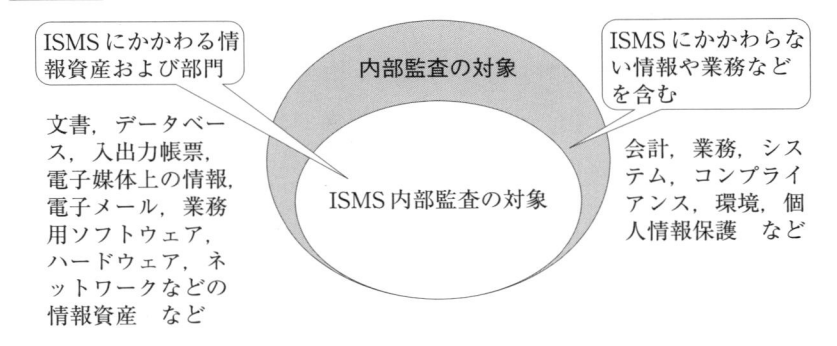

- ISMSにかかわる情報資産および部門
- 文書，データベース，入出力帳票，電子媒体上の情報，電子メール，業務用ソフトウェア，ハードウェア，ネットワークなどの情報資産　など
- 内部監査の対象
- ISMS 内部監査の対象
- ISMSにかかわらない情報や業務などを含む
- 会計，業務，システム，コンプライアンス，環境，個人情報保護　など

図表6.4 監査視点から見た ISMS 内部監査と一般の内部監査の相違点

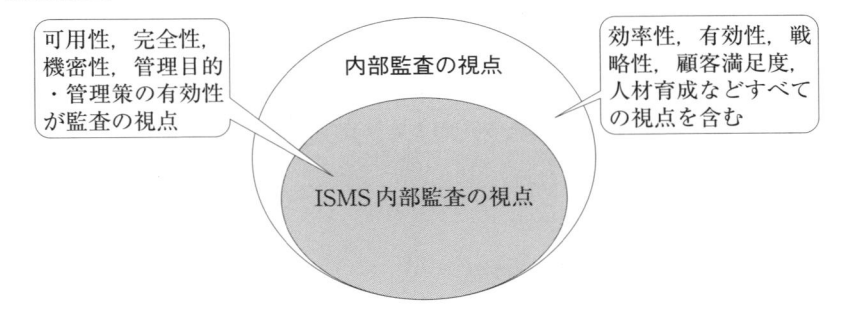

- 可用性，完全性，機密性，管理目的・管理策の有効性が監査の視点
- 内部監査の視点
- ISMS 内部監査の視点
- 効率性，有効性，戦略性，顧客満足度，人材育成などすべての視点を含む

② 監査の整備

ISMS 内部監査を実施するためには，監査規程，監査マニュアルの策定，監査担当部門の設置，監査員の選任・育成，監査プログラム（監査チェックリスト，監査手続書）の作成などの ISMS 内部監査の体制を整備する必要がある．また，監査計画を策定して，それにもとづいて ISMS 内部監査を実施する．

監査は，監査計画の策定→予備調査→本調査→評価・結論（報告）→フォローアップという手順で実施される．監査で発見された事項（ISMSの要求事項との不適合）が確実に改善されるようにするために，フォローアップまで実施することが重要である．

第6章 ISMS 内部監査

③ 監査員と ISMS 担当者の違い

監査員には，客観性および公平性が求められることから，ISMS 内部監査は，ISMS の担当部門とは別の部門や担当者が実施することが望ましい．しかし，現実には，十分な人材を確保できないのが実情である．そこで，例えば，各部門にいる ISMS 担当者が部門相互で ISMS の実施状況を監査するようにすれば，客観性や公平性を確保することが可能になる．この際に，**図表 6.5** のように監査対象部門を変更していけば，監査が馴れ合いで行われることを防ぎやすくなる．

ISMS 内部監査員は，必ずしも監査の専門家ではないので，監査に関する教育を実施するとともに，監査を実施する際の基礎となる監査プログラムをわかりやすい内容にして，監査員間のばらつきを防ぐとよい．

④ 監査プログラム(監査チェックリスト)の活用

内部監査を実施する際には，具体的にどのような監査項目について，

図表 6.5 ISMS 内部監査の実施方法

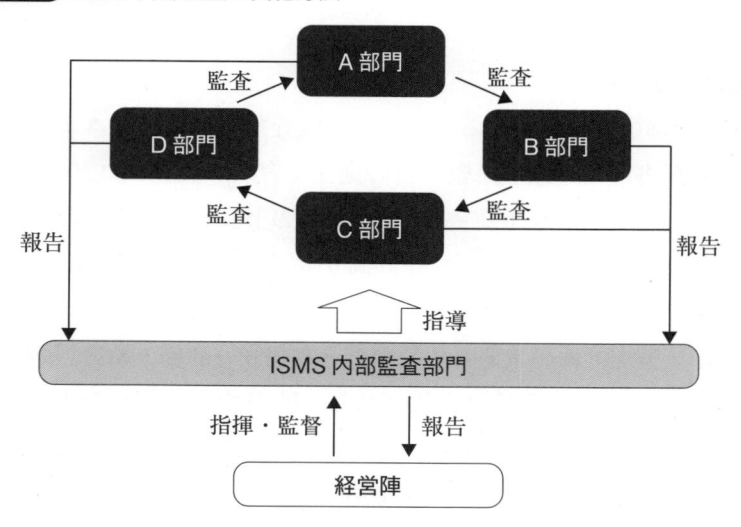

どのような手法で監査するのかを記載した監査プログラム(監査チェックリスト，監査手続書)が必要になる．ISMS内部監査では，一般的に部門ごとに監査を実施するので，部門ごとに監査プログラムを作成し，これにもとづいて監査を実施するとよい．監査プログラムの作成にあたっては，例えば，島田裕次編著『情報セキュリティ・個人情報保護のための内部監査の実務』(日科技連出版社，2005年)などを参考にするとよい．

第7章

ISMS のマネジメントレビュー

　本章では，マネジメントレビューについて解説する．第5章で説明したように，ISMS を確立し維持していく責任は，経営陣にある．マネジメントレビューは，経営陣に対する重要な要求事項のひとつであり，それを実施することが経営陣の責任となっている．マネジメントレビューは，少なくとも年1回実施し，ISMS が継続して，適切，妥当，かつ有効に実施されることを確実にするために実施するものである．ここでは，マネジメントレビューのインプットとアウトプットについて，重要と思われる事項を中心に解説する．

第7章 ISMSのマネジメントレビュー

7.1 一般

> **ISO/IEC 27001／JIS Q 27001**
>
> **7 ISMSのマネジメントレビュー**
> **7.1 一般**
> 　経営陣は，組織のISMSが引き続き適切であり，妥当であり，かつ，有効であることを確実にするために，あらかじめ定めた間隔（少なくとも年1回）で，ISMSをレビューしなければならない．このレビューでは，情報セキュリティの基本方針及び目的を含め，ISMSに対する改善の機会及び変更の必要性のアセスメントも行わなければならない．レビューの結果は，明確に文書化し，記録を維持しなければならない（4.3.3参照）．

要求事項の解説

① マネジメントレビューの意義

　マネジメントレビューは，ISMSの要求事項だから実施するという姿勢で行うべきではない．ISMSは，組織の情報セキュリティを維持向上するために導入されており，それを達成しISMSを改善していくためにマネジメントレビューを行うという意識が重要である．経営陣は，こうした意識をもち，自らが率先垂範してISMSの確立・維持を実践しなければ組織にとって有益なISMSにはならない．

② 定期的なレビューの実施

　マネジメントレビューは，少なくとも年1回定期的に実施しなければならない．そこで，あらかじめ年度計画にマネジメントレビューの実施時期を盛り込んでおけば，マネジメントレビューを実施しやすい．経営陣がすべての事項について自分自身でレビューすることは現実的に難し

いので，マネジメントレビューの担当（補佐）部門を定めて実施させることになろう．レビュー結果は，担当役員が内容を十分チェックするとともに，不十分なものがあれば，再調査や追加調査を指示して確かめるといった対応が必要である．

③ マネジメントレビュー結果の文書化

マネジメントレビューにおいても文書化が不可欠である．マネジメントレビューにおける次のような結果は，文書化し保管しておかなければならない．

a）マネジメントレビュー計画書

マネジメントレビューの実施時期などを記載したもの．事業計画書に含まれていてもよい．

b）マネジメントレビュー結果報告書

実施時期，実施内容・方法，実施担当者，実施結果，ISMSの変更が必要な項目など．

c）マネジメントレビューの裏づけ資料

監査でいう監査証拠に相当するものであり，マネジメントレビューの実施過程で収集した文書，資料などのことをいう．

④ ISMS内部監査とマネジメントレビューの違い

ISMS内部監査は，組織のISMSで定めた事項が順守されているかどうかを確かめるものである．また，マネジメントレビューでも，組織のISMSをレビューする．そのため，両者の違いがわかりにくいと考える読者も少なくないと思う．

ISMS内部監査は，組織のISMSで定めた事項に沿って，その実施状況を確かめることが中心になる．一方，マネジメントレビューでは，経営の視点からISMSをチェックすることが重要になる（**図表7.1**）．例え

117

第7章 ISMSのマネジメントレビュー

図表7.1 マネジメントレビューとISMS内部監査の関係

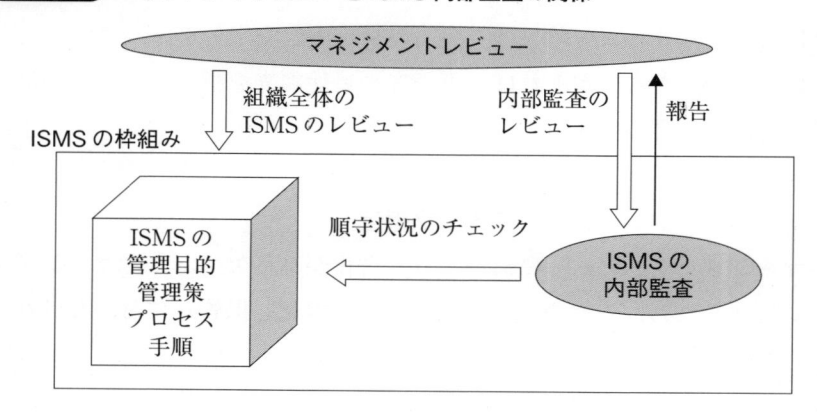

ば，ISMS内部監査の実施状況や，予防処置および是正処置の実施状況などを確かめる．詳しくは，ISO 27001の **7.2** の「レビューへのインプット」および **7.3** の「レビューからのアウトプット」で求められた事項についてレビューを行う．

7.2 レビューへのインプット

|ISO/IEC 27001／JIS Q 27001|

(「7　ISMSのマネジメントレビュー」の続き)
7.2　レビューへのインプット
　次の情報を，マネジメントレビューに対して提供しなければならない．
- a）ISMS監査及びレビューの結果
- b）利害関係者からのフィードバック
- c）ISMSのパフォーマンス及び有効性を改善するために組織の中で利用可能な技術，製品又は手順
- d）予防処置及び是正処置の状況
- e）前回までのリスクアセスメントが十分に取り上げていなかったぜい弱性又は脅威
- f）有効性測定の結果
- g）前回までのマネジメントレビューの結果に対するフォローアップ
- h）ISMSに影響を及ぼす可能性がある，あらゆる変化
- i）改善のための提案

要求事項の解説

① インプットとアウトプットの関係

　マネジメントレビューでは，インプットとアウトプットが明確に定められている．インプットは，マネジメントレビューで確かめる事項(レビューの対象項目)であり，アウトプットは，マネジメントレビューの成果(効果)と考えてよい(**図表7.2**)．

第7章　ISMSのマネジメントレビュー

図表7.2 マネジメントレビューのインプットとアウトプット

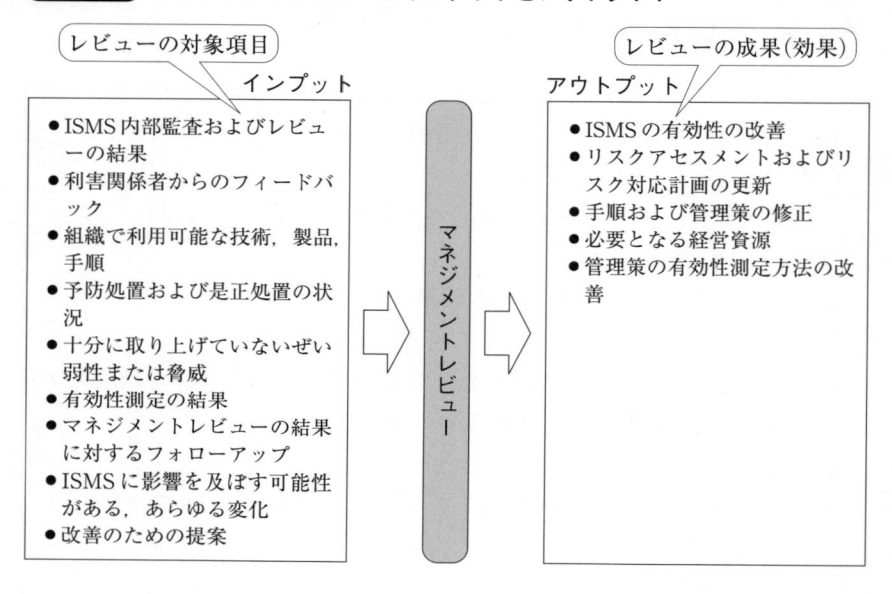

【レビューの対象項目】
インプット
- ISMS内部監査およびレビューの結果
- 利害関係者からのフィードバック
- 組織で利用可能な技術，製品，手順
- 予防処置および是正処置の状況
- 十分に取り上げていないぜい弱性または脅威
- 有効性測定の結果
- マネジメントレビューの結果に対するフォローアップ
- ISMSに影響を及ぼす可能性がある，あらゆる変化
- 改善のための提案

⇒ マネジメントレビュー ⇒

【レビューの成果(効果)】
アウトプット
- ISMSの有効性の改善
- リスクアセスメントおよびリスク対応計画の更新
- 手順および管理策の修正
- 必要となる経営資源
- 管理策の有効性測定方法の改善

② 内外の状況に目を向けること

マネジメントレビューで重要なことは，組織の内部および外部の状況に目を向けて，ISMSの維持・改善につなげることである．

a) 内　　部

ISMS内部監査やレビュー結果，社内の関係者の意見・要望，予防処置や是正処置の実施状況，有効性の測定結果，マネジメントレビューの結果への対応状況(フォローアップ)，ISMSの変更，内部(ISMS担当部門，セキュリティ担当，IT部門など)からの改善提案

b) 外　　部

外部の利害関係者の意見・要望，ISMSで利用可能な技術，製品，手順，外部からの改善提案

③ PDCAモデルの視点

　マネジメントレビューは，PDCAモデルのうちのCheckとActに関係する．経営陣は，ISMS内部監査を指示し，その結果を改善につなげるISMSにおける組織の最高責任者である．したがって，監査での指摘などによって講じられた予防処置や是正処置が確実に実施されているか，過去のマネジメントレビューで指示した改善が実施されているかどうかについて責任をもってレビューしなければならない．

7.3 レビューからのアウトプット

ISO/IEC 27001／JIS Q 27001

(「7　ISMSのマネジメントレビュー」の続き)
7.3　レビューからのアウトプット
　マネジメントレビューからのアウトプットには，次に関係する決定及び処置を含めなければならない．
a)　ISMSの有効性の改善
b)　リスクアセスメント及びリスク対応計画の更新
c)　ISMSに影響を与える可能性がある内外の事象に対応するために，必要に応じた，情報セキュリティを実現する手順及び管理策の修正．そのような事象には，次について起きた変化が含まれる．
　　1)　事業上の要求事項
　　2)　セキュリティ要求事項
　　3)　現在の事業上の要求事項を実現する業務プロセス
　　4)　法令又は規制の要求事項
　　5)　契約上の義務
　　6)　リスクのレベル及び／又はリスク受容基準
d)　必要となる経営資源
e)　管理策の有効性測定方法の改善

要求事項の解説

① アウトプットが重要

　ISMSは，情報セキュリティの維持・向上という成果を生み出すことを目指している．そのために，組織のISMSの最高責任者である経営陣によるISMSのレビューが重要な意味をもつのである(**図表7.3**)．マネジメントレビューは，それを実施するだけではなく，成果が求められる．

7.3 レビューからのアウトプット

図表7.3 マネジメントレビューのアウトプットの意義

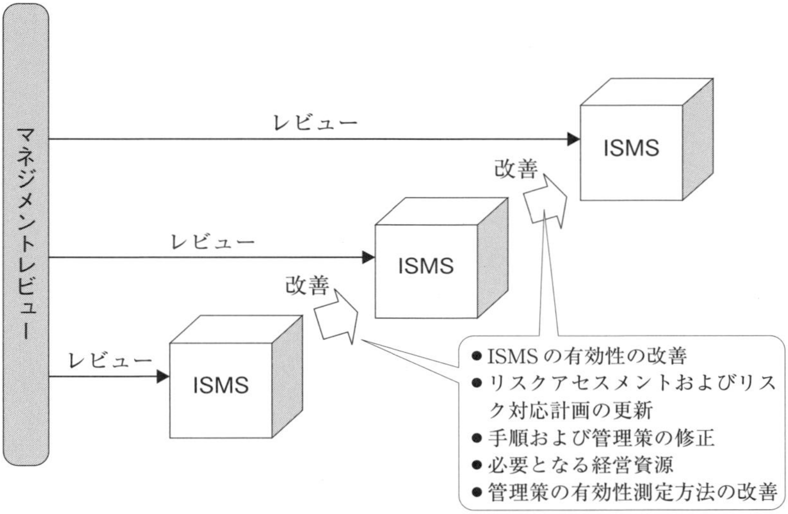

- ISMSの有効性の改善
- リスクアセスメントおよびリスク対応計画の更新
- 手順および管理策の修正
- 必要となる経営資源
- 管理策の有効性測定方法の改善

それがマネジメントレビューのアウトプットである．

② アウトプットの内容

　マネジメントレビューの結果を，管理目的および管理策の有効性を改善するとともに，ISMSの基礎となっているリスクアセスメントおよびリスク対応計画の更新につなげる．また，ISMS改善のための経営資源を配分し，管理策の有効性の測定方法の改善につなげなければならない．

　具体的には，事業上の要求事項，セキュリティ要求事項，業務プロセス，法令または規制の要求事項，契約上の義務，リスクのレベル・リスク受容基準などに関する情報セキュリティの実現手順および管理策を修正することである．

第8章

ISMSの改善

　本章では，ISMSの改善について解説する．ISMSでは，継続的改善が重要な要求事項となっている．継続的改善は，事業内容の変化や，リスクの変化に対応して，重大なリスクへの適切な対応による事業継続の確保やISMSの基本方針の確実な実施などのために実効性のあるISMSを確立し，運用していくために不可欠である．また，継続的改善は，PDCAモデルのActを実施するためにISMSでは当然の要求事項である．

　ISMSは，それを確立するまでに手間と時間がかかる．相当な労力とコストをかけたISMSの体制の確立が終わると，ほっとしてしまい改善していくことに注意を十分払わなくなるおそれがあるので，注意しなければならない．

　ISMSの要求事項では，是正処置と予防処置に分けてISMSの改善を定めている．ここでは，是正処置と予防処置の相違点に言及しつつ，重要と思われる事項を中心に解説する．

第8章 ISMSの改善

8.1 継続的改善

> **ISO/IEC 27001／JIS Q 27001**
>
> 8 ISMSの改善
> 8.1 継続的改善
> 　組織は，情報セキュリティの基本方針及び目的，監査結果，監視した事象の分析，是正及び予防の処置，並びにマネジメントレビューを利用して，ISMSの有効性を継続的に改善しなければならない．

要求事項の解説

① マネジメントレビューとの関係

継続的改善は，第6章で解説したISMS内部監査の結果や組織内外の状況変化に対応して実施する．また，第7章で解説したマネジメントレ

図表8.1 継続的改善の位置づけ

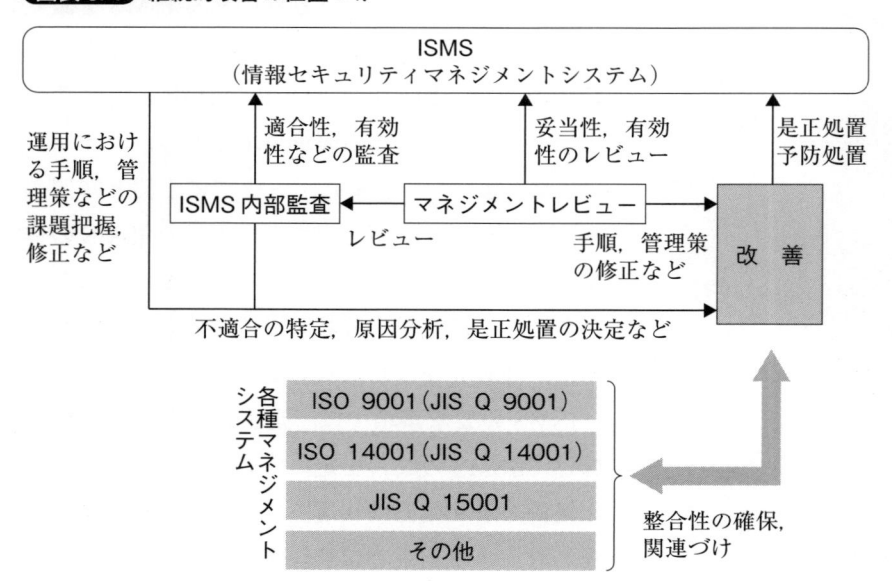

```
                    ISMS
        （情報セキュリティマネジメントシステム）

運用におけ   適合性，有効      妥当性，有効       是正処置
る手順，管   性などの監査      性のレビュー       予防処置
理策などの  ISMS内部監査 ←── マネジメントレビュー ──→  改善
課題把握，         レビュー    手順，管理策
修正など                       の修正など

        不適合の特定，原因分析，是正処置の決定など

    各種マネジメントシステム
        ISO 9001（JIS Q 9001）
        ISO 14001（JIS Q 14001）     整合性の確保，
        JIS Q 15001                   関連づけ
        その他
```

ビューなどの結果をふまえて改善を行う．したがって，継続的改善は，単独で実施するというものではなく，第6章および第7章と関連づけて行うことが重要になる．そのためには，組織の事業計画などにおいて，ISMS内部監査，マネジメントレビューの実施時期との関係をふまえてISMSの改善計画を策定するとよい（図表8.1）．

なお，組織では，ISMSのほかに，ISO 9001（JIS Q 9001）やISO 14001（JIS Q 14001）の認証取得やプライバシーマークの使用許諾の認定を受けるなどの取組みを行っている．ISMSの要求事項にはなっていないが，実務的な対応として，これらのマネジメントシステムと関係づけた改善を行うとよい．また，内部監査部門が実施する内部監査などとの関係についても注意することが大切である．

第8章 ISMSの改善

8.2 是正処置

> **ISO/IEC 27001／JIS Q 27001**
>
> (「8 ISMS の改善」の続き)
> **8.2 是正処置**
> 　組織は，ISMS の要求事項に対する不適合の原因を除去する処置を，その再発防止のためにとらなければならない．是正処置のために文書化された手順の中で，次のための要求事項を定義しなければならない．
> a) 不適合の特定
> b) 不適合の原因の決定
> c) 不適合の再発防止を確実にするための処置の必要性の評価
> d) 必要な是正処置の決定及び実施
> e) とった処置の結果の記録(4.3.3 参照)
> f) とった是正処置のレビュー

要求事項の解説

① **是正処置と予防処置の違い**

　ISO 27001 の要求事項と組織が確立し運用している ISMS との間では，組織内外の状況変化によって，差異，つまり不適合が生じる可能性がある．その不適合を埋めて組織の ISMS を ISO 27001 の要求事項(事業上の要求事項や情報セキュリティ要求事項などを含む，以下同じ)に適合したものにするための処置のことを是正処置という．

　一方，予防処置は，現状の ISMS のままでは，不適合が起こる可能性がある場合に，事前に不適合の発生を予防するための対応を行うものである．つまり，ISO 27001 の要求事項との不適合について，事前に対応しようとするものが予防処置であり，事後に対応するものが是正処置と

図表8.2 是正処置と予防処置の違い

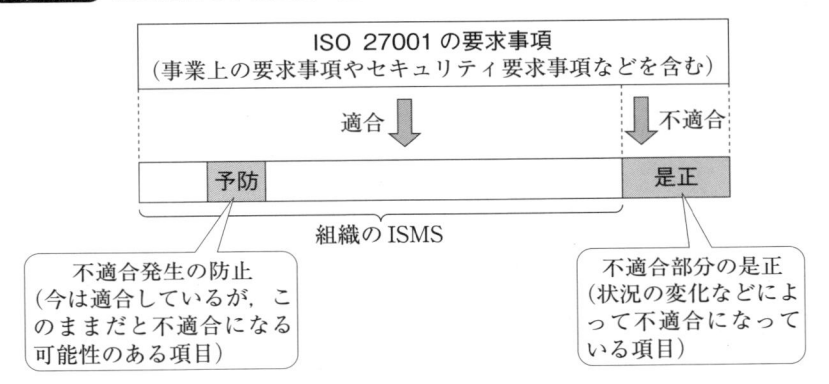

```
┌─────────────────────────────────────────────────┐
│            ISO 27001 の要求事項                  │
│  (事業上の要求事項やセキュリティ要求事項などを含む)  │
└─────────────────────────────────────────────────┘
        適合 ↓                        ↓ 不適合
  ┌──┬────┬──────────────────────────┬────┐
  │  │予防│                          │是正│
  └──┴────┴──────────────────────────┴────┘
           組織の ISMS
   不適合発生の防止              不適合部分の是正
   (今は適合しているが，          (状況の変化などによ
   このままだと不適合になる       って不適合になって
   可能性のある項目)              いる項目)
```

いえよう(図表8.2).

② 順守(準拠)性がポイント

是正処置の要否は，ISO 27001の要求事項に対する順守性の視点から見て判断する．つまり，実際に実施している管理目的および管理策がISO 27001の要求事項で定められている管理目的や管理策を順守したものであるかどうかを判断するのである．

③ 記録を残すこと

是正処置を実施した結果は，記録を残さなければならない．例えば，入退管理に関する設備を改善したら，工事の完了報告書，改善後の図面といった工事の実施内容がわかる記録を残す必要がある．ISMSでは，何らかのアクションを実施したことについて記録を残すことが大切であり，是正処置についても同様のことがいえる．

8.3 予防処置

ISO/IEC 27001／JIS Q 27001

(「8 ISMSの改善」の続き)
8.3 予防処置

組織は，ISMSの要求事項に対する不適合の発生を防止するために，起こり得る不適合の原因を除去する処置を決定しなければならない．とられる予防処置は，起こり得る問題の影響に見合ったものでなければならない．予防処置のために文書化された手順の中で，次のための要求事項を定義しなければならない．
a) 起こり得る不適合及びその原因の特定
b) 不適合の発生を予防するための処置の必要性の評価
c) 必要な予防処置の決定及び実施
d) とった処置の結果の記録(4.3.3参照)
e) とった予防処置のレビュー

組織は，変化したリスクを特定し，大きく変化したリスクに注意を向けて，予防処置についての要求事項を特定しなければならない．

予防処置の優先順位は，リスクアセスメントの結果に基づいて決定しなければならない．

> 注記 不適合を予防するための処置は，多くの場合，是正処置よりも費用対効果が大きい．

要求事項の解説

① リスクアセスメントが基礎

予防処置とは，是正処置と異なって将来発生するおそれがある不適合に対する処置である．そのためには，リスクアセスメントを適切に実施することが前提になる．リスクアセスメントでは，特にリスクの変化に十分注意して，リスクの変化が管理目的や管理策に及ぼす影響を十分に

8.3 予防処置

図表8.3 環境変化によって生じる将来の不適合

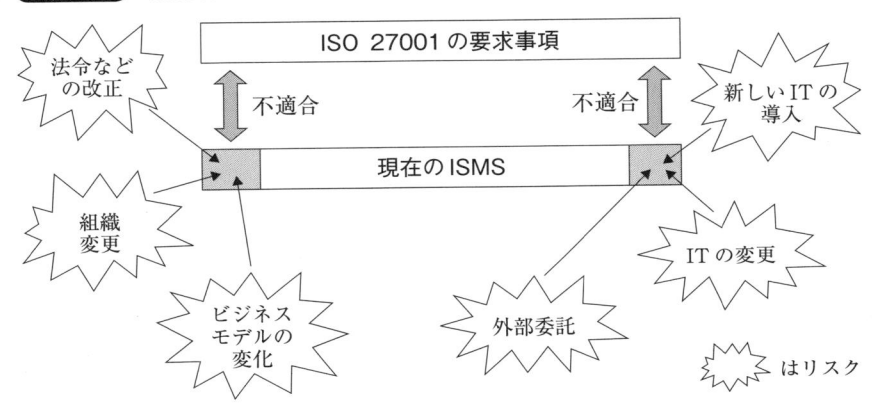

```
        ┌─────────────────────────────────────────┐
        │         ISO 27001 の要求事項            │
  法令など  ↕                           ↕  新しいITの
  の改正   不適合                    不適合   導入
        ┌─────────────────────────────────────────┐
        │         現在のISMS                      │
  組織                                         └──→
  変更                                         ITの変更
        ビジネス            外部委託
        モデルの
        変化                         ⋆⋆⋆ はリスク
```

注) 網掛け部分は，現在はISO 27001の要求事項に適合しているが，環境変化などによって将来不適合になるおそれがある部分．

把握しなければならない(図表8.3)．

② 予防処置のメリット

　予防処置は，是正処置と異なって，事前に処置を講じるので，一般的に対応コストが安くなる．また，情報セキュリティインシデントが発生した場合には，損害賠償などの問題が発生するが，予防処置を講じておくことによって，賠償責任が軽減される可能性もある．

　是正処置では，現在講じられている管理策などを変更することになるので，現行設備を撤去し，新しい設備に取り替える費用や，現行設備を手直しするためのコストが必要になる．予防処置では，リスクに対応した設備などの管理策を講じることができるので，是正処置に比較して安く対応できる．

第9章

「管理目的及び管理策」の解説

　本章では，ISO 27001 の附属書 A で示される管理目的および管理策について解説する．附属書 A は，「セキュリティ基本方針」「情報セキュリティのための組織」「資産の管理」「人的資源のセキュリティ」「物理的及び環境的セキュリティ」「通信及び運用管理」「アクセス制御」「情報システムの取得，開発及び保守」「情報セキュリティインシデントの管理」「事業継続管理」「順守」から構成される．説明に際しては，当該項目で重要と思われる事項について，図表を用いながらわかりやすく解説する．

9.1 セキュリティ基本方針

> **ISO/IEC 27001／JIS Q 27001**
>
> A.5　セキュリティ基本方針
> A.5.1　情報セキュリティ基本方針
> 目的：情報セキュリティのための経営陣の方向性及び支持を，事業上の要求事項，関連する法令及び規制に従って規定するため．
> A.5.1.1　情報セキュリティ基本方針文書
> 管理策：情報セキュリティ基本方針文書は，経営陣によって承認されなければならず，また，全従業員及び関連する外部関係者に公表し，通知しなければならない．
> A.5.1.2　情報セキュリティ基本方針のレビュー
> 管理策：情報セキュリティ基本方針は，あらかじめ定められた間隔で，又は重大な変化が発生した場合に，それが引き続き適切，妥当及び有効であることを確実にするためにレビューしなければならない．

管理目的および管理策の解説

① 情報セキュリティ基本方針とは何か

　情報セキュリティ基本方針とは，いわゆる情報セキュリティポリシーのことであり，情報セキュリティに関する組織の基本方針をまとめたものである．標準的な情報セキュリティ基本方針の体系は，**図表 9.1** に示すようになっていることが多い．しかし，経営方針や ICT(Information and Communication Technology．以下 IT という)環境は組織によって異なるので，情報セキュリティ基本方針の体系も組織によって異なる．

　この要求事項で注意しなければならない点は，情報セキュリティ基本方針の経営陣による承認・制定が求められていることである．例えば，

9.1 セキュリティ基本方針

図表9.1 情報セキュリティ基本方針の体系（モデル）

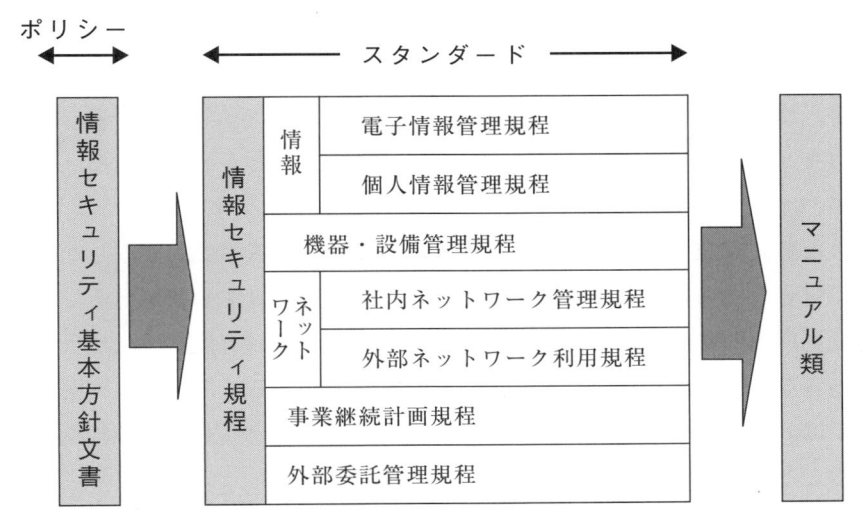

ポリシー	スタンダード	
情報セキュリティ基本方針文書	情報セキュリティ規程	情報：電子情報管理規程／個人情報管理規程 機器・設備管理規程 ネットワーク：社内ネットワーク管理規程／外部ネットワーク利用規程 事業継続計画規程 外部委託管理規程	マニュアル類

出典）島田裕次，榎木千昭，満塩尚史：『ネットビジネスのセキュリティ』，日科技連出版社，2000年，p.87を一部修整した．情報セキュリティ規程の右側に列挙した規程は，情報セキュリティ規程に含まれる場合もある．

役員会で承認されていることを第三者に説明できるように資料（議事録など）を用意しておいたり，稟議書に経営陣の決裁印をもらっておいたりするとよい．

② **教育・周知が重要**

役員，従業員などISMSにかかわる者全員に対して情報セキュリティ基本方針を教育・周知する必要がある．組織が情報セキュリティ基本方針文書の作成だけにとどまってしまい，情報セキュリティ基本方針を順守すべき役員や従業員がその内容を把握していなければ，ISMSが効果的に運用されているとはいえない．組織は，教育計画およびその実施記録を保管しておき，教育を実施した事実をいつでも説明できるようにしておく必要がある．

③ 定期的なレビュー

　情報セキュリティ基本方針は，情報技術の革新やさまざまな環境の変化にともなって変更される．そこで，事業上の要求事項を満たしているか，IT環境に対応した内容になっているか，といった視点から，情報セキュリティ基本方針を定期的にレビューすることが必要になる．また，モバイルシステムの導入や大規模な組織変更が発生する場合には，"重大な変化が発生した場合"に該当すると考えられるので，こうした変化に対応して情報セキュリティ基本方針の内容を見直す必要がある．また，変更内容の妥当性をどのように検討したのか，検討方法，検討項目，実施者などを明記した記録を保存しておく必要がある．口頭での説明だけでは，情報セキュリティ基本方針の変更内容の妥当性を第三者に説明することは難しいからである．

　なお，ISO 27001の要求事項では，定期的にレビューを行うことが求められているので，少なくとも年1回，情報セキュリティ基本方針のレビューを行わなければならない．

9.2 情報セキュリティのための組織

(1) 内部組織

> **ISO/IEC 27001／JIS Q 27001**
>
> **A.6 情報セキュリティのための組織**
>
> **A.6.1 内部組織**
>
> 目的：組織内の情報セキュリティを管理するため．
>
> **A.6.1.1 情報セキュリティに対する経営陣の責任**
>
> 管理策：経営陣は，情報セキュリティの責任に関する明りょうな方向付け，自らの関与の明示，責任の明確な割当て及び承認を通して，組織内におけるセキュリティを積極的に支持しなければならない．
>
> **A.6.1.2 情報セキュリティの調整**
>
> 管理策：情報セキュリティ活動は，組織の中の，関連する役割及び職務機能をもつ様々な部署の代表が，調整しなければならない．
>
> **A.6.1.3 情報セキュリティ責任の割当て**
>
> 管理策：すべての情報セキュリティ責任を，明確に定めなければならない．
>
> **A.6.1.4 情報処理設備の認可プロセス**
>
> 管理策：新しい情報処理設備に対する経営陣による認可プロセスを定め，実施しなければならない．
>
> **A.6.1.5 秘密保持契約**
>
> 管理策：情報保護に対する組織の必要を反映する秘密保持契約又は守秘義務契約のための要求事項は，特定し，定めに従ってレビューしなければならない．
>
> **A.6.1.6 関係当局との連絡**
>
> 管理策：関係当局との適切な連絡体制を維持しなければならない．
>
> **A.6.1.7 専門組織との連絡**
>
> 管理策：情報セキュリティに関する研究会又は会議，及び情報セキ

第9章 「管理目的及び管理策」の解説

> ュリティの専門家による協会・団体との適切な連絡体制を維持しなければならない.
>
> **A.6.1.8 情報セキュリティの独立したレビュー**
> 管理策：情報セキュリティ及びその実施のマネジメントに対する組織の取組み（例えば，情報セキュリティのための管理目的，管理策，方針，プロセス，手順）について，あらかじめ計画した間隔で，又はセキュリティの実施に重大な変化が生じた場合に，独立したレビューを実施しなければならない.

管理目的および管理策の解説

① 組織体制の整備

ISMSを確立・維持していくためには，それを運用するための組織インフラが必要である．組織としては，経営陣が討議・審議するための委員会や，組織を横断的に調整する部門などが考えられる（**図表9.2**）．

セキュリティ組織の体制整備では，それがISMSの確立，維持と関連

図表9.2 情報セキュリティの組織インフラ（例）

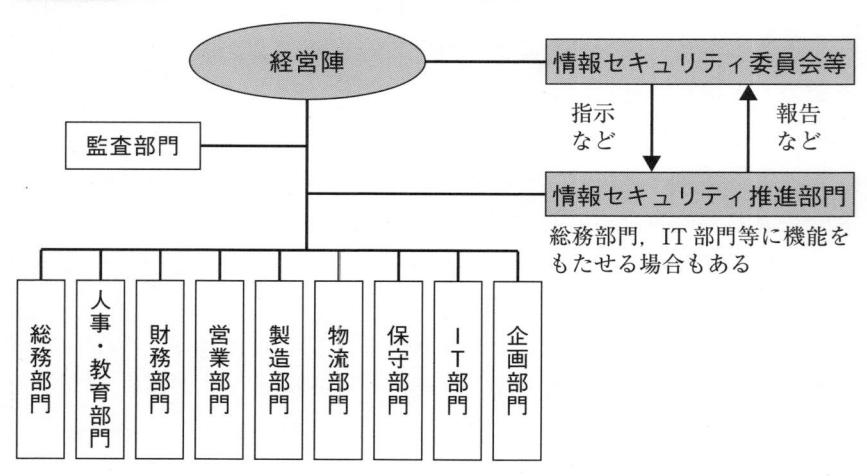

```
                    経営陣 ──────────→ 情報セキュリティ委員会等
                      │                      │  ↑
    監査部門 ─────────┤                   指示など  報告など
                      │                      ↓  │
                      ├─────────────── 情報セキュリティ推進部門
                      │                   総務部門，IT部門等に機能を
                      │                   もたせる場合もある
     ┌──┬──┬──┬──┬──┬──┬──┬──┐
    総務 人事・ 財務 営業 製造 物流 保守 IT 企画
    部門 教育 部門 部門 部門 部門 部門 部門 部門
         部門
```

138

9.2 情報セキュリティのための組織

づけて有効なものであることを説明できるような資料も用意する必要がある．当然のことながら組織図や業務分掌などにおいてその位置づけ，権限・責任などを明記しておかなければならない．

なお，ISMS認証基準(Ver.2.0)では"セキュリティ運営委員会"が要求事項に挙がっていたが，ISO 27001にはその記載がない．しかし，実質的にはA.6.1.2の「情報セキュリティの調整」を実践する場として，経営陣，各部門の管理者，利用者，監査員，情報セキュリティ管理者・担当者，IT部門の管理者といったISMSの確立・維持に関係する者から構成される運営委員会やセキュリティ委員会といった組織が必要になろう．

② 保護責任および実施責任の明確化

どの情報資産に対して誰が保護責任をもつのか，ISMSにかかわる業務の実施責任は誰にあるのかを明確にするため，業務分掌などに責任部門や責任者を具体的に明示する必要がある．

③ 経営陣の承認プロセスの確立

情報処理にかかわる設備・施設の導入については，情報セキュリティに及ぼす影響が大きいことから，情報処理設備・施設の管理部門と利用部門の承認を得たうえで，導入に関する経営陣の承認プロセスを定める必要がある．具体的には，役員会で承認する方法や，情報セキュリティ委員会，IT委員会などの組織で承認する方法などがある．導入する設備・施設の規模によっては，CISO(Chief Information Security Officer)，CIO(Chief Information Officer)のような情報セキュリティやIT担当役員による承認としたり，経営会議や取締役会などでの承認としたりする方法がある．いずれにしても，合理的な基準にもとづく，経営陣の承認プロセスが必要になる．

第9章 「管理目的及び管理策」の解説

なお,モバイルコンピュータ,携帯電話(メール,携帯サイトを含む),RFID(Radio Frequency Identification:小さな無線チップによって人や物を識別し管理する仕組み)などの新しい IT に関する脅威が高まっているので,こうした情報処理設備に関する認可プロセスも重要になっている.

④ 外部組織との連絡体制

情報セキュリティを確保するためには,外部組織との連絡体制が必要である.具体的には,図表 9.3 に示すような連絡体制が考えられる.

⑤ 独立したレビュー

ISMS を構築したら,それが確実に実施されているかどうかをチェックしなければならない.これが独立したレビューである.PDCA モデ

図表 9.3 外部組織との連絡体制

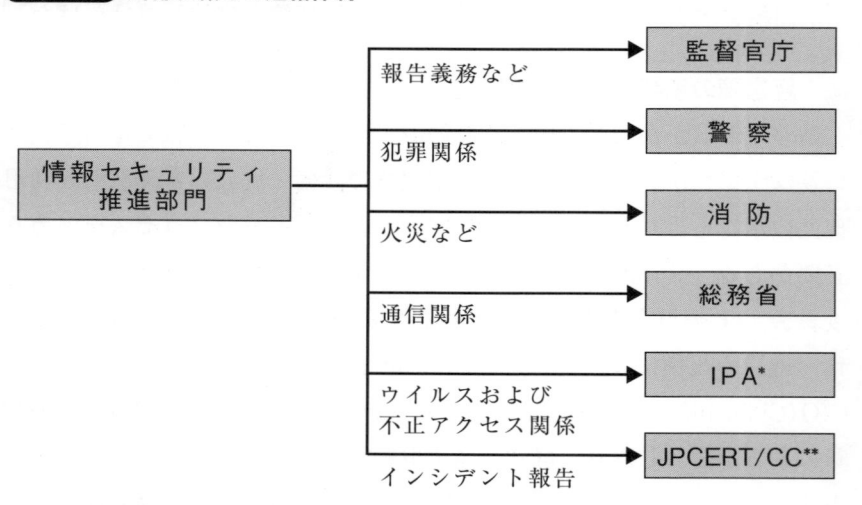

```
                        報告義務など
情報セキュリティ   ───────────────→  監督官庁
推進部門            犯罪関係
                    ───────────────→  警 察
                    火災など
                    ───────────────→  消 防
                    通信関係
                    ───────────────→  総務省
                    ウイルスおよび
                    不正アクセス関係 →  IPA*
                    インシデント報告 →  JPCERT/CC**
```

注) ＊　情報処理推進機構
　　＊＊JPCERT コーディネーションセンター

ルの Check に該当するものであり，PDCA のサイクルを運用していくために不可欠である．内部組織の項目で独立したレビューが求められているので，ここでいう独立したレビューには，ISO 27001 の 6 の「ISMS 内部監査」および 7 の「ISMS のマネジメントレビュー」などが含まれる．

(2) 外部組織

> ISO/IEC 27001／JIS Q 27001
>
> (「A.6 情報セキュリティのための組織」の続き)
> **A.6.2 外部組織**
> **目的**：外部組織によってアクセス，処理，通信，又は管理される組織の情報及び情報処理施設のセキュリティを維持するため．
> **A.6.2.1 外部組織に関係したリスクの識別**
> 管理策：外部組織がかかわる業務プロセスからの，組織の情報及び情報処理施設に対するリスクを識別しなければならない．また，外部組織にアクセスを許可する前に適切な管理策を実施しなければならない．
> **A.6.2.2 顧客対応におけるセキュリティ**
> 管理策：顧客に組織の情報又は資産へのアクセスを許す前に，明確にしたすべてのセキュリティ要求事項を満たすように対処しなければならない．
> **A.6.2.3 第三者との契約におけるセキュリティ**
> 管理策：組織の情報若しくは情報処理施設が関係するアクセス・処理・通信・管理にかかわる第三者との契約，又は情報処理施設に製品・サービスを追加する第三者との契約は，関連するすべてのセキュリティ要求事項を取り上げなければならない．

第9章 「管理目的及び管理策」の解説

管理目的および管理策の解説

① 外部組織のアクセス

　情報システムの管理や運用の業務は，部分的あるいは全体的に外部へ委託されることが少なくない．従業員以外の者が情報システムの開発・維持管理，オペレーションなどの業務に携わる場合には，外部委託者の情報セキュリティに関する意識，対応手続きなどが自組織の従業員と異なり，自組織の就業規則などが適用されないなどのリスクがある．

　例えば，清掃，警備などの業務を外部組織に委託している場合や外部から見学者の訪問がある場合など，外部組織や第三者がデータセンター，サーバー，通信設備，電源設備などの情報処理施設および設備へアクセスする場合がある（図表9.4）．このような場合には，第三者が情報処理施設および設備へアクセスすることの必要性，アクセスを許可した場合に生じるリスクなどについて評価する必要がある．

　リスク評価の結果をふまえて必要な管理策を講じることになる．例えば，重要な施設への立入りの際の複数者による作業・監督者の同行や，清掃作業時における従業員の立会い・監督者の配置・複数者による作業などの対策などがある．

図表9.4　第三者による情報処理施設および設備へのアクセス

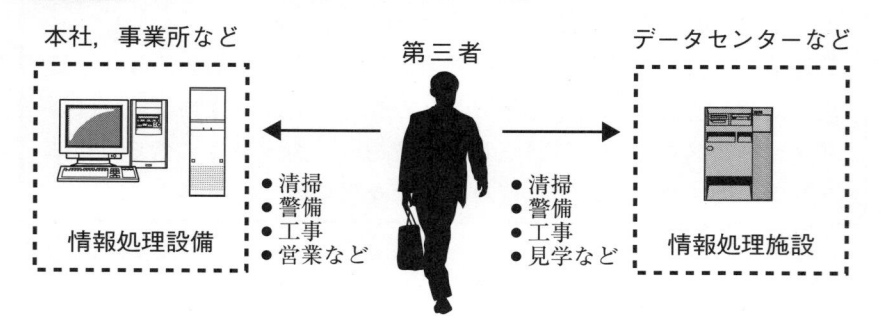

本社，事業所など　　　　第三者　　　　データセンターなど

情報処理設備　←　●清掃 ●警備 ●工事 ●営業など　　　●清掃 ●警備 ●工事 ●見学など　→　情報処理施設

9.2 情報セキュリティのための組織

② 契約書の締結

　清掃，警備など情報システムの管理・運用以外の業務を委託し，その業務を遂行するために組織の情報処理施設および設備に立ち入る場合には，自組織の情報セキュリティに関する要求事項を外部委託先に徹底し，管理策が適切に維持・運用されるようにするために正式な契約を締結する必要がある．当該契約は，自組織の情報セキュリティ基本方針にもとづいて，外部委託に関係する要求事項を明記した契約を締結しなければならない．

　具体的には，責任範囲，守秘義務，損害賠償，注意義務などについて明確に定めた委託契約を締結する．また，見学者などに対して情報処理施設および設備へのアクセスを一時的に許可する場合には，守秘義務などを明示した誓約書に署名させたりする方法もある．

　契約は，情報処理施設および設備へのアクセスを許可するまでに，締結しなければならない．遅くともアクセス許可と同時に契約を締結しなければ，契約で保護されない空白期間が生じることになり，問題発生時に損害賠償の請求などが行えなくなるおそれがある．

第9章 「管理目的及び管理策」の解説

9.3 資産の管理
(1) 資産に対する責任

> **ISO/IEC 27001／JIS Q 27001**
>
> **A.7 資産の管理**
> **A.7.1 資産に対する責任**
> 目的：組織の資産を適切に保護し，維持するため．
> **A.7.1.1 資産目録**
> 管理策：すべての資産は，明確に識別しなければならない．また，重要な資産すべての目録を，作成し，維持しなければならない．
> **A.7.1.2 資産の管理責任者**
> 管理策：情報及び情報処理施設と関連する資産のすべてについて，組織の中に，その管理責任者を指定しなければならない．
> **A.7.1.3 資産利用の許容範囲**
> 管理策：情報及び情報処理施設と関連する資産の利用の許容範囲に関する規則は，明確にし，文書化し，実施しなければならない．

管理目的および管理策の解説

① 資産目録

情報セキュリティを確立するためには，何を保護するのかを明確にしなければならない．保護する対象を適切に把握しなければ，必要な管理策が漏れたり，不十分になったりするからである．保護すべき対象を明確にするために資産(情報資産)の目録(管理台帳)を作成する必要がある．資産の管理は，図表9.5のような手順で行う．

② 資産の管理責任者の明確化

情報セキュリティの確保は手間がかかり，対象とする範囲も広いこと

9.3 資産の管理

図表9.5 資産の管理

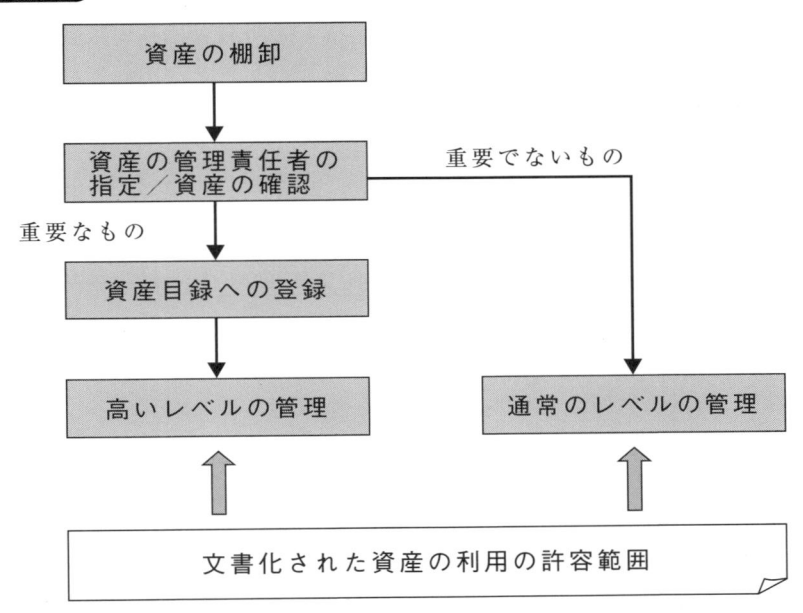

```
        資産の棚卸
            ↓
    資産の管理責任者の      重要でないもの
    指定／資産の確認  ─────────────────┐
        │                              │
  重要なもの                            │
        ↓                              ↓
    資産目録への登録              
        ↓                              ↓
    高いレベルの管理            通常のレベルの管理
        ⇑                              ⇑
    ┌─────────────────────────────────────┐
    │   文書化された資産の利用の許容範囲    │
    └─────────────────────────────────────┘
```

から,どの情報資産を誰が管理するのかといった管理責任を明確にしておかなければ,管理策を構築しそれを実施していくことは難しい.管理部署・管理者などが明確でなく,その責任も不明確な場合には,資産の管理,重要性の決定,情報セキュリティ対策の実施が適切に行われず情報の紛失が発生しても認識されないといった,いわゆるセキュリティホール(情報セキュリティ上の欠陥)が生じる可能性がある.そこで,作成した資産目録に,当該情報資産の管理責任者を明記することが非常に重要になる.また,管理責任者が複数存在する場合には,主たる管理責任者を決めておくとよい.

なお,ここでいう管理責任者とは,情報資産(情報や情報処理施設など)の財産権を所有している者ではなく,資産の生産,開発,利用,情報セキュリティなどの管理に関する管理責任をもつ者である点に注意し

なければならない．例えば，サーバーやPCなどの情報機器をリースで調達している場合には，当該資産の財産権上の所有者はリース会社であり，日常の利用や運用管理を行うのは，借主である．この場合には，資産の管理責任者は，借主（組織内の該当部署）になる．

（2） 情報の分類

> ISO/IEC 27001／JIS Q 27001
>
> （「A.7 資産の管理」の続き）
> **A.7.2 情報の分類**
> 目的：情報の適切なレベルでの保護を確実にするため．
> **A.7.2.1 分類の指針**
> 管理策：情報は，組織に対しての価値，法的要求事項，取扱いに慎重を要する度合い及び重要性の観点から，分類しなければならない．
> **A.7.2.2 情報のラベル付け及び取扱い**
> 管理策：情報に対するラベル付け及び取扱いに関する適切な一連の手順は，組織が採用した分類体系に従って策定し，実施しなければならない．

管理目的および管理策の解説

① 情報の分類指針

情報セキュリティでは，保護対象の事業活動における影響度（重要性）に応じた対策を講じる必要がある．重要性を考慮しないで情報セキュリティ対策を講じると，過大な情報セキュリティ対策やぜい弱な情報セキュリティ対策を行うことになり，情報セキュリティの費用対効果の視点から問題が生じる．そこで，重要性の評価を行いやすくするために，情報を適切に分類できる指針，つまり情報の分類基準を明確にすることが必要になる．

9.3 資産の管理

重要性については，機密性の視点だけを重視してしまうことがあるので，可用性および完全性の視点を含めて分類基準を策定することが大切である．

② **分類手順の作成**

情報資産の影響度を評価し分類するためには，分類手順を定める必要がある．分類手順が作成されていないと評価者によって影響度の大小に著しい差が生じてしまい，情報セキュリティ対策のための資源（設備投資，経費，人的資源など）を適切に配分できなくなるおそれがある．また，この結果，適正なレベルでの情報セキュリティ対策を講じることができずに，情報セキュリティ上のぜい弱性が，そのままにされてしまうおそれもある点に注意することも大切である．

分類手順には，影響度の評価項目，評価方法，評価者，評価のレビュ

図表9.6 資産の分類指針

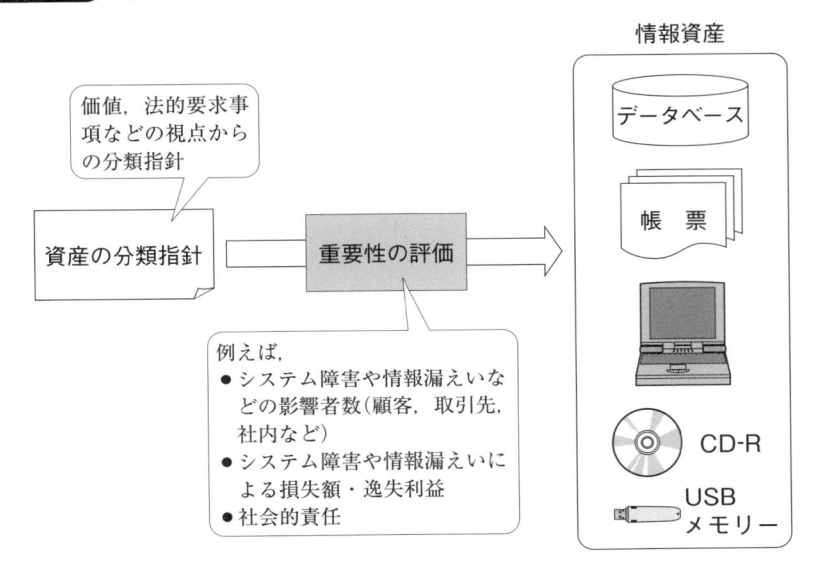

価値，法的要求事項などの視点からの分類指針 → 資産の分類指針 → 重要性の評価 → 情報資産（データベース，帳票，（ノートPC），CD-R，USBメモリー）

例えば，
- システム障害や情報漏えいなどの影響者数（顧客，取引先，社内など）
- システム障害や情報漏えいによる損失額・逸失利益
- 社会的責任

ーなどを盛り込む必要がある．影響度の評価項目については，前掲の図表9.6を参照されたい．

③ ラベル付け

ラベル付けとは，資産の分類指針に従って情報資産に重要性を示すランクを付けることである．重要性は，「大，中，小」「A, B, C, …」「極秘，秘，社外秘」などで区分されるので，この基準に従って資産を分類し該当するラベルを付すことになる．

しかし，機密性が極めて高い資産については，ラベルを付すことによって，その重要性が第三者にわかってしまうので，ラベルを付さない，あるいは記号化するほうがよい場合もある．重要性については，ラベル付けの適否を含めて検討することも忘れてはならない．また，このような検討を行うことを分類基準で定めておくとよい．

9.4 人的資源のセキュリティ
(1) 雇 用 前

> ISO/IEC 27001／JIS Q 27001
>
> **A.8 人的資源のセキュリティ**
> **注記** A.8では，組織の情報セキュリティに影響を与え得る者を，従業員，契約相手及び第三者の利用者の三群に大別し，また，組織とそれらの者とのかかわりの経過を，関係の開始，継続及び終了の三段階に大別して，人的資源のセキュリティを取り扱う．
> 　このことからA.8では，従業員，契約相手又は第三者の利用者のいずれに関しても，組織が関係を開始することを雇用(A.8.1参照)，この関係が継続している期間を雇用期間(A.8.2参照)，この関係が終了することを雇用の終了と総称する(A.8.3参照)．また，雇用期間中における職務内容の変更を，旧職務の雇用が終了し，新職務の雇用が開始するととらえ，これを雇用の変更と総称する(A.8.3参照)．
> 　また，A.8では，組織と従業員，契約相手及び第三者の利用者との情報セキュリティ側面での関係を規定したもの(文書化しているかどうかを問わない)を，職務定義書，雇用条件又は雇用契約書と総称し(A.8.1，A.8.2参照)，必要に応じて，組織と従業員，契約相手又は第三者の利用者との雇用の関係を，それぞれ，雇用，契約又は合意と称する(A.8.3参照)．このことから，例えば，雇用の終了を，従業員については雇用の終了，契約相手については契約の終了，また第三者の利用者については合意の終了として，それぞれを区別することがある．
> 　A.8において従業員とは，常勤・非常勤，常用・臨時，又は長期・短期などの雇用の形態を問わない．契約相手には，組織が契約を締結したサービス提供業者，下請負業者，人材派遣業者などのほ

> かに，これら業者の従業員であって，組織と締結した契約の履行のために組織に派遣された者なども含む（派遣された者が，組織とは直接に契約を締結していないことに留意）．第三者の利用者には，組織への一般来訪者，組織が開設するウェブサイト（ネットバンキングなど）の閲覧者などが含まれる．ただし，ウェブサイトの完全公開情報の閲覧については，除外する．
>
> **A.8.1　雇用前**
> 目的：従業員，契約相手及び第三者の利用者がその責任を理解し，求められている役割にふさわしいことを確実にするとともに，盗難，不正行為，又は施設の不正使用のリスクを低減するため．
>
> **A.8.1.1　役割及び責任**
> 管理策：従業員，契約相手及び第三者の利用者のセキュリティの役割及び責任は，組織の情報セキュリティ基本方針に従って定め，文書化しなければならない．
>
> **A.8.1.2　選考**
> 管理策：従業員，契約相手及び第三者の利用者のすべての候補者についての経歴などの確認は，関連のある法令，規制及び倫理に従って行わなければならない．また，この確認は，事業上の要求事項，アクセスされる情報の分類及び認識されたリスクに応じて行わなければならない．
>
> **A.8.1.3　雇用条件**
> 管理策：従業員，契約相手及び第三者の利用者は，契約上の義務の一部として，情報セキュリティに関する，これらの者の責任及び組織の責任を記載した雇用契約書に同意し，署名しなければならない．

管理目的および管理策の解説

① 情報セキュリティの役割と責任

情報セキュリティ基本方針で定められた情報セキュリティに関する組

9.4 人的資源のセキュリティ

図表 9.7 情報セキュリティ基本方針と職務定義書

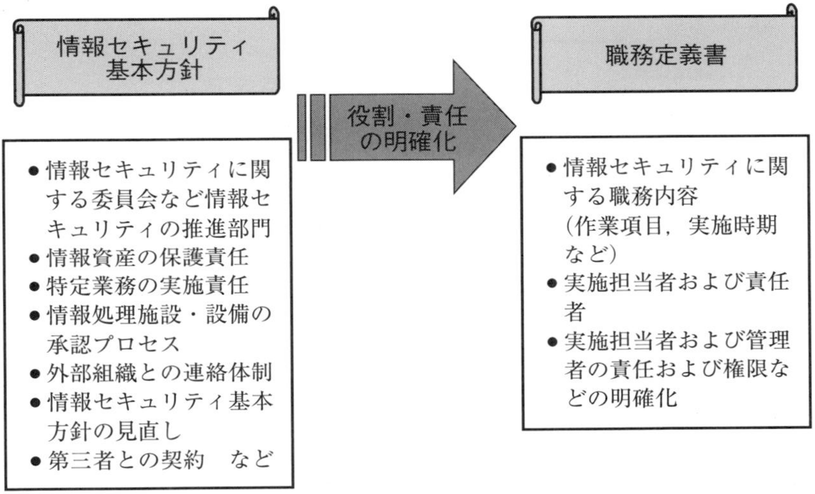

情報セキュリティ基本方針 → 役割・責任の明確化 → 職務定義書

情報セキュリティ基本方針:
- 情報セキュリティに関する委員会など情報セキュリティの推進部門
- 情報資産の保護責任
- 特定業務の実施責任
- 情報処理施設・設備の承認プロセス
- 外部組織との連絡体制
- 情報セキュリティ基本方針の見直し
- 第三者との契約　など

職務定義書:
- 情報セキュリティに関する職務内容（作業項目，実施時期など）
- 実施担当者および責任者
- 実施担当者および管理者の責任および権限などの明確化

織体制，職務内容などについて，業務遂行を確実に行うようにするために，職務定義を文書化する必要がある（図表9.7）．職務定義は，業務取扱マニュアル，業務分掌を示した書類，業務分担表などさまざまな形で文書化されており，その取扱いは組織によって異なる．ISO 27001 の認証取得審査に対応するために，どれが ISO 27001 の職務定義の文書化に該当するのかを明らかにして審査登録機関に明確に説明できるようにする必要がある．

　職務定義書は，従業員の役割や責任について規定されるだけではなく，契約相手や第三者の役割および責任を明確にするとよい．外部委託の普及および拡大によって，職務についての従業員と外部組織所属員の切り分けが難しくなっているからである．

② **選考および雇用におけるセキュリティ**

　人員を採用する場合には，情報セキュリティの視点から新たなリスク

第9章 「管理目的及び管理策」の解説

図表9.8 雇用時および雇用中の教育

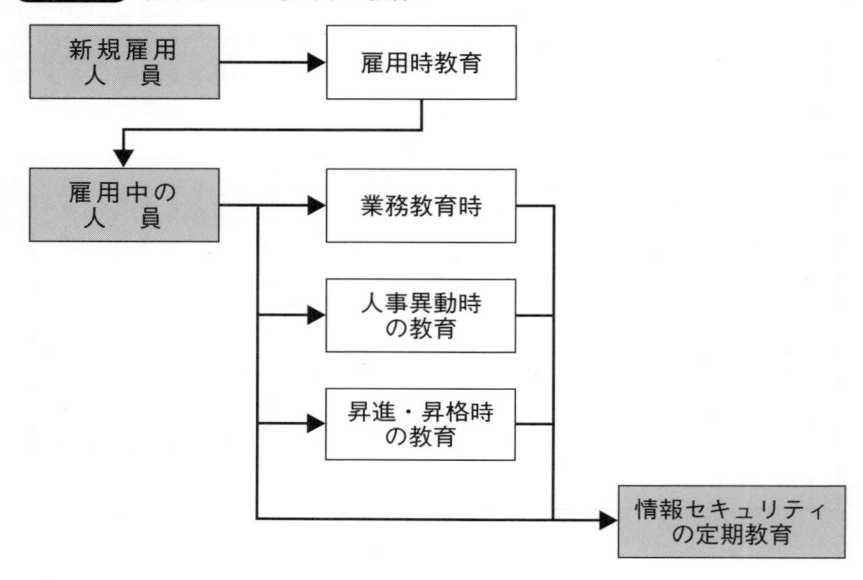

```
新規雇用人員 ──→ 雇用時教育
    │
    ▼
雇用中の人員 ──→ 業務教育時 ──┐
           ├→ 人事異動時の教育 ┤
           └→ 昇進・昇格時の教育┤
                    └→ 情報セキュリティの定期教育
```

を抱え込む可能性がある．そこで，人員の採用にあたっては，情報セキュリティを阻害することがないように，情報セキュリティに関する役割および責任を職務定義書に明示して採用する人員に求める資質や職能を明確にする必要がある．また，情報セキュリティに関する役割および責任を明示した雇用契約書や機密保持誓約書へ署名させる方法も考えられる．ただし，署名については，関連する法令，規制および倫理的な側面を考慮して対応しなければならない．

③ 雇用時の教育

要求事項には特に定めがないが，雇用時に情報セキュリティに関する教育を実施することが重要である(図表9.8)．情報セキュリティで気をつけなければならないことのひとつに，無知を原因とする情報セキュリティインシデントの発生がある．知らなかったので問題が発生した，と

いったことがないように注意しなければならない．

（2） 雇用期間中

───── ISO/IEC 27001／JIS Q 27001 ─────

（「A.8　人的資源のセキュリティ」の続き）

A.8.2　雇用期間中
目的：従業員，契約相手及び第三者の利用者の，情報セキュリティの脅威及び諸問題，並びに責任及び義務に対する認識を確実なものとし，通常の業務の中で組織の情報セキュリティ基本方針を維持し，人による誤りのリスクを低減できるようにすることを確実にするため．

A.8.2.1　経営陣の責任
管理策：経営陣は，組織の確立された方針及び手順に従ったセキュリティの適用を従業員，契約相手及び第三者の利用者に要求しなければならない．

A.8.2.2　情報セキュリティの意識向上，教育及び訓練
管理策：組織のすべての従業員，並びに，関係するならば，契約相手及び第三者の利用者は，職務に関連する組織の方針及び手順についての適切な意識向上のための教育・訓練を受けなければならず，また，定めに従ってそれを更新しなければならない．

A.8.2.3　懲戒手続
管理策：セキュリティ違反を犯した従業員に対する正式な懲戒手続を備えなければならない．

管理目的および管理策の解説

① 経営陣の責任

　経営陣は，ISMS の確立，導入，運用などに関する最終的な実施責任をもつ．ISMS を確立し運用していくためには，ISMS を実際に支える

ことになる従業員などに対する教育が不可欠である．したがって，経営陣は，教育担当部門やISMS担当部門などに，教育計画の策定や教育を実施させて，その結果を経営会議などで報告させたり，報告書を提出させたりする必要がある．

② 情報セキュリティ教育・訓練の重要性

情報セキュリティを確保・維持するためには，論理的対策（技術的対策），物理的対策，管理的対策などを講じるだけでは不十分である．情報資産の取扱者一人ひとりが情報資産自体の重要性とその情報セキュリティ確保の重要性を認識しなければ，組織全体としての情報セキュリティレベルを維持向上することはできない．ISMSを適切に維持・運用するためには，情報資産の取扱者一人ひとりの情報セキュリティレベルを維持向上することが不可欠である．

③ 教育・訓練の対象者と教育・訓練の内容

情報セキュリティの教育・訓練は，前掲の図表9.8に示すように，さまざまな機会を利用して定期的に実施し，教育・訓練を受けない者がいないようにしなければならない．

情報セキュリティ教育・訓練の対象者は，従業員や職員だけはなく，パートタイマー，アルバイト，派遣社員，外部委託先の従業員などISMSの対象者となっている人員すべてに対して実施しなければならない．当然のことながら，経営陣に対しても教育・訓練を実施する必要がある．

教育・訓練の内容は，対象者が担当する業務内容によって異なる．情報セキュリティの責任者に対しては，責任者に求められる判断業務，管理業務について教育・訓練する．担当者レベルに対しては，実務的な内容を教育・訓練する．情報セキュリティを確立するためには，職務の分

離が重要であることから，自己の責任・義務・権限などを理解させるような工夫が必要である．

④ 懲戒手続

情報セキュリティ基本方針文書や規程などのなかで，情報セキュリティ違反が懲戒の対象になることを明記し従業員に周知する．懲戒の具体的な内容については，就業規則や関連規程で定める．もちろん，情報セキュリティ基本方針文書で定める方法もあるので，組織の状況に応じて懲戒手続きを定めればよい．

⑤ 情報倫理教育の重要性

ISO 27001では，情報を取り扱う際の倫理教育について特に明確に定めてはいない．しかし，情報倫理意識は，情報セキュリティ基本方針を順守しようという意識を高め，情報セキュリティに対する意識を向上させるうえで不可欠である．倫理意識の重要性は，例えば，建築士による建物の偽装事件をみれば，よくわかる．情報セキュリティ教育の実施時には，情報倫理教育も併せて実施することが大切である．

（3） 雇用の終了または変更

ISO/IEC 27001／JIS Q 27001

（「A.8 人的資源のセキュリティ」の続き）
A.8.3 雇用の終了又は変更
目的：従業員，契約相手及び第三者の利用者の組織からの離脱又は雇用の変更を所定の方法で行うことを確実にするため．
A.8.3.1 雇用の終了又は変更に関する責任
管理策：雇用の終了又は変更の実施に対する責任は，明確に定め，割り当てなければならない．

A.8.3.2 資産の返却
管理策:すべての従業員,契約相手及び第三者の利用者は,雇用,契約又は合意の終了時に,自らが所持する組織の資産すべてを返却しなければならない.

A.8.3.3 アクセス権の削除
管理策:すべての従業員,契約相手及び第三者の利用者の情報及び情報処理施設に対するアクセス権は,雇用,契約又は合意の終了時に削除しなければならず,また,変更に合わせて修正しなければならない.

管理目的および管理策の解説

① 雇用の終了または変更とは

雇用の終了とは,定年退職,自己都合の退職,解雇,懲戒解雇,臨時従業員や派遣社員の契約完了にともなう終了などのことをいう.雇用の変更とは,臨時従業員(パートタイマー,アルバイト)から正規従業員への変更や,派遣社員から正規従業員への変更といった雇用形態や雇用契約の内容変更などのことをいう.雇用形態の変更によって,従業員に求められる役割や責任も変わるので,注意が必要である.

② 資産の返却

情報資産は,通常組織内で利用することが多いので,雇用が終了した場合には,日常利用している什器備品や制服などと一緒に情報資産を返却させる.モバイルコンピュータのような情報資産を自宅に持ち出している可能性がある場合には,確実に返却させることが大切である.そのためには,日常の情報資産管理が重要である.

実際に,医師が病院から患者リストを無断で持ち出し,独立営業する際に案内状を送付して問題になった情報セキュリティインシデントがあ

9.4 人的資源のセキュリティ

るので注意しなければならない．

③ アクセス権の削除

　アクセス権は，情報資産（データベース，ソフトウェアなど）を利用するための権限であり，業務遂行のために権限を付与する．したがって，雇用の終了，雇用形態の変更，人事異動，担当業務の変更などにともなって，業務上の必要性が消滅したときに，アクセス権を削除しなければならない．特に従業員を解雇する場合には，解雇に対する反発などによって情報を不正にコピーされたり，破壊されたりするおそれがあるので，即座にアクセス権を削除しなければならない．

9.5 物理的および環境的セキュリティ

（1） セキュリティを保つべき領域

ISO/IEC 27001／JIS Q 27001

A.9 物理的及び環境的セキュリティ

A.9.1 セキュリティを保つべき領域

目的：組織の施設及び情報に対する認可されていない物理的アクセス，損傷及び妨害を防止するため．

A.9.1.1 物理的セキュリティ境界

管理策：情報及び情報処理施設のある領域を保護するために，物理的セキュリティ境界（例えば，壁，カード制御による入口，有人の受付）を用いなければならない．

A.9.1.2 物理的入退管理策

管理策：セキュリティを保つべき領域は，認可された者だけにアクセスを許すことを確実にするために，適切な入退管理策によって保護しなければならない．

A.9.1.3 オフィス，部屋及び施設のセキュリティ

管理策：オフィス，部屋及び施設に対する物理的セキュリティを設計し，適用しなければならない．

A.9.1.4 外部及び環境の脅威からの保護

管理策：火災，洪水，地震，爆発，暴力行為，及びその他の自然災害又は人的災害による被害からの物理的な保護を設計し，適用しなければならない．

A.9.1.5 セキュリティを保つべき領域での作業

管理策：セキュリティを保つべき領域での作業に関する物理的な保護及び指針を設計し，適用しなければならない．

A.9.1.6 一般の人の立寄り場所及び受渡場所

管理策：一般の人が立ち寄る場所（例えば，荷物などの受渡場所），

9.5 物理的および環境的セキュリティ

> 及び敷地内の，認可されていない者が立ち入ることもある場所は，管理しなければならない．また，可能な場合には，認可されていないアクセスを避けるために，それらの場所を情報処理施設から離さなければならない．

管理目的および管理策の解説

① **対象施設および設備の検討**

ISMS の適用範囲において，情報セキュリティの対象とする情報処理施設および設備を検討し，明確にする．具体的には，情報処理施設および設備などについて，リスクを評価したうえで情報セキュリティの重要性を評価し，セキュリティ領域の設定方法やその保護レベルなどを決める必要がある(**図表 9.9**)．なぜならば，すべての情報処理施設および設備について厳重なセキュリティ領域を設置し，管理することは情報セキ

図表9.9 情報処理施設および設備のリスク評価

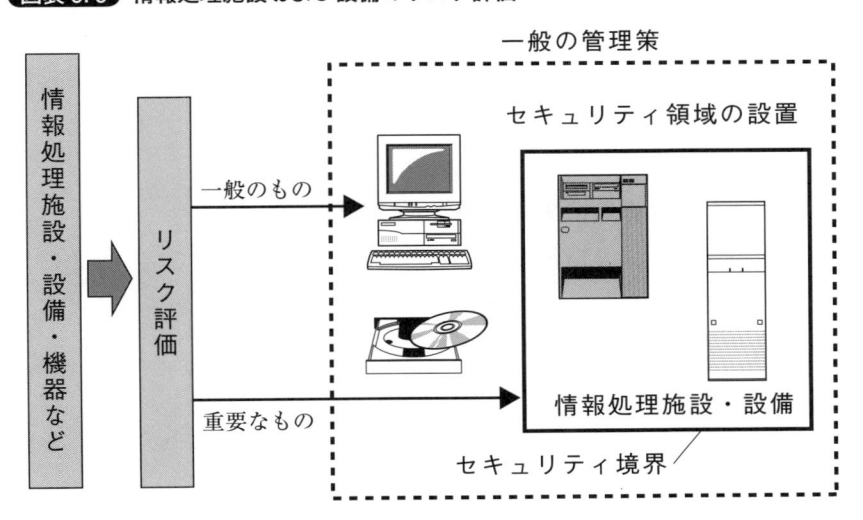

ュリティ対策の費用対効果の観点から問題があるからである．重要な情報処理施設および設備としては，データセンターやプリントセンターなどの施設およびそこに設置してある設備のほかに，部門サーバー，ルーター，電源装置などの設備もある．一般の情報処理機器には，個人が使用するPC端末やプリンターなどが考えられる．しかし，一般の情報機器であっても，情報や情報処理の重要性によって，セキュリティ領域を設置して管理することが必要な場合もある．

② セキュリティ領域の設置

情報処理施設および設備は，物理的セキュリティ境界を設けて独立した領域(セキュリティ領域)に設置し，権限のない者がアクセスできないようにする．例えば，サーバー，ルーターなどの情報処理設備や，受電装置，分電盤などの関連設備が第三者による悪戯，破壊などの被害を受けないように領域を独立させて，施錠管理する．データセンターやプリントセンターのような情報処理施設については，通常，建物やフロア全体が入退管理システムや警備員の配置によって入退管理されている．

セキュリティ領域の設置に際しては，例えば，**図表9.10**に示すような対策が講じられる．より高度なセキュリティレベルが必要な場合には，二重三重のセキュリティ領域を設けることがある．

③ セキュリティ領域に関する規程などの整備

セキュリティ領域の情報セキュリティレベルを維持していくためには，セキュリティ領域に関するガイドラインを定める必要がある．ガイドラインに盛り込む事項には，次のようなものがある．

- セキュリティ領域の管理体制(責任者，担当者など)
- セキュリティ領域の入退管理(入退許可，入退管理の方法，警備など)

9.5 物理的および環境的セキュリティ

図表9.10 セキュリティ領域における管理策

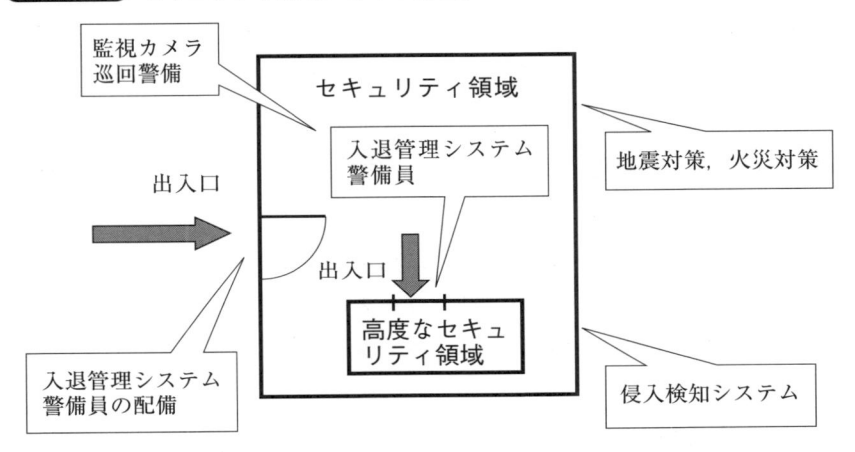

```
                    ┌─────────────────────────┐
  監視カメラ         │  セキュリティ領域        │
  巡回警備           │                         │
                    │  入退管理システム        │   地震対策，火災対策
                    │  警備員                  │
  出入口             │                         │
  ⇒                 │  出入口                  │
                    │    ↓                     │
                    │  高度なセキュ            │
                    │  リティ領域              │
  入退管理システム    │                         │   侵入検知システム
  警備員の配備       │                         │
                    └─────────────────────────┘
```

- セキュリティ領域内における作業手順（作業管理，立会いなど）
- セキュリティ領域の地震対策
- セキュリティ領域の火災対策
- セキュリティ領域の監視（検知設備，監視設備，巡回警備など）
- その他（外部委託管理（清掃，警備等）など）

④ 物品などの受渡場所など

　セキュリティ領域内で使用する設備，機器などを納品する場合には，セキュリティ領域とは別の場所にいったん納品させるようにして，第三者がセキュリティ領域内に直接アクセスできないようにする．次に設置作業にかかわる技術者や作業員などが，当該納品場所からセキュリティ領域内の所定場所に設置する．なぜならば，設置作業と運搬作業では求められるスキルが異なり，運搬担当者と設置担当者は通常別々だからである．

　セキュリティ領域内で，ソフトウェア製品の開発および製造作業が行われていても，出荷作業を運送業者に委託する場合がある．こうした場

第9章 「管理目的及び管理策」の解説

合には，出荷場所をセキュリティ領域と分離する必要がある．

　情報セキュリティ対策の基本的な考え方は，保護すべき重要な領域と，一般的な管理で十分な領域とを分離することである．異なる情報セキュリティレベルのものが同一の領域に存在する場合には，適正な情報セキュリティレベルが適用されず，リスクが増大する可能性やコストが嵩む場合があるからである．

　例えば，工場や研究所などの施設に見学者を受け入れている場合には，見学者の受入れルールを定め，見学コースなどを設置して，セキュリティ領域と独立させるなどの対応が必要である．

（2） 装置のセキュリティ

ISO/IEC 27001／JIS Q 27001

(「A.9　物理的及び環境的セキュリティ」の続き)

A.9.2　装置のセキュリティ
目的：資産の損失，損傷，盗難又は劣化，及び組織の活動に対する妨害を防止するため．

A.9.2.1　装置の設置及び保護
管理策：装置は，環境上の脅威及び災害からのリスク並びに認可されていないアクセスの機会を低減するように設置し，又は保護しなければならない．

A.9.2.2　サポートユーティリティ
管理策：装置は，サポートユーティリティの不具合による，停電，その他の故障から保護しなければならない．

A.9.2.3　ケーブル配線のセキュリティ
管理策：データを伝送する又は情報サービスをサポートする通信ケーブル及び電源ケーブルの配線は，傍受又は損傷から保護しなければならない．

9.5 物理的および環境的セキュリティ

> **A.9.2.4 装置の保守**
> 管理策：装置は，可用性及び完全性を継続的に維持することを確実とするために，正しく保守しなければならない．
>
> **A.9.2.5 構外にある装置のセキュリティ**
> 管理策：構外にある装置に対しては，構外での作業に伴った，構内での作業とは異なるリスクを考慮に入れて，セキュリティを適用しなければならない．
>
> **A.9.2.6 装置の安全な処分又は再利用**
> 管理策：記憶媒体を内蔵した装置は，処分する前に，取扱いに慎重を要するデータ及びライセンス供与されたソフトウェアを消去していること，又は問題が起きないように上書きしていることを確実にするために，すべてを点検しなければならない．
>
> **A.9.2.7 資産の移動**
> 管理策：装置，情報又はソフトウェアは，事前の認可なしでは，構外に持ち出してはならない．

管理目的および管理策の解説

① 装置の情報セキュリティの概要

装置にかかわる情報セキュリティの概要は，図表9.11に示すように，外部からの不正アクセス，組織内からの不正アクセス，装置の可用性や安全性の障害，通信ケーブルの傍受・損傷，電源異常，装置の廃棄・再利用での情報漏えいなどから保護する必要がある．さらに，装置を組織の敷地外で利用する際の情報セキュリティも確保しなければならない．

② 設置場所の情報セキュリティ

情報処理装置の設置場所には，さまざまな脅威がある．こうした脅威から情報処理装置を保護するために，図表9.12に示す管理策を講じる

第9章 「管理目的及び管理策」の解説

図表9.11 装置にかかわる情報セキュリティの概要

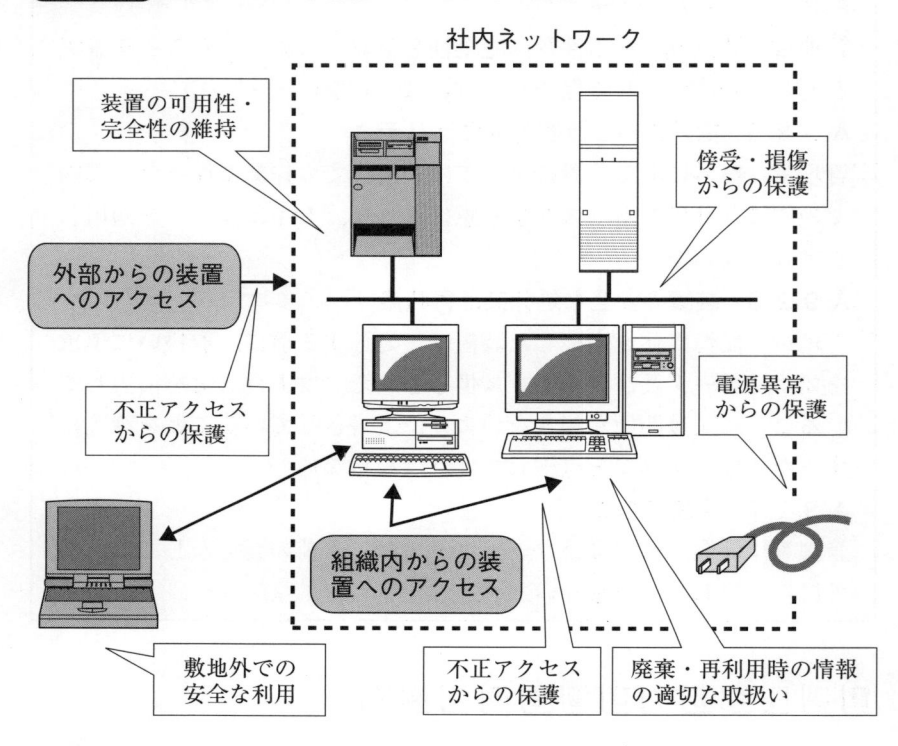

社内ネットワーク

- 装置の可用性・完全性の維持
- 傍受・損傷からの保護
- 外部からの装置へのアクセス
- 不正アクセスからの保護
- 電源異常からの保護
- 組織内からの装置へのアクセス
- 敷地外での安全な利用
- 不正アクセスからの保護
- 廃棄・再利用時の情報の適切な取扱い

図表9.12 装置の設置場所に関する管理策の例

脅　威	管　理　策
地　震	機器の転倒防止，ガラスの飛散防止など
火　災	煙感知器，火災検知器，消火設備など
漏水，浸水	漏水検知器の設置，情報処理施設および設備があるフロアの上階への給湯室・食堂の設置制限，地階への機器設置制限など
盗難，破壊	入退管理，侵入監視設備，機器の施錠保管，盗難防止チェーン，設置場所の施錠など
電磁波	設置場所周辺からの電磁波発生源の排除など

③ 装置へのアクセス管理

権限のない者が装置にアクセスできないように，装置の設置場所を施錠するなどの管理を行う．ここでは，物理的なアクセス管理のことを示しており，盗難，破壊，不正利用などを防止するための管理策である．

④ 電源異常からの保護

停電，瞬断，電圧の変動から装置を保護するために，UPS（Uninterrupted Power Supply：無停電電源装置）を設置する管理策がある．雷害（落雷による異常電流）から防止するための機器の設置もこの管理策に含まれる．メインフレームでは，CVCF（Constant Voltage Constant Frequency：大型計算機用の無停電電源装置）およびバッテリー，自家発電装置が組み合わされて設置されるのが一般的である．

⑤ 通信傍受および損傷からの保護

通信の傍受から情報を保護するための管理策には，ルーターやHUBなどのセキュリティ領域への設置，ネットワーク図や配線図にもとづく定期的な点検，情報の暗号化などがある．通信の損傷には，通信回線の障害のほかに，LANケーブルの誤切断などが考えられる．こうした脅威に対しては，床下配線や通信経路の二重化などの管理策がある．また，LAN工事などの際に，ネットワーク管理者が立ち会うなどの対策もある．

⑥ 装置の可用性および完全性の確保

装置の故障，操作ミス，その他のトラブルが発生して，情報システムの利用に支障が生じないようにするために，装置の製造業者（ベンダー）

第9章 「管理目的及び管理策」の解説

が提供した取扱説明書や手順書などに従って装置が適切に取り扱われるように周知・徹底したり，保守契約の必要性を検討したりする管理策が必要である．装置は，複数のベンダーの製品であることが多いので，障害発生時の取扱い(責任，管理区分など)を明確にしなければならない．

なお，装置の操作を外部委託する場合には，委託先との責任区分，権限などを明確にするために，契約書などを取り交して文書化するとよい．

⑦ 外部での装置の利用

モバイルコンピュータや携帯電話(PHS を含む)を利用している場合には，モバイルコンピュータの持出しおよび持込み手順の策定，パスワードや IC カードなどによる利用者の制限，機器の保管管理，モバイルコンピュータ内およびデータ通信の暗号化などの管理策を講じる．モバイルコンピュータや携帯電話(PHS を含む)は組織の敷地外で利用されるので，利用者の情報セキュリティ意識を高めることが特に重要である．また，携帯電話(PHS を含む)については，電話番号や住所などの個人情報が登録されているので，キーロックによる対策を講じることが望ましい．

いずれにしても情報機器の放置，紛失，盗難などが発生しないように，利用者一人ひとりの情報セキュリティ意識を向上させるための教育を強化することも重要な管理策のひとつである．

なお，USB メモリー，CD-R などの媒体の情報セキュリティについては，本書の 9.6 節(7)の「媒体の取扱い」の解説を参照されたい．

⑧ 情報の消去

サーバーや PC 端末などの装置は，老朽化などによって取り替えられる．また，装置をリースで調達している場合には，リース契約期間終了後に当該装置を返却し，場合によっては他者が使用することもある．装

9.5 物理的および環境的セキュリティ

置を処分または再利用する場合には，当該装置に格納（保存）されている情報を消却し，第三者に情報が流出・漏えいしないような管理策を講じなければならない．例えば，専用のソフトウェアで電磁的に消去したり，ハードディスク装置自体を物理的に破壊したりする方法がある．ハードディスクをフォーマットする方法では，リカバリー用のソフトウェアを使用すれば当該データが見読されてしまうので注意が必要である．また，装置の処分を第三者に委託する場合には，処分作業への立会い，契約の締結（守秘義務，損害賠償，立入検査権などを盛り込む）など，処分を確実に実施させるための管理策が大切である．

第9章 「管理目的及び管理策」の解説

9.6 通信および運用管理

(1) 運用の手順および責任

> ┌─── ISO/IEC 27001／JIS Q 27001 ───┐
>
> **A.10 通信及び運用管理**
>
> **A.10.1 運用の手順及び責任**
>
> 目的：情報処理設備の正確，かつ，セキュリティを保った運用を確実にするため．
>
> **A.10.1.1 操作手順書**
>
> 管理策：操作手順は，文書化し，維持しなければならない．また，その手順は，必要とするすべての利用者に対して利用可能にしなければならない．
>
> **A.10.1.2 変更管理**
>
> 管理策：情報処理設備及びシステムの変更は，管理しなければならない．
>
> **A.10.1.3 職務の分割**
>
> 管理策：職務及び責任範囲は，組織の資産に対する，認可されていない若しくは意図しない変更又は不正使用の危険性を低減するために，分割しなければならない．
>
> **A.10.1.4 開発施設，試験施設及び運用施設の分離**
>
> 管理策：開発施設，試験施設及び運用施設は，運用システムへの認可されていないアクセス又は変更によるリスクを低減するために，分離しなければならない．

管理目的および管理策の解説

① **管理・運用の責任体制と手順の確立**

　情報システムやサービスを安全に提供するためには，情報処理設備や情報システムを管理・運用する責任体制と手順を明確にし，正確な運用

9.6 通信および運用管理

図表 9.13 管理・運用の責任体制と手順の確立

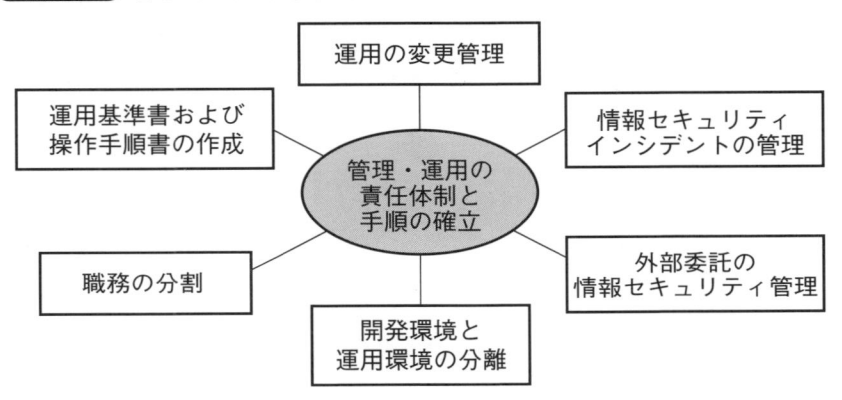

```
                  運用の変更管理
                        │
運用基準書および          ┌─────────┐         情報セキュリティ
操作手順書の作成 ──────│ 管理・運用の │────── インシデントの管理
                      │ 責任体制と  │
                      │ 手順の確立  │
職務の分割 ────────────└─────────┘────── 外部委託の
                        │                 情報セキュリティ管理
                  開発環境と
                  運用環境の分離
```

を行い,情報セキュリティを確保しなければならない.具体的には,図表9.13のような事項がある.

なお,図表9.13の「外部委託の情報セキュリティ管理」は本書の9.6節(2)で,「情報セキュリティインシデントの管理」は9.9節でそれぞれ解説する.

② **運用基準書および操作手順書の作成**

情報処理設備や情報システムの安全な運用に必要な文書には,運用基準書や操作手順書がある(**図表9.14**).運用基準書や操作手順書に記載されている内容に間違いや不備などがあれば,誤操作や誤処理などにつながり,場合によってはシステム障害や情報漏えいなどの情報セキュリティインシデントを引き起こす可能性もある.したがって,運用基準書や操作手順書の内容について十分なレビューと承認を行うとともに,正式な文書としてISO 27001の4.3.2の「文書管理」にもとづく管理を行う必要がある.また,運用基準書や操作手順書は,審査登録機関に対してISMSの構築・運用状況を説明する資料としても使われる.

第9章 「管理目的及び管理策」の解説

図表9.14 運用基準書および操作手順書の作成

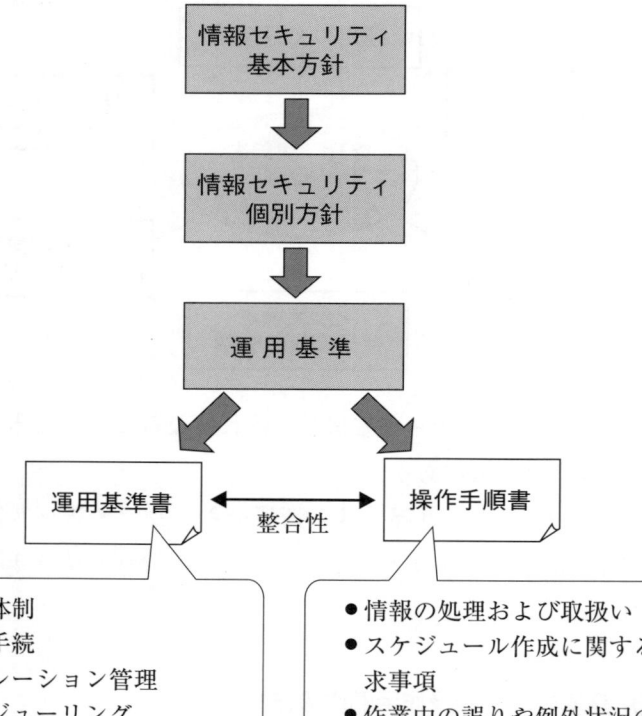

```
情報セキュリティ
基本方針
    ↓
情報セキュリティ
個別方針
    ↓
運 用 基 準
  ↙        ↘
運用基準書 ←整合性→ 操作手順書
```

運用基準書：
- 運用体制
- 運用手続
- オペレーション管理
- スケジューリング
- データ管理
- 変更管理
- システムセキュリティ管理
- リソース監視
- 障害管理　など

操作手順書：
- 情報の処理および取扱い
- スケジュール作成に関する要求事項
- 作業中の誤りや例外状況の対応
- 問題発生時の連絡先
- 特別な出力の取扱い
- 再起動および回復手順　など

③ 運用の変更管理

　情報システムは，事業や業務の変更，関連法令などの改正などにともなって見直され，機能追加・変更が行われる．また，情報処理施設および設備も，施設の老朽化や設備の増強などによって変更される．これら

の変更管理が適切に行われなければ，システム障害などの情報セキュリティインシデントの発生につながる可能性がある．したがって，情報処理設備や情報システムなどの運用変更に関して管理責任と手順を明確にするとともに，関連する運用基準書や操作手順書を常に最新の状態に改訂しておかなければならない．

変更管理においては，次のような事項について考慮する．
- 情報処理設備や情報システムなどの重要な変更の識別と記録
- 変更要件の明確化および計画とテスト
- 変更にともなう情報セキュリティを含む潜在的影響の分析・評価
- 変更申請の正式な承認手続き
- すべての関係者への変更連絡（事前通知）
- 変更作業の失敗や予期しない事象が生じた場合の変更中止の判断基準
- 変更前の状態に復帰させる手順，責任を含む代替手段
- 変更に関連する文書などの改訂

④　職務の分割

情報や情報サービスの利用や変更などにおいて，取扱者の不注意または故意によって情報セキュリティインシデントにつながる場合がある．こうしたリスクを低減させる重要な手段として，職務の分割（職務の分離）がある．同一者が担当するために不正が発生するリスクのある業務については，原則として職務を分割しなければならない．また，業務内容や監査証跡をチェックするための牽制組織や手順を確立することが望ましい．特に，運用と開発については独立させることが重要である．

⑤　開発環境およびテスト環境と運用環境の分離

開発担当者が運用環境に自由にアクセスできる環境（情報処理施設お

第9章 「管理目的及び管理策」の解説

図表 9.15 開発環境およびテスト環境と運用環境の分離

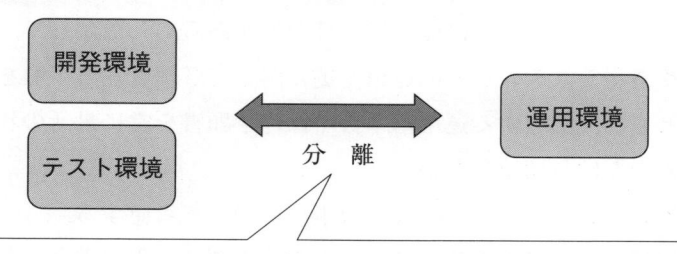

```
   開発環境                          運用環境
              ←――分　離――→
   テスト環境
```

- 開発ソフトウェアと運用ソフトウェアの分離
- 開発作業とテスト作業，運用作業の分離
- 運用環境からのコンパイラ，エディタなどのシステムユーティリティのアクセス不可
- 運用環境とテスト環境での異なるログオン手順，およびパスワード使用
- 運用環境の管理用パスワードによる使用制限

よび設備など)では，不注意によって運用ソフトウェアなどを誤変更する可能性があるばかりでなく，故意に不正プログラムが挿入されるリスクも高くなる．したがって，情報システムの開発環境とテスト環境は，原則として運用環境と分離するとともに，開発担当者には運用業務を兼務させてはならない(**図表 9.15**)．また，情報システムを開発環境から運用環境へ移行する手順・ルールを明確にしておく必要がある．

(2) 第三者が提供するサービスの管理

ISO/IEC 27001／JIS Q 27001

(「A.10　通信及び運用管理」の続き)
A.10.2　第三者が提供するサービスの管理
目的：第三者の提供するサービスに関する合意に沿った，情報セキ

9.6 通信および運用管理

ュリティ及びサービスの適切なレベルを実現し，維持するため．

A.10.2.1 第三者が提供するサービス
管理策：第三者が提供するサービスに関する合意に含まれる，セキュリティ管理策，サービスの定義，及び提供サービスレベルが，第三者によって実施，運用，及び維持されることを確実にしなければならない．

A.10.2.2 第三者が提供するサービスの監視及びレビュー
管理策：第三者が提供するサービス，報告及び記録は，常に監視し，レビューしなければならない．また，監査も定期的に実施しなければならない．

A.10.2.3 第三者が提供するサービスの変更に対する管理
管理策：関連する業務システム及び業務プロセスの重要性，並びにリスクの再評価を考慮して，サービス提供の変更(現行の情報セキュリティ方針，手順及び管理策の保守・改善を含む．)を管理しなければならない．

管理目的および管理策の解説

① 外部委託の情報セキュリティ管理

情報処理設備や情報システムにかかわる業務を第三者(外部業者)に委託する場合には，委託する業務内容にもとづいてセキュリティ要求事項を明確にする．また，外部委託業者における情報セキュリティにかかわるリスクを十分に評価し，必要な管理策の実施を盛り込んだ正式な契約を締結する．委託する内容によって，請負契約や準委任契約，派遣契約，保守契約など契約の形態が異なるので注意する．外部委託先との契約書には，次のような事項を盛り込む．

- 委託する業務の内容，範囲，期間，支払条件に関する事項
- 再委託に関する事項

- 秘密保持に関する事項
- 成果物の所有権や著作権などの帰属に関する事項
- 検収に関する事項
- 瑕疵担保に関する事項
- 損害賠償に関する事項
- 委託先に対する監査などに関する事項
- 契約を変更する場合の手続きに関する事項
- 問題などが生じた場合の取扱いに関する事項

さらに，外部委託により提供を受けるサービスのレベルをあらかじめ設定し，合意しておくことも必要である．この合意のことをサービス・レベル・アグリーメント(Service-Level Agreement：SLA)という．

② 外部委託先の監督

外部委託先に対しては，委託した業務が適切に行われているかどうかを確かめる必要がある．例えば，外部委託先からの報告書や記録を確認したり，定例会などで確認したりする．特に，個人情報を取り扱う業務を委託している場合には，個人情報保護法で委託先の監督が義務づけられているので注意する．外部委託先に対して監査を行う場合は，業務委託契約に監査権を盛り込むとよい．

③ 外部委託内容の変更管理

情報システムの新規開発，再構築などの更改，ハードウェアやネットワークの構成変更などにともなって，外部委託の内容を見直す必要がある．関連する業務やシステムの重要性とリスクの再評価をふまえて，見直しを行う．

（3） システムの計画作成および受入れ

> ISO/IEC 27001／JIS Q 27001
>
> （「A.10　通信及び運用管理」の続き）
> **A.10.3　システムの計画作成及び受入れ**
> 目的：システム故障のリスクを最小限に抑えるため．
> **A.10.3.1　容量・能力の管理**
> 管理策：要求されたシステム性能を満たすことを確実にするために，資源の利用を監視・調整しなければならず，また，将来必要とする容量・能力を予測しなければならない．
> **A.10.3.2　システムの受入れ**
> 管理策：新しい情報システム，及びその改訂版・更新版の受入れ基準を確立しなければならない．また，開発中及びその受入れ前に適切なシステム試験を実施しなければならない．

管理目的および管理策の解説

①　情報システムの容量と能力の管理

　情報システムの可用性などの情報セキュリティを確保するためには，容量および能力にかかわる管理（キャパシティ管理）と状況監視（パフォーマンス管理）を組み合わせて，情報システムの安定稼動に必要な処理能力や記憶容量などを確保する必要がある（図表9.16）．

　情報システムの処理能力や記憶容量など（キャパシティ）は，データ処理時間やデータ量など業務上の要件を十分に満足できるように設定し，管理する必要がある（容量・能力管理）．例えば，1件当たりのデータ処理時間，保存するデータ量，同時アクセス可能な利用者数などがキャパシティ管理上の設定要件になる．情報システムの処理能力は，一般に情報処理設備の処理能力に依存している．事業の拡大や変更にともなって，情報システムの利用状況も変わり，必要となる処理能力も変化する．し

図表9.16 情報システムの容量と能力の管理

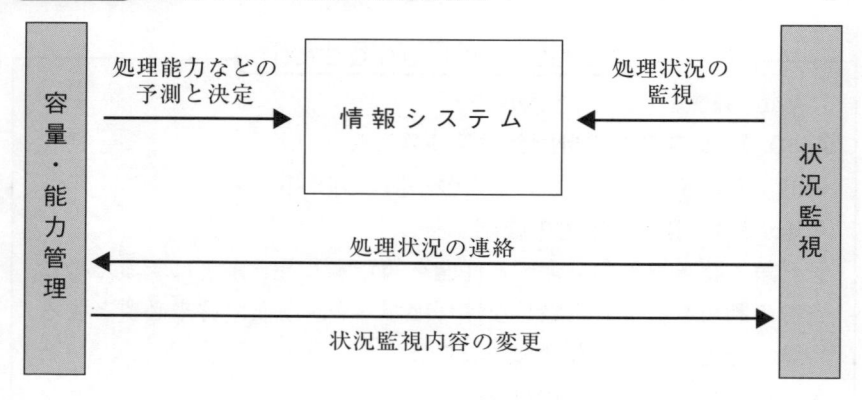

容量・能力管理 →（処理能力などの予測と決定）→ 情報システム ←（処理状況の監視）← 状況監視

容量・能力管理 ←（処理状況の連絡）― 状況監視

容量・能力管理 →（状況監視内容の変更）→ 状況監視

たがって，情報システムの利用状況を監視し，処理能力や記憶容量などの推移を把握する（状況監視）とともに，将来必要となる処理能力や記憶容量などを予測することが必要である．

これらの予測結果や，発生したシステム障害の原因分析から潜在的な問題点を洗い出すことによって，情報システムの可用性を確保するために必要となるシステム構成を再検討する．また，CPUやハードディスクの追加などによる処理能力のアップや記憶容量の増強にかかるコストも十分に検討しなければならない．

② 情報システムの受入れ基準の確立

情報システムの受入れ時に発生するシステム障害などのリスクを低減することは，情報セキュリティを確保するうえで重要である．情報システムの新規導入や変更時の受入れにあたっては，受入れに必要な要求事項（受入れ基準）を明確にする必要がある．特に受入れ前のテストの実施とその結果の合否判定基準を明確にすることが重要である．

情報システムの受入れに関する管理策では，**図表9.17**のような事項を検討する．受入れ基準は，運用基準書に含めるか，または独立した受

9.6 通信および運用管理

図表9.17 情報システムの受入れ基準

受入れ時の検討事項

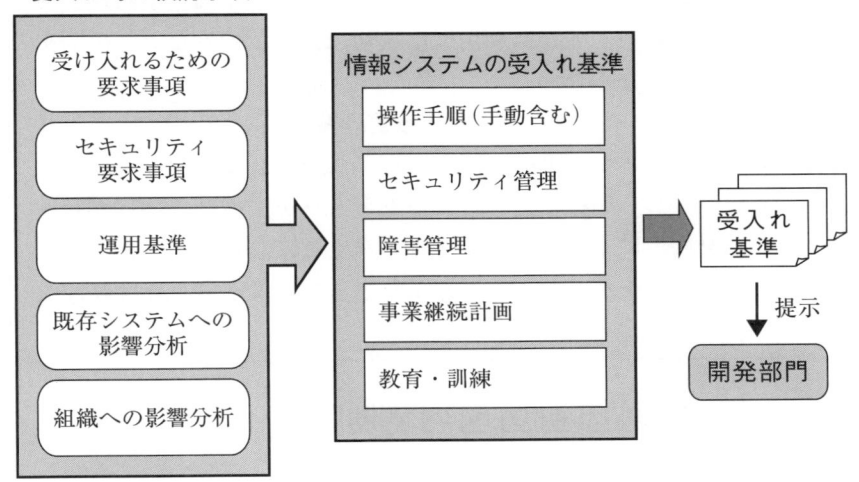

- 受け入れるための要求事項
- セキュリティ要求事項
- 運用基準
- 既存システムへの影響分析
- 組織への影響分析

↓

情報システムの受入れ基準
- 操作手順（手動含む）
- セキュリティ管理
- 障害管理
- 事業継続計画
- 教育・訓練

↓

受入れ基準 → 提示 → 開発部門

入れ基準書として作成し，正式な承認を得る．情報システムの運用部門は，事前にその基準を情報システムの開発部門に対して提示する．これによって，受入れ時のチェックを強化できるので，システム障害などの発生を抑制できる．

（4） 悪意のあるコードおよびモバイルコードからの保護

ISO/IEC 27001／JIS Q 27001

（「A.10　通信及び運用管理」の続き）

A.10.4　悪意のあるコード及びモバイルコード[3]からの保護

目的：ソフトウェア及び情報の完全性を保護するため．

　　注[3]　モバイルコードとは，あるコンピュータから別のコンピュータへ移動するソフトウェアであって，利用者とのやり取りがほとんどない，又はまったくない状態で自動的に起動し，特定の機能を実行するものをいう．

177

> A.10.4.1　悪意のあるコードに対する管理策
> 管理策：悪意のあるコードから保護するために，検出，予防及び回復のための管理策，並びに利用者に適切に意識させるための手順を実施しなければならない．
> A.10.4.2　モバイルコードに対する管理策
> 管理策：モバイルコードの利用が認可された場合は，認可されたモバイルコードが，明確に定められたセキュリティ方針に従って動作することを確実にする環境設定を行わなければならない．また，認可されていないモバイルコードを実行できないようにしなければならない．

管理目的および管理策の解説

① 悪意のあるコードに対する対策

　インターネットの普及によって，電子メールで文書データやプログラムなどを送受信する機会が多くなっている．これにともなって，Webや電子メールを介したコンピュータウイルス，ネットワークワーム，トロイの木馬など，悪意のあるコードによる被害が急増している．

　悪意のあるコードには，Web画面の閲覧や電子メールのプレビューで感染し，メールアドレス帳やハードディスク内に保存されている受信メールの本文からメールアドレスを割り出して，コンピュータウイルスに感染した電子メールを送信するものもある．また，ハードディスク内に保存されている文書ファイルなどを無作為に添付して送信したり，インターネット上に流出させたりするコンピュータウイルスもあるので，個人情報や機密情報が外部に漏えいする可能性もある．

　悪意のあるコードの侵入を事前に検出し，防止することは，情報セキュリティを確保するうえで重要である．そのためには，ソフトウェアや電子ファイルの入手および使用に関する方針（規程など）を策定するとと

9.6 通信および運用管理

図表 9.18 悪意のあるコードへの対策

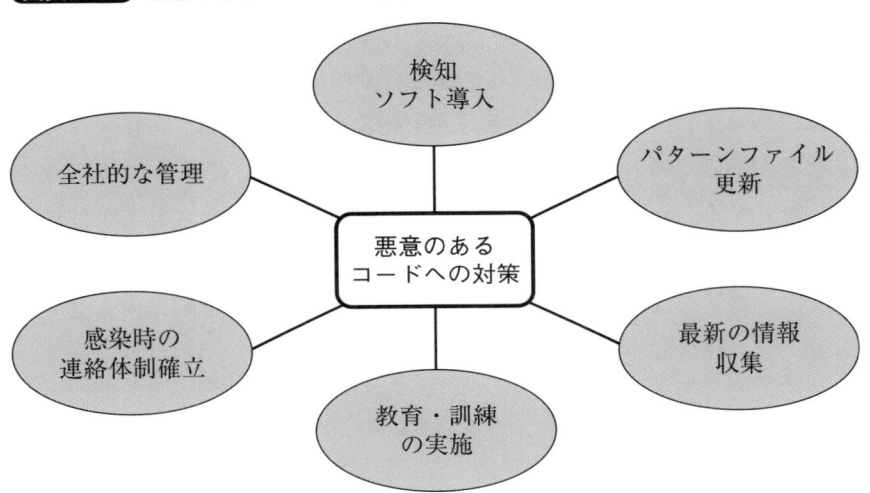

- 検知ソフト導入
- パターンファイル更新
- 最新の情報収集
- 教育・訓練の実施
- 感染時の連絡体制確立
- 全社的な管理

（中心：悪意のあるコードへの対策）

もに，業務で使用するサーバーやパソコンなどを定期的に点検し，承認されていないファイルや許可されていない変更がないか，コンピュータウイルスなどの悪意のあるコードの対策ソフトウェアは最新になっているか，などを確認する必要がある．また，ファイル拡張子が".exe"の実行形式ファイルを不用意にダウンロードしたり，知らない送信者からの電子メールに添付された実行形式ファイルを開かないなどに，注意する．

コンピュータウイルスなどの悪意のあるコードの対策では，**図表 9.18**のような管理策が講じられる．

なお，悪意のあるコードの対策は，組織内の1箇所でも対策が不十分な箇所があると，そこから被害が拡大するおそれがある．したがって，悪意のあるコードの対策について，社員などへの教育・訓練を継続的に行わなければならない．

② モバイルコード

モバイルコードとは，インターネットなどのネットワークを通じて送られる，あるいはダウンロードされて自動的に実行されるプログラムの総称であり，JAVA アプレット，ActiveX コントロール，VB スクリプトなどがある．モバイルコードによって，魅力ある Web サイトの画面にしたりすることができる反面，モバイルコードが悪用される可能性もある．したがって，どのモバイルコードの利用を認可するかを定めるとともに，認可しないモバイルコードについては，実行を制御する必要がある．

(5) バックアップ

> ISO/IEC 27001／JIS Q 27001
>
> (「A.10　通信及び運用管理」の続き)
> **A.10.5　バックアップ**
> **目的**：情報及び情報処理設備の完全性及び可用性を維持するため．
> **A.10.5.1　情報のバックアップ**
> **管理策**：情報及びソフトウェアのバックアップは，合意されたバックアップ方針に従って定期的に取得し，検査しなければならない．

管理目的および管理策の解説

① 重要な情報やソフトウェアのバックアップ

システム障害や自然災害などによって情報システムが停止した場合には，当該情報や情報システムを速やかに回復し，事業を継続できるようにしなければならない．そのためには，重要な情報やソフトウェアの定期的なバックアップの取得，バックアップ設備の設置，復旧テストの実施，技術者などの要員確保などが必要である．バックアップ対策は，図表 9.19 のような視点から検討するとよい．なお，事業の継続について

9.6 通信および運用管理

図表9.19 バックアップ対策の検討事項

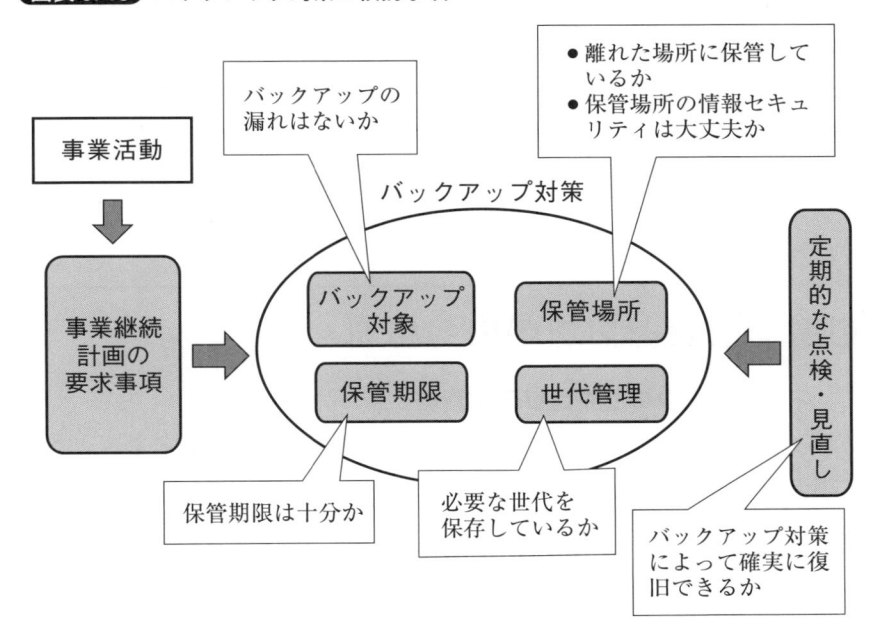

- 離れた場所に保管しているか
- 保管場所の情報セキュリティは大丈夫か

バックアップの漏れはないか

事業活動 → 事業継続計画の要求事項 →

バックアップ対策
- バックアップ対象
- 保管場所
- 保管期限
- 世代管理

定期的な点検・見直し

保管期限は十分か

必要な世代を保存しているか

バックアップ対策によって確実に復旧できるか

は，9.10節の「事業継続管理」で解説しているので参照されたい．

（6） ネットワークセキュリティ管理

ISO/IEC 27001／JIS Q 27001

（「A.10 通信及び運用管理」の続き）

A.10.6 ネットワークセキュリティ管理
目的：ネットワークにおける情報の保護，及びネットワークを支える基盤の保護を確実にするため．
A.10.6.1 ネットワーク管理策
管理策：ネットワークを脅威から保護するために，また，ネットワークを用いた業務用システム及び業務用ソフトウェア(処理中の情報を含む.)のセキュリティを維持するために，ネットワークを適切

第9章 「管理目的及び管理策」の解説

> に管理し，制御しなければならない．
> **A.10.6.2　ネットワークサービスのセキュリティ**
> 管理策：すべてのネットワークサービス（組織が自ら提供するか外部委託しているかを問わない．）について，セキュリティ特性，サービスレベル及び管理上の要求事項を特定しなければならず，また，いかなるネットワークサービス合意書にもこれらを盛り込まなければならない．

管理目的および管理策の解説

①　ネットワークのセキュリティ管理

　ネットワークを通じて，組織にはさまざまなデータが通過する．これらの情報やネットワークを保護するための管理が必要になる（図表9.20）．

　ネットワークの管理策には，次のような事項がある．

- ネットワークの運用責任と操作作業の分離
- 遠隔地（支店や営業所など）に設置されたネットワーク設備の管理責任の明確化と手順の確立
- 公衆ネットワークを通過するデータの機密性および完全性を保護するための，ネットワークのアクセス制御やデータの暗号化，通信設備・機器の設置場所の施錠など
- ネットワークサービスおよびネットワークを使用する情報システムの可用性を保護するためのバックアップ回線の設置など
- リモート接続や無線LANの承認手続きと監視

　特に，外部のネットワークを利用する際には，ネットワーク上で通信するデータの特性を分析し，サービスを選定する必要がある．

9.6 通信および運用管理

図表9.20 ネットワークの管理

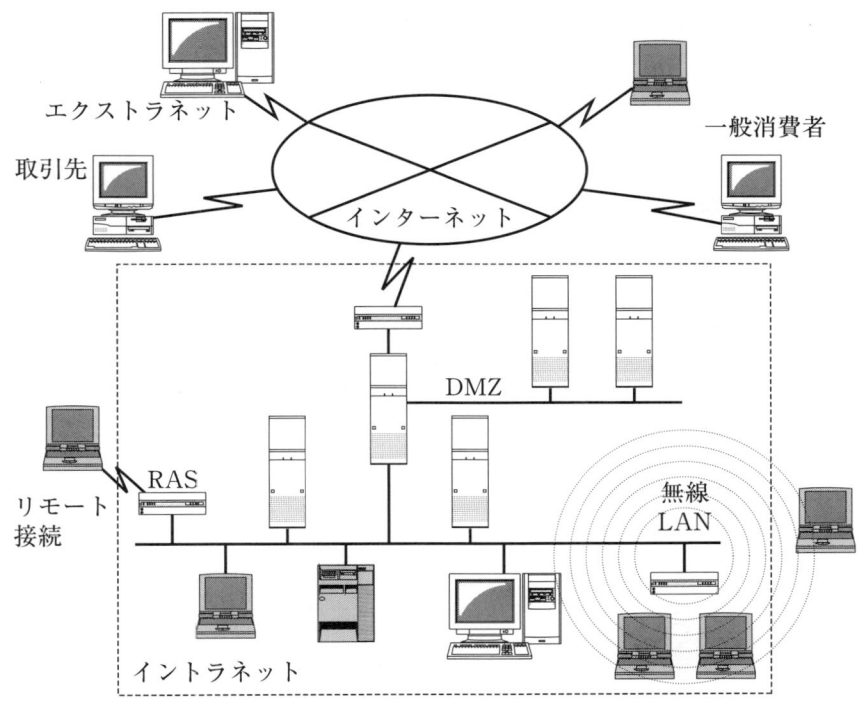

(図：エクストラネット、取引先、一般消費者がインターネットを介して接続され、インターネットからDMZを経由してイントラネット（RAS、リモート接続、無線LAN等を含む）に接続される構成図)

注） RAS(Remote Access Service)，DMZ(DeMilitarized Zone)．

（7） 媒体の取扱い

ISO/IEC 27001／JIS Q 27001

（「A.10 通信及び運用管理」の続き）

A.10.7 媒体の取扱い
目的：資産の認可されていない開示，改ざん，除去又は破壊，及びビジネス活動の中断を防止するため．

A.10.7.1 取外し可能な媒体の管理
管理策：取外し可能な媒体の管理のための手順は，備えなければならない．

> **A.10.7.2　媒体の処分**
> 管理策：媒体が不要になった場合は，正式な手順を用いて，セキュリティを保ち，かつ，安全に処分しなければならない．
>
> **A.10.7.3　情報の取扱手順**
> 管理策：情報の取扱い及び保管についての手順は，その情報を認可されていない開示又は不正使用から保護するために，確立しなければならない．
>
> **A.10.7.4　システム文書のセキュリティ**
> 管理策：システム文書は，認可されていないアクセスから保護しなければならない．

管理目的および管理策の解説

①　媒体の管理

　組織が取り扱う情報には，例えば個人情報，営業情報，研究開発情報など多岐にわたり，営業上の機密にかかわる情報もある．これらの情報は，組織の事業継続に必要かつ重要な資産であり，一般に紙，テープ，ディスク，カセットなどの媒体に記録され，保存されている．これらの媒体が破損，紛失，盗難などにあった場合には，業務に与える影響が大きい．

　したがって，テープ，ディスクなど可搬性のある記憶媒体や，重要な情報が記録されている書類など紙媒体に関する管理手順を明確にし，それを組織にかかわる者に順守させる必要がある．管理項目には，**図表9.21**の事項を盛り込む．これらの媒体は，管理手順に従って取り扱われるように，組織内に周知・徹底しなければならない．

②　媒体処分時の留意点

　媒体が不要になった場合には，適切な管理の下に確実に処分する必要

9.6 通信および運用管理

図表9.21 媒体の管理項目

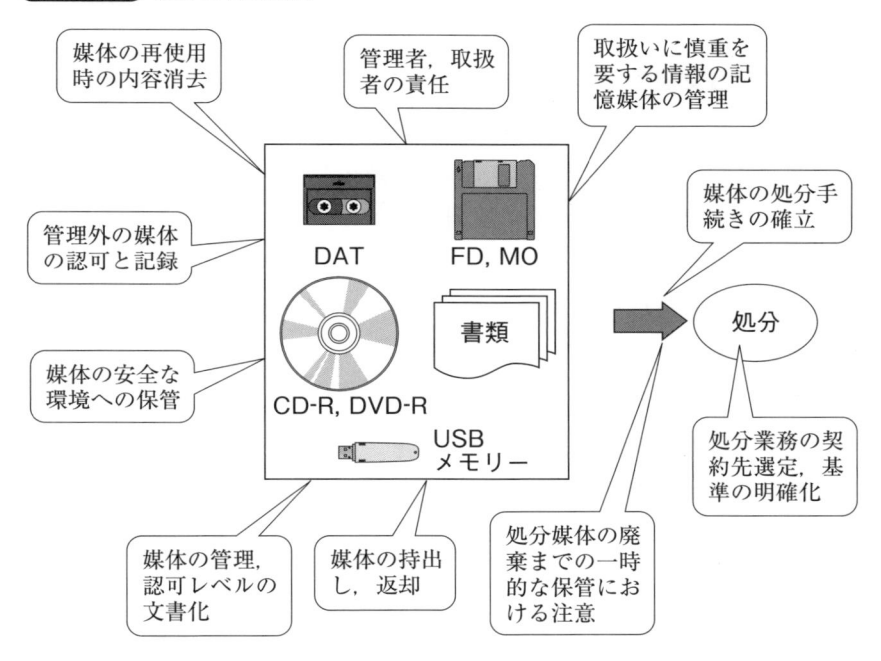

- 媒体の再使用時の内容消去
- 管理者,取扱者の責任
- 取扱いに慎重を要する情報の記憶媒体の管理
- 管理外の媒体の認可と記録
- 媒体の安全な環境への保管
- 媒体の管理,認可レベルの文書化
- 媒体の持出し,返却
- 処分媒体の廃棄までの一時的な保管における注意
- 媒体の処分手続きの確立
- 処分業務の契約先選定,基準の明確化

（媒体：DAT, FD, MO, CD-R, DVD-R, 書類, USBメモリー → 処分）

がある．中古パソコンのハードディスクから個人情報などが流出した事件があるが，媒体に保存されている文書ファイルなどを単に削除しただけでは，復元ソフトウェアを利用して容易にファイルを復元されるリスクがある．媒体の処分についての管理策としては，次のような事項がある．

- 確実に処分する必要がある媒体の明確化
- 媒体の物理的な処分(破壊，溶解など)
- 媒体上のデータの確実な消去
- 媒体処分の記録保存とチェック
- 処分業者の選定基準の作成と定期的なレビュー
- 機密レベルの低い媒体を処分するために一時的に集積保管するこ

との影響度分析

③ システム文書の管理

システム文書とは，例えば業務手続きやデータ構造，情報セキュリティ機能など設計・開発に関する文書や，運用基準，手続きなど運用に関する文書などである．これらの文書は電子ファイルで保管していることが多いので，ネットワークを通じた不正アクセスへの対応が必要になる．システム文書の管理策には，次のようなものがある．

- システム文書の管理体制の整備
- システム文書管理の手続き，手順の整備
- 紙媒体のシステム文書のキャビネットなどへの施錠保管
- 電子ファイルのシステム文書へのアクセス制限（アクセス権限者の限定など）

（8） 情報の交換

ISO/IEC 27001／JIS Q 27001

（「A.10　通信及び運用管理」の続き）

A.10.8　情報の交換
目的：組織内部で交換した及び外部と交換した，情報及びソフトウェアのセキュリティを維持するため．

A.10.8.1　情報交換の方針及び手順
管理策：あらゆる形式の通信設備を利用した情報交換を保護するために，正式な交換方針，手順及び管理策を備えなければならない．

A.10.8.2　情報交換に関する合意
管理策：組織と外部組織との間の情報及びソフトウェアの交換について，両者間での合意が成立しなければならない．

9.6 通信および運用管理

> **A.10.8.3 配送中の物理的媒体**
> 管理策：情報を格納した媒体は、組織の物理的境界を越えた配送の途中における、認可されていないアクセス、不正使用又は破損から保護しなければならない。
>
> **A.10.8.4 電子的メッセージ通信**
> 管理策：電子的メッセージ通信に含まれた情報は、適切に保護しなければならない。
>
> **A.10.8.5 業務用情報システム**
> 管理策：業務用情報システムの相互接続と関連がある情報を保護するために、個別方針及び手順を策定し、実施しなければならない。

管理目的および管理策の解説

① 通信設備による情報交換の保護

　組織では、従来から電話、ファクシミリ、ビデオなどの通信設備による情報交換が日常的に行われており、ファクシミリの誤送信による情報漏えい、リモート接続用電話回線へのモデムの無断接続などのリスクがある。また、携帯電話の機能向上にともなって、情報の漏えい、不適切な利用（業務以外の目的での使用など）などのリスクが増大している。したがって、これらの情報交換の手段におけるセキュリティを確保するために、通信設備などの利用方針（規程など）を策定して、適切な利用が行われるように管理しなければならない。電話、ファクシミリ、ビデオなどの通信設備における情報セキュリティを確保するためには、利用者一人ひとりのセキュリティ意識の向上が必要なので、定期的な教育の実施や管理者などによるチェックが重要である。

② 組織間で交換される情報やソフトウェアに関する契約

　電子メールの普及や電子商取引の広がりにともない、組織間で電子的

に交換される情報やデータ，ソフトウェアなどが増加してきている．これらの情報やデータ，ソフトウェアなどが交換の途中で紛失，改ざん，漏えいまたは誤用された場合，組織に与える影響は大きい．したがって，紛失や改ざんなどから情報やデータ，ソフトウェアなどを保護するために，取引先や配送業者などと正式な契約を締結し，適切な管理を行うようにしなければならない．具体的には，次のような事項を契約に盛り込む必要がある．

- 送り主への送信，発送，受領の通知手順
- トレーサビリティ（追跡可能性．具体的には，情報やデータ，ソフトウェアなどの交換の履歴）と否認防止の手順
- 梱包および送信における必要最小限の技術標準
- エスクロー契約（預託条項．中立的な第三者を介した契約）
- 配送者の身分確認基準
- データ紛失などの情報セキュリティインシデント発生時における責任と賠償義務
- 取扱いに慎重を要する，あるいは重要な情報に対する合意されたラベル付けシステムの使用
- 著作権やソフトウェアライセンスなどの権利の帰属とデータ保護に関する責任
- 情報やソフトウェアの記録や読出しの技術標準
- 暗号鍵など取扱いに慎重を要する事項の保護

③ 配送途中の情報セキュリティ確保

情報やデータ，ソフトウェアなどをテープなどの物理的媒体で交換する手段として，郵便や宅配便などが利用される．配送途中での紛失，盗難，破壊，漏えい，改ざんなどのリスクから媒体を保護するためには，図表9.22のような管理策が必要になる．重要情報を含む媒体について

9.6 通信および運用管理

図表9.22 媒体の配送にかかわる管理項目

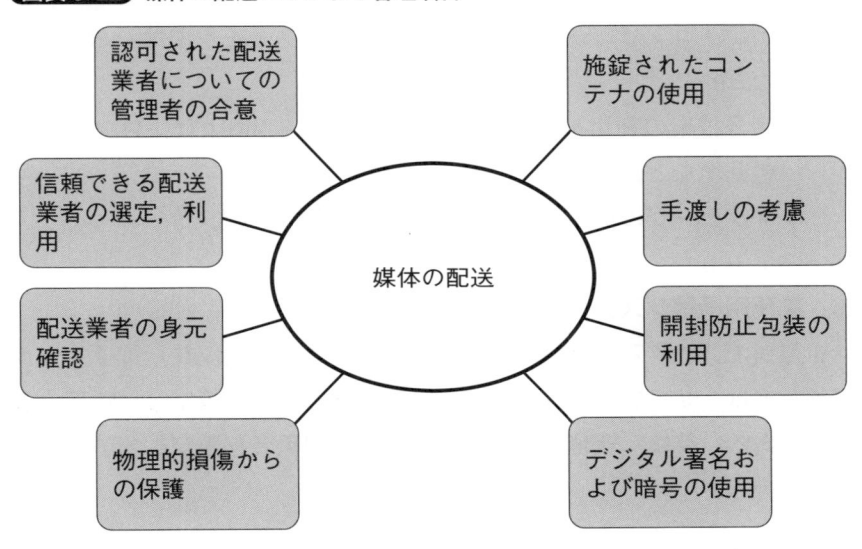

媒体の配送
- 認可された配送業者についての管理者の合意
- 信頼できる配送業者の選定，利用
- 配送業者の身元確認
- 物理的損傷からの保護
- 施錠されたコンテナの使用
- 手渡しの考慮
- 開封防止包装の利用
- デジタル署名および暗号の使用

は，取扱いのルール化を明確にするとともに，授受簿などで受渡しの記録を確実に残す必要がある．

④ 電子メールの管理

インターネットの普及によって，電子メールは情報交換に必須の手段となった．電子メールには伝達スピード，メッセージ構造，文書形式など，従来の情報交換手段とは異なる点がある．したがって，電子メールの利用方針（規程など）を定め，電子メールにかかわるリスクを低減するための管理策を講じる必要がある．方針で定める事項には，次のようなものがある．

- 電子メールの利用範囲と利用者の責任（業務以外の目的での利用禁止など）
- 電子メールの送受信ルール（社外・社内への発信についての制限，注意事項など）

- 電子メールの添付ファイルの取扱いルール(添付ファイルの容量制限,コンピュータウイルスチェック,ファイル添付の適否判断など)
- 暗号技術の利用ルール(暗号化すべきメールおよび添付ファイルの基準など)
- メッセージの保存ルール(保存期限,消去手順など)

⑤ **業務用情報システムの情報管理**

組織間で共有する業務用情報システムの情報や通話記録,電子メール記録などは,ぜい弱性を特定して,管理方針と手順を策定し,管理する必要がある.特に,機密レベルの高い情報は関係者を限定してアクセス制限を行う.

(9) 電子商取引サービス

ISO/IEC 27001／JIS Q 27001

(「A.10 通信及び運用管理」の続き)

A.10.9 電子商取引サービス
目的:電子商取引サービスのセキュリティ,及びそれらサービスのセキュリティを保った利用を確実にするため.

A.10.9.1 電子商取引
管理策:公衆ネットワークを経由する電子商取引に含まれる情報は,不正行為,契約紛争,認可されていない開示及び改ざんから保護しなければならない.

A.10.9.2 オンライン取引
管理策:オンライン取引に含まれる情報は,次の事項を未然に防止するために,保護しなければならない.
  — 不完全な通信

9.6 通信および運用管理

> ― 誤った通信経路設定
> ― 認可されていないメッセージの変更
> ― 認可されていない開示
> ― 認可されていない複製又は再生
>
> **A.10.9.3 公開情報**
> 管理策：認可されていない変更を防止するために，公開システム上で利用可能な情報の完全性を保護しなければならない．

管理目的および管理策の解説

① 電子商取引上の留意点

電子商取引では，取引相手の不特定多数や匿名性など，従来の商取引では検討する必要のなかったリスクを考慮しなければならない．電子商取引では，図表9.23のような事項を明確に定めて，運用する必要がある．

図表9.23 電子商取引のセキュリティ考慮事項

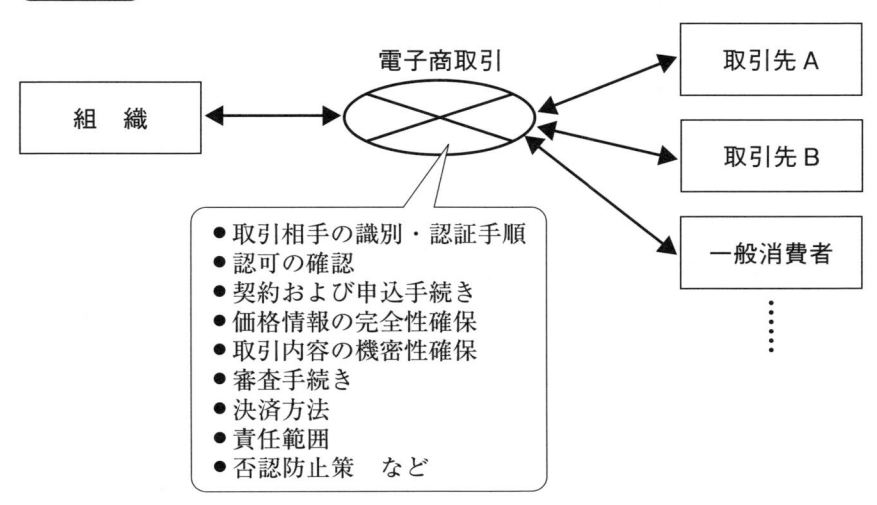

- 取引相手の識別・認証手順
- 認可の確認
- 契約および申込手続き
- 価格情報の完全性確保
- 取引内容の機密性確保
- 審査手続き
- 決済方法
- 責任範囲
- 否認防止策　など

組織 ⇔ 電子商取引 → 取引先A／取引先B／一般消費者

第9章 「管理目的及び管理策」の解説

② オンライン取引の留意点

オンライン取引では，電子署名の利用や通信経路での暗号化などを考慮する必要がある．また，取引明細データなどは，イントラネットやインターネットなどからアクセス可能なサーバーなどには保存しないように注意する．

③ 公開情報の管理

ホームページを利用した公開情報には，不特定多数の人がアクセスし

図表9.24 公開情報の管理策

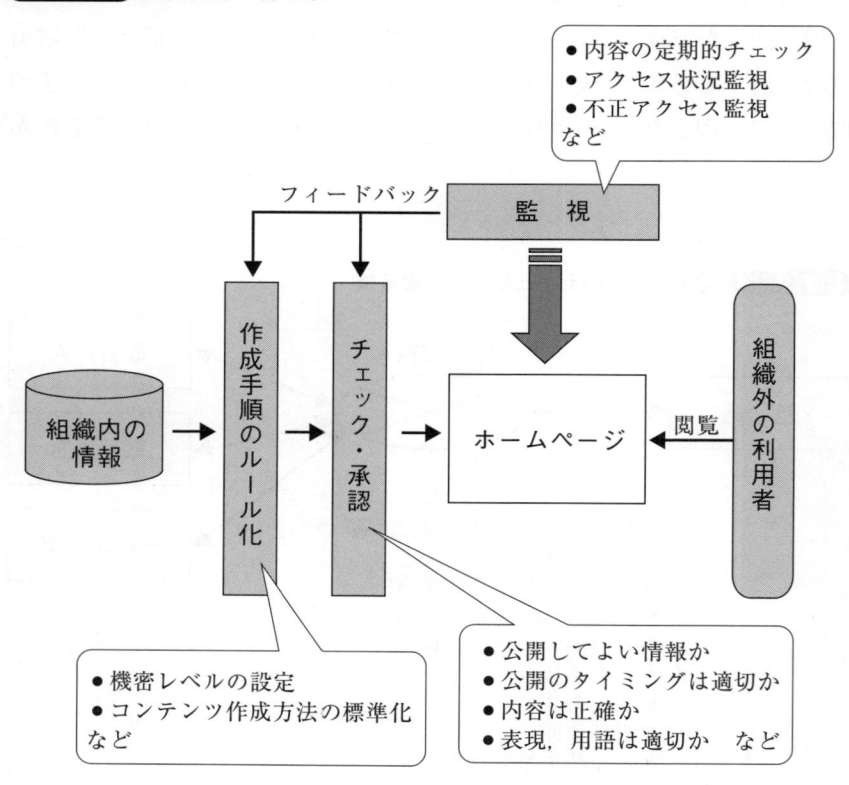

- 内容の定期的チェック
- アクセス状況監視
- 不正アクセス監視
など

フィードバック　監視

組織内の情報 → 作成手順のルール化 → チェック・承認 → ホームページ ← 閲覧 ← 組織外の利用者

- 機密レベルの設定
- コンテンツ作成方法の標準化
など

- 公開してよい情報か
- 公開のタイミングは適切か
- 内容は正確か
- 表現，用語は適切か　など

て閲覧するので，公開する情報の正確性や適時性などの確保が重要である．ホームページの内容が改ざんされた場合には，組織に与える影響は非常に大きい．また，公開した情報が，当該情報が置かれている地域または取引が行われる地域の法令・ガイドラインなどに反する場合には，処罰の対象となったり，組織の社会的信用を失ったりするリスクがある．公開情報については，図表9.24に示す管理策を講じるとよい．

(10) 監　視

ISO/IEC 27001／JIS Q 27001

(「A.10　通信及び運用管理」の続き)

A.10.10　監視
目的：認可されていない情報処理活動を検知するため．

A.10.10.1　監査ログ取得
管理策：利用者の活動，例外処理及びセキュリティ事象を記録した監査ログを取得しなければならず，また，将来の調査及びアクセス制御の監視を補うために，合意された期間，保持しなければならない．

A.10.10.2　システム使用状況の監視
管理策：情報処理設備の使用状況を監視する手順を確立しなければならず，また，監視活動の結果を定めに従ってレビューしなければならない．

A.10.10.3　ログ情報の保護
管理策：ログ機能及びログ情報は，改ざん及び認可されていないアクセスから保護しなければならない．

A.10.10.4　実務管理者及び運用担当者の作業ログ
管理策：システムの実務管理者及び運用担当者の作業は，記録しなければならない．

第9章 「管理目的及び管理策」の解説

> **A.10.10.5　障害のログ取得**
> 管理策：障害のログを取得し，分析し，また，障害に対する適切な処置をとらなければならない．
>
> **A.10.10.6　クロックの同期**
> 管理策：組織又はセキュリティ領域内のすべての情報処理システム内のクロックは，合意された正確な時刻源と同期させなければならない．

管理目的および管理策の解説

① アクセスログの取得

　情報システムやサービスへのアクセス制御は，アクセス制御方針に従って有効に機能していることをチェック（監視）する必要がある．そのためには，情報システムやサービスへのアクセス状況（アクセスログ）を記

図表9.25　アクセスログの記録事項

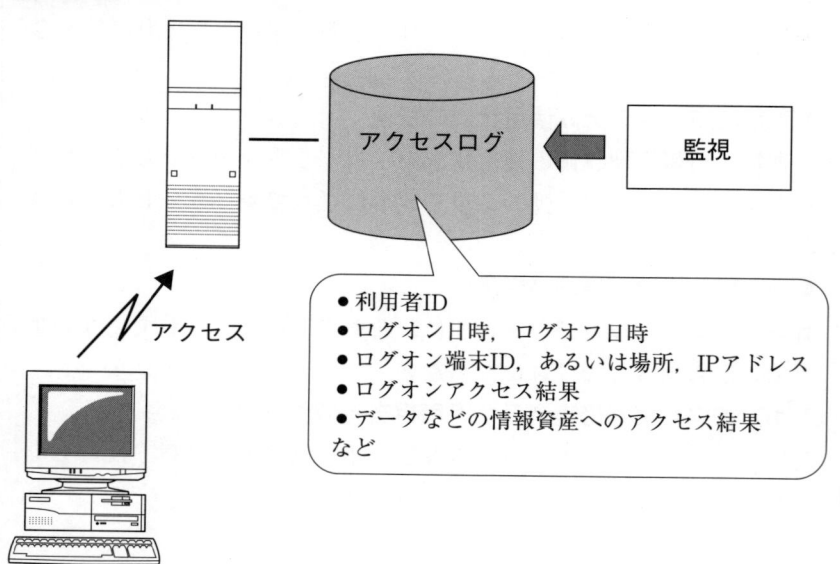

- 利用者ID
- ログオン日時，ログオフ日時
- ログオン端末ID，あるいは場所，IPアドレス
- ログオンアクセス結果
- データなどの情報資産へのアクセス結果

など

録・保存し，許可していないアクセスや操作がないかどうかをチェックする．アクセスログ(監査ログ)は，オペレーティングシステムレベル，ミドルウェアレベル，アプリケーションレベルなどに分類できる．アクセスログとして記録する事項には，**図表9.25**のような項目がある．

また，情報処理施設や設備の利用についても監視する必要がある．監視レベルは，情報処理施設や設備にかかわるリスク評価結果にもとづいて決めるとよい．

また，アクセスログそのものに対する不正アクセスや改ざんなどを防止することも重要である．

②アクセスログのチェック

取得したアクセスログは，定期的にチェック（監視）する必要がある．チェックを行わないと，不正アクセスなどの発見が遅れてしまい，被害が拡大するおそれがある．アクセスログのチェックには，**図表9.26**のような項目がある．

また，アクセスログの内容は，定期的にレビューする必要がある．レビューの頻度は，業務や情報資産の重要度，過去の不正アクセス内容，接続しているネットワークの範囲などに応じて決める．

③ 情報システムの操作管理（オペレーション管理）

情報システムの運用業務は，操作手順どおりに行わなければならない．運用業務の適切性を確かめるためには，操作担当者の作業内容を記録として残すとともに，その内容を定期的にレビューする必要がある（オペレーション管理）．作業記録には，**図表9.27**のような項目がある．

④ システム障害のログ分析

システム障害などが発生した場合には，障害時連絡網などのレポーテ

第9章 「管理目的及び管理策」の解説

図表9.26 アクセスログチェック項目の例

認可されているアクセス
- 利用者ID
- アクセス,あるいは使用した日時
- 事象タイプ
- アクセスされたファイル内容
- 使用されたプログラム・ユーティリティ など

認可されていないアクセスの試み
- 失敗したアクセスの試み
- ゲートウェイおよびファイアウォールのアクセス方針違反と通知
- 侵入検知システムからの警告など
- データベースなどへのアクセスの失敗や拒絶 など

アクセスログチェック項目

特権操作
- 特権IDの使用の有無
- システムの起動と停止
- 入出力装置の使用有無と内容 など

システム警告または故障
- コンソール警告またはメッセージ
- システム記録例外事項
- ネットワーク管理警告 など

ィングラインに従って適切な報告を行うとともに(**図表9.28**),障害箇所の修正などによる復旧と再発防止策を講じなければならない.障害の原因分析は,障害時のログを取得し,分析する.分析にあたっては,直接的な原因だけではなく,根本的な原因の追求が重要である.例えば,プログラムの不具合(バグ)が直接の障害原因であった場合,コーディングミスがなぜ発生したのか,仕様書は正しかったのか,テスト時になぜバグを発見できなかったのか,品質管理部門などによるチェックはあったのかなどを追求し,再発防止策を講じる.また,検討された再発防止策が適切であるかどうかをレビューすることも重要である.

9.6 通信および運用管理

図表9.27 作業記録への記載事項

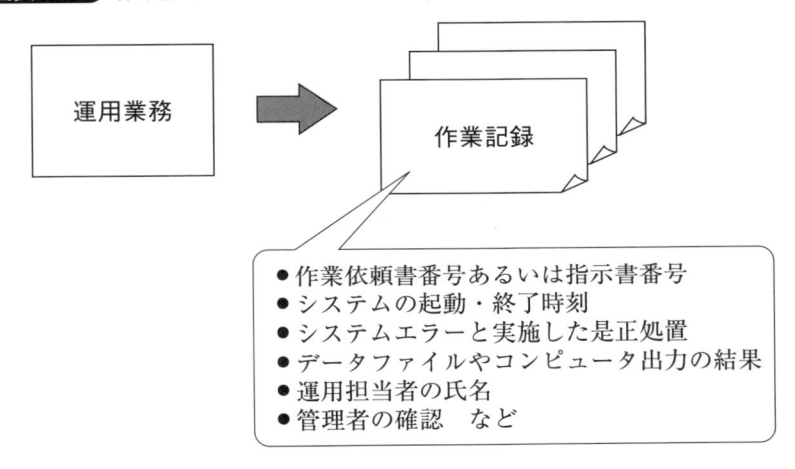

運用業務 → 作業記録

- 作業依頼書番号あるいは指示書番号
- システムの起動・終了時刻
- システムエラーと実施した是正処置
- データファイルやコンピュータ出力の結果
- 運用担当者の氏名
- 管理者の確認　など

図表9.28 障害のログ取得とレポーティングラインによる報告

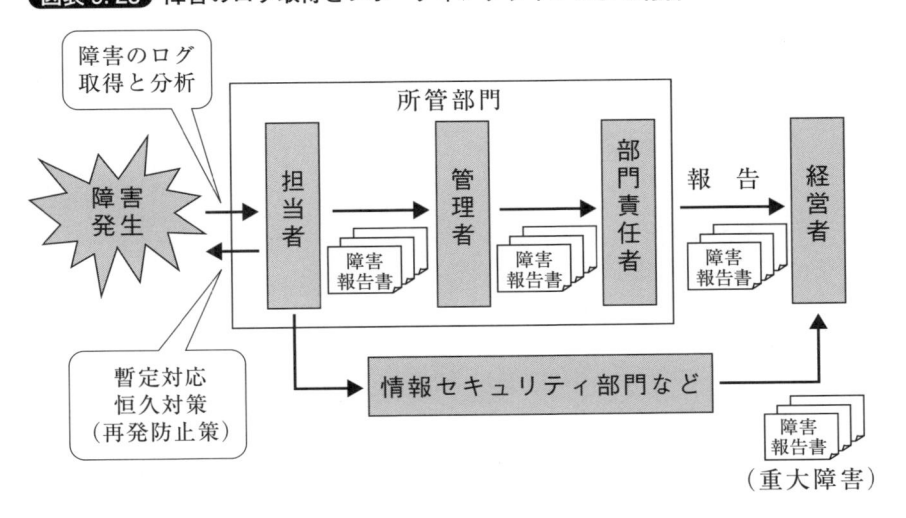

障害のログ取得と分析

障害発生 → 所管部門（担当者 → 管理者 → 部門責任者）→ 報告 → 経営者

各段階で障害報告書

担当者 → 情報セキュリティ部門など → 経営者

暫定対応　恒久対策（再発防止策）

障害報告書（重大障害）

⑤ コンピュータ内の時刻の同期

情報セキュリティ上の問題が生じた場合に，いつ，どのような経路で情報システムやサービスにアクセスしたり，操作したりしたかを追跡す

197

第9章 「管理目的及び管理策」の解説

るための重要な情報に時刻情報がある．時刻情報は，通常，アクセスログ（監視記録）に残される．時刻情報はコンピュータ内の時計（クロック）を用いるが，時間の経過とともに狂いが生じる．したがって，重要な情報システムやサービスに関連するすべてのコンピュータについて，例えば，万国標準時に合わせるなど，時刻情報の同期をとる必要がある．

9.7 アクセス制御

(1) アクセス制御に対する業務上の要求事項

> ISO/IEC 27001／JIS Q 27001
>
> A.11 アクセス制御
> A.11.1 アクセス制御に対する業務上の要求事項
> 目的：情報へのアクセスを制御するため.
> A.11.1.1 アクセス制御方針
> 管理策：アクセス制御方針は，アクセスについての業務上及びセキュリティの要求事項に基づいて確立し，文書化し，レビューしなければならない．

管理目的および管理策の解説

① アクセス制御の必要性

　インターネットなど情報通信技術の進歩や，人材の流動化などにともなって，機密情報の漏えいなどのリスクが高まっている．情報漏えいなどによって，企業の信用やブランドが低下することにもつながる可能性もある．営業情報や個人情報など組織にとって重要な情報資産を不正アクセスなどから保護するためには，アクセス制御（アクセスコントロール）が必要である．アクセス制御とは，情報資産の重要性や機密性を評価したうえで，情報資産に対するアクセス権やアクセスレベルなどを定め，これにもとづいて管理することである．アクセス権やアクセスレベルの設定は，当該情報資産に対して，業務上アクセスする必要性の有無によって判断しなければならない（"need to know"の原則）．

　アクセス制御には，ネットワークやソフトウェアなどへの「論理的なアクセス制御」，建物やコンピュータ室などの情報処理施設やハードウェア機器などの情報処理設備への「物理的なアクセス制御」，入退館

(室)記録簿への記入や受付け,警備員によるチェックなどの「管理的なアクセス制御」に分類できる.

② アクセス制御方針の策定

情報資産へのアクセスに関する業務上および情報セキュリティ上の必要性と実際に設定されているアクセス制御が整合していないと,不正アクセスが行われたり,不要なコストがかかったりするリスクが大きくなる.したがって,アクセス制御方針(規程など)は,業務上および情報セキュリティ上の必要性に従って定める必要がある.

アクセス制御方針に具体的な取扱いが定められていない場合には,アクセス制御のルールを定めるとよい(**図表9.29**).アクセス制御ルールの作成に際しては,次のような事項について注意する.

- アクセス権の付与基準の設定(資格や職位ではなく,業務の必要性で決める).
- 必ず守らなければならないルールと,そうでないルールの区別.
- 「明確に許可していない限り,原則的に禁止する」という前提に

図表9.29 アクセス制御ルールの作成

- 業務の重要度
- 業務の特性
- アクセス制御の要求事項
- アウトソーシングの状況　など

- アクセス制御規則
- アクセス権
- アクセスレベル　など

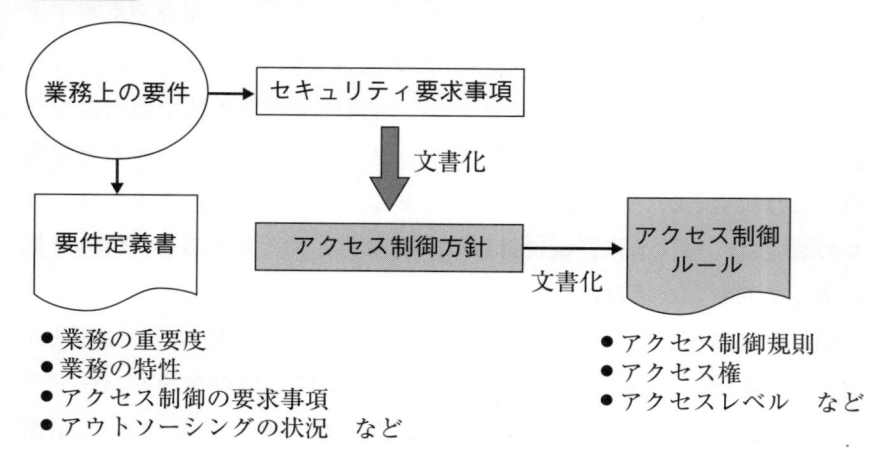

9.7 アクセス制御

もとづいたルール.
- アクセス権の管理者とその責任・権限などの明確化.
- アクセス権の付与申請から承認,アクセス権の発行,アクセス権の抹消にかかわる手続きの明確化.

また,不正なアクセスを試みた場合など,アクセス制御方針に違反した場合の罰則を明確にする必要もある.

③ アクセス権の種別

アクセス制御においては,誰が,いつ,どこから,何にアクセスし,何をするのかを明確にする必要がある.誰がアクセスするかを識別することは,情報セキュリティインシデントが発生した場合に,その原因を追跡し,責任を明らかにする責任追跡性の観点からも重要である.アクセスする者を特定するために,情報システムの利用者に対して個人ごとにアクセス権を付与する."何をしてよいか"については,例えば,図表9.30のように分類できる.アクセス制御ルールを考慮のうえ,必要以上のアクセス権を不用意に付与しないようにしなければならない.

図表9.30 アクセス権の種別

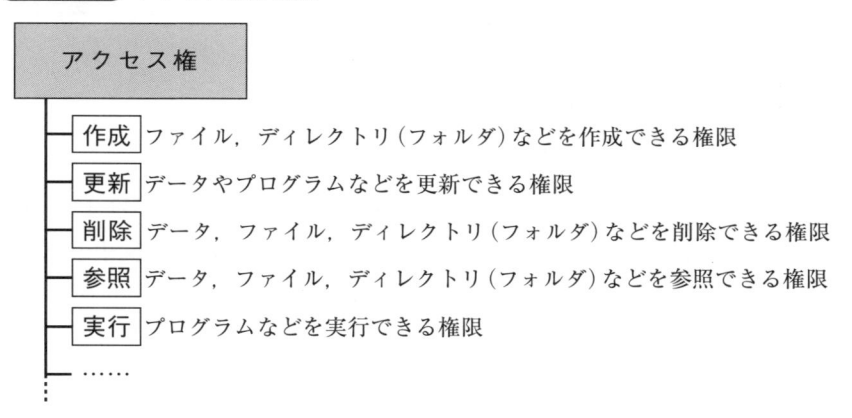

```
アクセス権
├─ 作成  ファイル,ディレクトリ(フォルダ)などを作成できる権限
├─ 更新  データやプログラムなどを更新できる権限
├─ 削除  データ,ファイル,ディレクトリ(フォルダ)などを削除できる権限
├─ 参照  データ,ファイル,ディレクトリ(フォルダ)などを参照できる権限
├─ 実行  プログラムなどを実行できる権限
└─ ……
```

（2） 利用者アクセスの管理

> ┌─ ISO/IEC 27001／JIS Q 27001 ─┐
>
> (「A.11　アクセス制御」の続き)
> **A.11.2　利用者アクセスの管理**
> **目的**：情報システムへの，認可された利用者のアクセスを確実にし，認可されていないアクセスを防止するため．
> **A.11.2.1　利用者登録**
> 管理策：すべての情報システム及びサービスへのアクセスを許可及び無効とするために，利用者の登録・登録削除についての正式な手順を備えなければならない．
> **A.11.2.2　特権管理**
> 管理策：特権の割当て及び利用は，制限し，管理しなければならない．
> **A.11.2.3　利用者パスワードの管理**
> 管理策：パスワードの割当ては，正式な管理プロセスによって管理しなければならない．
> **A.11.2.4　利用者アクセス権のレビュー**
> 管理策：管理者は，正式なプロセスを使用して，利用者のアクセス権を定められた間隔でレビューしなければならない．

管理目的および管理策の解説

① 利用者 ID の管理手順の明確化

　情報システムの利用者を識別する情報としては，利用者識別子，いわゆる利用者 ID が一般的である．利用者 ID の管理手順は，**図表 9.31** のとおりであり，この手順を文書化して管理する．

9.7 アクセス制御

図表9.31 利用者IDの管理手順

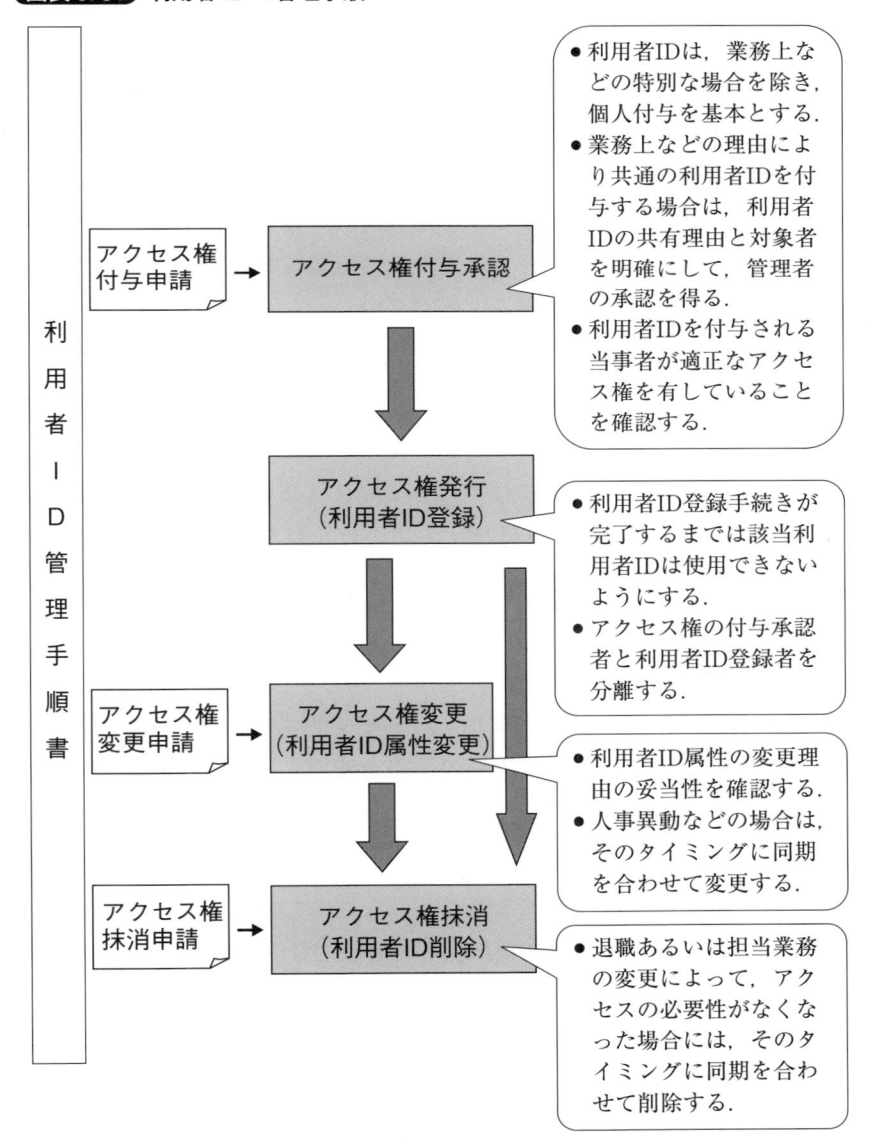

利用者ID管理手順書

- アクセス権付与申請 → アクセス権付与承認
  - 利用者IDは，業務上などの特別な場合を除き，個人付与を基本とする．
  - 業務上などの理由により共通の利用者IDを付与する場合は，利用者IDの共有理由と対象者を明確にして，管理者の承認を得る．
  - 利用者IDを付与される当事者が適正なアクセス権を有していることを確認する．

- ↓ アクセス権発行（利用者ID登録）
  - 利用者ID登録手続きが完了するまでは該当利用者IDは使用できないようにする．
  - アクセス権の付与承認者と利用者ID登録者を分離する．

- アクセス権変更申請 → アクセス権変更（利用者ID属性変更）
  - 利用者ID属性の変更理由の妥当性を確認する．
  - 人事異動などの場合は，そのタイミングに同期を合わせて変更する．

- アクセス権抹消申請 → アクセス権抹消（利用者ID削除）
  - 退職あるいは担当業務の変更によって，アクセスの必要性がなくなった場合には，そのタイミングに同期を合わせて削除する．

② 特権 ID の管理

情報システムやサービスへアクセスする利用者は，一般利用者(情報システムやサービスの利用者)と特権利用者(情報システムやサービスの管理・運用者)に大別できる．一般利用者には，業務上必要最小限のアクセス権しか付与されないので，不正アクセスなどによって損害を受けるリスクは限定される．しかし，特権利用者には，本番データやシステム設定ファイルなど重要データにアクセス可能であり，複写・変更・削除など幅広い権限が付与されることが多い．

特権 ID の権限を悪用された場合には，情報セキュリティ上および業務上の影響が非常に大きい．したがって，特権 ID の設定と割当ては，責任者の承認の下に厳格に行い，特権 ID 付与対象者と権限範囲，付与理由，付与期間などを明確にしておかなければならない．特に外部委託先などの第三者に特権 ID を付与する場合は，付与対象者を特定し，常に把握しておく必要がある．

③ パスワードの割当て

アクセス制御では，利用者 ID による識別のほかに，アクセスする者が本人であることを認証するための情報を使用する．一般的にはパスワードが利用されるが，最近では指紋や静脈，虹彩などの生体認証なども利用され始めた．

パスワードは本人のみが知る情報とみなされているので，これが他人に漏えいして不正使用されると，情報セキュリティが確保できない．したがって，パスワードの管理手続きを明確にし，文書化するとともに，これに従って取り扱うように徹底することが重要である．

情報システムやサービスに最初にアクセスする場合に必要なパスワードとして，仮パスワードを割り当てることがある．仮パスワードは，利用者 ID と同じであったり，容易に推測できる文字列であったりするこ

とが多いので，仮パスワードを変更しないでいると不正に利用される可能性が高くなる．したがって，利用者に対してシステム側で仮パスワードを強制的に変更させる仕組みを講じる必要がある．

④ 利用者 ID の定期的チェック

利用者 ID は定期的にチェック（利用者 ID の棚卸）し，不要な利用者 ID があれば直ちに削除あるいは使用停止にしなければならない．不要な利用者 ID には，例えば，人事異動などによって業務上アクセスする必要のなくなった利用者 ID，退職者の利用者 ID，一定期間アクセスしていない利用者 ID などがある．また，担当する業務の変更などにより，アクセス権の許可範囲が過度になる可能性もあるので，その適切性を確認する必要がある．利用者 ID をチェックするタイミングは，情報システムやサービスの重要性や機密性などをふまえて決めるとよい．

特に，特権 ID については，アクセス履歴チェック，アクセス権の必要性の定期的なレビューなどを実施し，不正アクセスなどに対する対策を行わなければならない．

（3） 利用者の責任

ISO/IEC 27001／JIS Q 27001

（「A.11　アクセス制御」の続き）

A.11.3　利用者の責任

目的：認可されていない利用者のアクセス，並びに情報及び情報処理設備の損傷又は盗難を防止するため．

A.11.3.1　パスワードの利用

管理策：パスワードの選択及び利用時に，正しいセキュリティ慣行に従うことを，利用者に要求しなければならない．

> **A.11.3.2 無人状態にある利用者装置**
> 管理策:利用者は,無人状態にある装置が適切な保護対策を備えていることを確実にしなければならない.
>
> **A.11.3.3 クリアデスク・クリアスクリーン[4]方針**
> 管理策:書類及び取外し可能な記憶媒体に対するクリアデスク方針,並びに情報処理設備に対するクリアスクリーン方針を適用しなければならない.
>
> 　**注**[4]　クリアデスクは,机上に書類を放置しないことである.また,クリアスクリーンは,情報をスクリーンに残したまま離席しないことである.

管理目的および管理策の解説

①　パスワード管理

　情報システムやサービスへの適正なアクセスを確保するためには,利用者の情報セキュリティについての意識の維持・向上が不可欠である.情報システムによるアクセス制御を実施していても,例えば,利用者自身のパスワードの取扱いに不備があれば,不正なアクセスが容易に行われてしまうリスクがある.

　パスワードを管理する際に注意すべき事項には,**図表9.32**に示すものがある.なお,電子商取引や外部ネットワーク(システム)の利用に際しては,不正にパスワードを使用され,本人が損害を被った場合でも,サービス提供側はその損害に対して免責される契約内容となっている場合が多いので注意しなければならない.

②　端末の管理

　利用者には,パソコンなどの端末の取扱いについても管理責任がある.例えば,パスワードを厳重に管理していても,ログインした状態のまま

9.7 アクセス制御

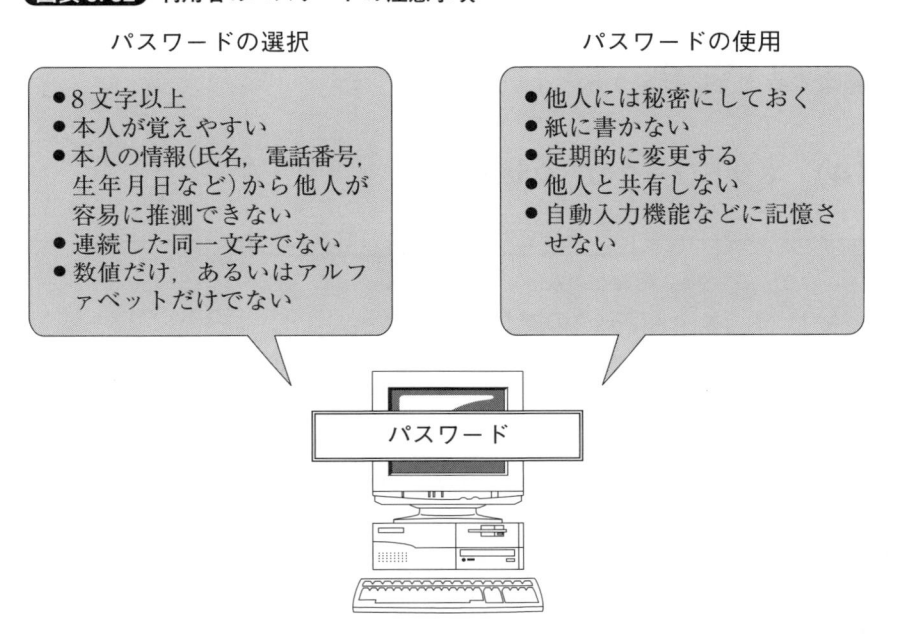

図表9.32 利用者のパスワードの注意事項

パスワードの選択
- 8文字以上
- 本人が覚えやすい
- 本人の情報（氏名，電話番号，生年月日など）から他人が容易に推測できない
- 連続した同一文字でない
- 数値だけ，あるいはアルファベットだけでない

パスワードの使用
- 他人には秘密にしておく
- 紙に書かない
- 定期的に変更する
- 他人と共有しない
- 自動入力機能などに記憶させない

端末から離れると，第三者によって端末を不正に使用されるリスクがある．利用者は，スクリーンセーバーのパスワード設定，離席時の端末ログオフなどを行い，利用者IDやパスワードなどをメモに書いて貼っておかないように注意する．ノートパソコンなどを利用している場合には，ワイヤーでの机への固定やキャビネットへの施錠保管といった盗難防止対策も必要である．

③　クリアデスク・クリアスクリーン
　クリアデスクとは，離席時や帰宅時に，重要な書類や記憶媒体などを机の上や下，周囲に放置しないということである．また，クリアスクリーンとは，離席時などにパソコンなどの画面に表示した重要な情報を本人以外の者に見られないようにスクリーンセーバーなどで画面を消して

おくことである．スクリーンセーバーを使用する際は，一定時間が経過すると自動的にスクリーンセーバーに切り替わり，パスワードによって解除するように設定するとよい．

（4） ネットワークのアクセス制御

> **ISO/IEC 27001／JIS Q 27001**
>
> （「A.11 アクセス制御」の続き）
> **A.11.4 ネットワークのアクセス制御**
> 目的：ネットワークを利用したサービスへの認可されていないアクセスを防止するため．
> **A.11.4.1 ネットワークサービスの利用についての方針**
> 管理策：利用することを特別に認可したサービスへのアクセスだけを，利用者に提供しなければならない．
> **A.11.4.2 外部から接続する利用者の認証**
> 管理策：遠隔利用者のアクセスを管理するために，適切な認証方法を利用しなければならない．
> **A.11.4.3 ネットワークにおける装置の識別**
> 管理策：特定の場所及び装置からの接続を認証するための手段として，自動の装置識別を考慮しなければならない．
> **A.11.4.4 遠隔診断用及び環境設定用ポートの保護**
> 管理策：診断用及び環境設定用ポートへの物理的及び論理的なアクセスは，制御しなければならない．
> **A.11.4.5 ネットワークの領域分割**
> 管理策：情報サービス，利用者及び情報システムは，ネットワーク上，グループごとに分割しなければならない．
> **A.11.4.6 ネットワークの接続制御**
> 管理策：共有ネットワーク，特に，組織の境界を越えて広がっているネットワークについて，アクセス制御方針及び業務用ソフトウェ

9.7 アクセス制御

> アの要求事項に沿って，利用者のネットワーク接続能力を制限しなければならない（A.11.1参照）．
>
> **A.11.4.7　ネットワークルーティング制御**
> 管理策：コンピュータの接続及び情報の流れが業務用ソフトウェアのアクセス制御方針に違反しないことを確実にするために，ルーティング制御の管理策をネットワークに対して実施しなければならない．

管理目的および管理策の解説

① ネットワークの情報セキュリティ確保

　情報システムやサービスの利用にあたっては，ほとんどの場合，ネットワークを経由している．例えば，社内システムの利用では社内ネットワークに接続するし，出張など外出先からは公衆回線を経由して社内ネットワークに接続する場合もある．ハードウェアベンダーや情報サービス企業などは，機器の運用や保守のために，診断用通信ポートからリモート接続して必要な情報の取得や環境設定を行う．

　したがって，ネットワークに接続する利用者や端末を識別して，許可されていないアクセスを拒否する必要がある．外部から接続する場合には，例えば，発信者番号の登録やコールバックによる接続などを行う．また，必要最小限の領域に限定するために，組織や業務単位でネットワークのセグメントを分けるなどが必要である．

　最近では，無線LANの環境もあるので，アクセスポイントを識別するためのSSID（Service Set ID）の設定は，組織名や部署名などを推測しにくい値に設定するなどに注意する．また，WEP（Wired Equivalent Privacy：暗号通信機能）キーを推測しにくい値に定期的に変更したり，MACアドレス（Media Access Control address：ネットワーク機器固有

第9章 「管理目的及び管理策」の解説

のアドレス)により端末を制限したりすることも必要である.

② ネットワークのアクセス制御方針

いったんネットワークに接続できると,ネットワーク内のサーバーなどへアクセスが可能になる.アクセス制御が実施されていない場合には,自由にアクセスが行える.また,ネットワークは相互に複雑に接続されているので,接続箇所を把握しにくい.したがって,ネットワーク接続

図表9.33 ネットワークのアクセス制御の手順

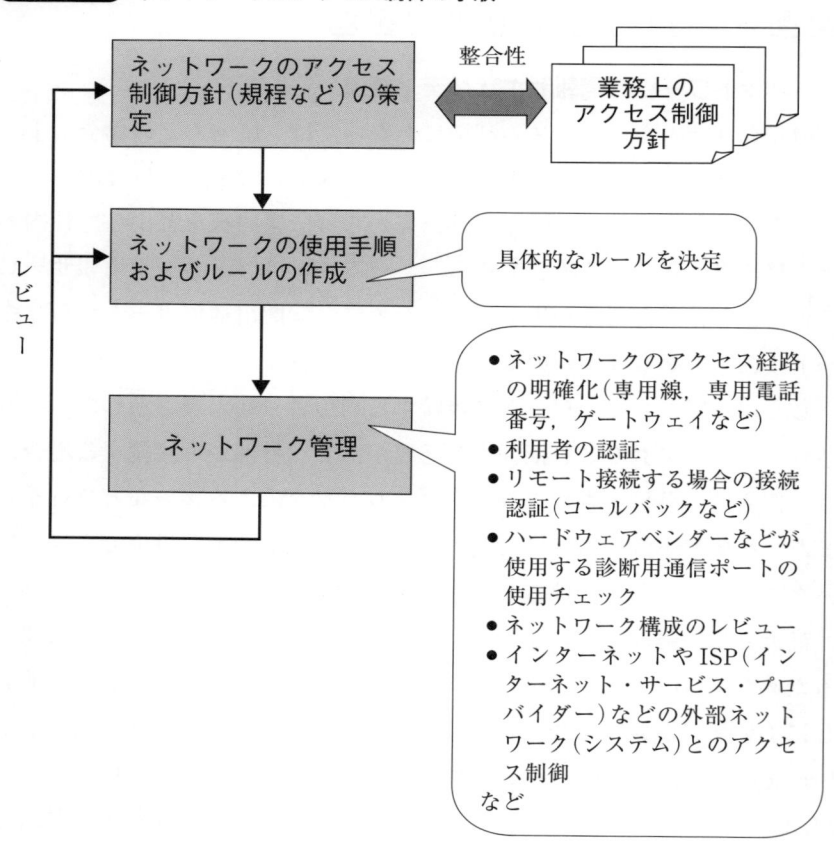

```
ネットワークのアクセス     整合性      業務上の
制御方針(規程など)の策  ⇔      アクセス制御
定                              方針
       ↓
ネットワークの使用手順        具体的なルールを決定
およびルールの作成
       ↓
ネットワーク管理
```

レビュー

- ネットワークのアクセス経路の明確化(専用線,専用電話番号,ゲートウェイなど)
- 利用者の認証
- リモート接続する場合の接続認証(コールバックなど)
- ハードウェアベンダーなどが使用する診断用通信ポートの使用チェック
- ネットワーク構成のレビュー
- インターネットやISP(インターネット・サービス・プロバイダー)などの外部ネットワーク(システム)とのアクセス制御

など

にかかわるアクセス制御は，非常に重要である．ネットワークのアクセス制御では，図表9.33に示すような手順で対応する必要がある．

（5） オペレーティングシステムのアクセス制御

ISO/IEC 27001／JIS Q 27001

（「A.11 アクセス制御」の続き）

A.11.5 オペレーティングシステムのアクセス制御
目的：オペレーティングシステムへの，認可されていないアクセスを防止するため．

A.11.5.1 セキュリティに配慮したログオン手順
管理策：オペレーティングシステムへのアクセスは，セキュリティに配慮したログオン手順によって制御しなければならない．

A.11.5.2 利用者の識別及び認証
管理策：すべての利用者は，各個人の利用ごとに一意な識別子(利用者ID)を保有しなければならない．また，利用者が主張する同一性を検証するために，適切な認証技術を選択しなければならない．

A.11.5.3 パスワード管理システム
管理策：パスワードを管理するシステムは，対話式でなければならず，また，良質なパスワードを確実とするものでなければならない．

A.11.5.4 システムユーティリティの使用
管理策：システム及び業務用ソフトウェアによる制御を無効にすることのできるユーティリティプログラムの使用は，制限し，厳しく管理しなければならない．

A.11.5.5 セッションのタイムアウト
管理策：一定の使用中断時間が経過したときは，使用が中断しているセッションを遮断しなければならない．

A.11.5.6 接続時間の制限
管理策：リスクの高い業務用ソフトウェアに対しては，更なるセキ

> ユリティを提供するために，接続時間の制限を利用しなければならない．

管理目的および管理策の解説

① オペレーティングシステムのアクセス制御

情報システムやサービスの利用にあたっては，まず，コンピュータシステムへ接続(ログオン)する．このときには，オペレーティングシステムのアクセス制御が行われる．オペレーティングシステムのアクセス制御には，利用端末の識別，ログオンプロセスの確立，利用者の識別と認証，システム設定プログラムの使用制限，接続時間の制限などがある．

② 利用端末の識別

利用端末の識別では，オペレーティングシステムが，情報システムやサービスを利用しようとする場所あるいは端末が，許可された場所または許可された端末かどうかを自動的に判断する．携帯端末などによる外部からのリモートログオンが増えているので，利用端末の識別の重要性は高まっている．

③ ログオンプロセスの要件

ログオンプロセスでは，次のような要件を満たすことが重要である．
- 利用者IDやパスワードなど入力情報の妥当性チェックは，すべての情報が入力された後に行う．
- 入力データに誤りがあった場合，誤りの箇所を指摘しない．
- ログオンの失敗回数を制限する．一般的には連続3回までの制限が多い．制限を超えた利用者IDは使用停止とする．
- ログオンに要する許容時間を制限する．許容時間には，最短時間

9.7 アクセス制御

図表9.34 ログオン時のメッセージ表示の留意点

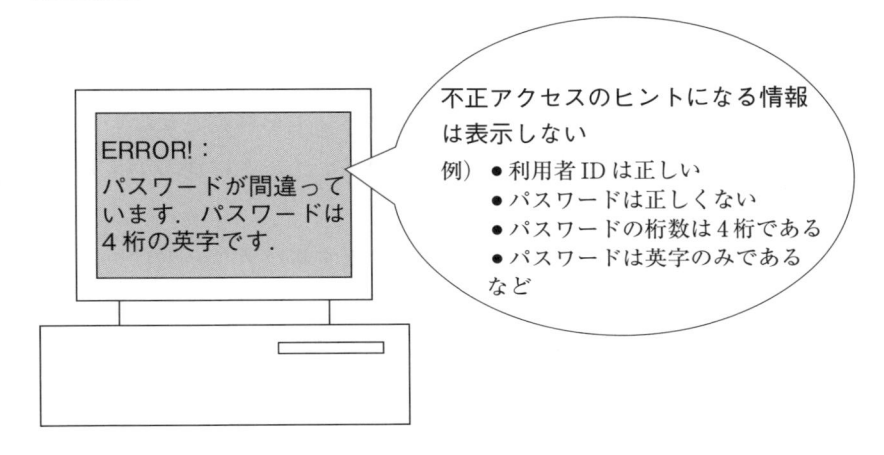

```
ERROR!：
パスワードが間違って
います．パスワードは
4桁の英字です．
```

不正アクセスのヒントになる情報は表示しない
例）
- 利用者IDは正しい
- パスワードは正しくない
- パスワードの桁数は4桁である
- パスワードは英字のみである
など

と最長時間がある．プログラムで自動的にパスワードを生成して，不正なログオンを試みることがあるので，最短時間を制限することは有効な対策である．

- ログオンの成立時には，前回のログオン日時とログオンの失敗情報を表示する．前回のログオン情報やログオンに失敗した情報に覚えがない場合には，不正アクセスが行われている可能性が高い．

また，アクセスを許可されていない者がアクセスを試みた場合に，当該アクセス者に対して不正アクセスのヒントになるような情報を開示すべきではない．例えば，利用者IDとパスワードを入力した場合には，図表9.34のような不正アクセスのヒントになるエラーメッセージではなく，「利用者IDあるいはパスワードが違います」のように最小限の情報に限定するとよい．

④ 利用者の認証

利用者が本人であることの認証手段のひとつであるパスワードの管理システムでは，例えば，次のような管理を行う．

- パスワードの桁数は，情報セキュリティ上の重要性を考慮して設定する．最近では8桁以上の英数字が使われることが多い．
- パスワードの入力画面では，入力されたパスワードを表示せず，マスキングをかけるか，あるいはカーソルを移動させない．
- パスワードは暗号化して，業務用のファイルとは別のディレクトリに保存する．
- パスワードは定期的に変更する．変更するパスワードは，以前と同じパスワードを避けるために，ある一定回数分(例えば，過去4回分)を保持し，再使用をチェックする．
- 画面などを印刷する場合には，パスワードが印字されないようにする．
- パスワードを連続3回間違えた場合には，その利用者IDの使用を直ちに停止する．

また，パッケージソフトウェアなどを導入した場合には，デフォルト値として設定されているパスワードを速やかに変更する．

⑤ システム設定プログラムの使用制限

ユーティリティプログラムなどのシステム設定プログラムには，アクセス制限の設定を無効にできるものがあるので，使用を制限しなければならない．これらのプログラムへのアクセス制御には，アクセス権およびアクセスレベルによる使用制限や使用時の認可，使用の記録などがある．

⑥ 接続時間の制限

情報システムやサービスに接続している端末のレスポンスが一定時間ない場合には，利用者が当該端末の場所から離れている可能性がある．機密レベルの高い情報システムやサービスでは，利用者が端末から離れ

ている間に不正アクセスされるリスクがあるので，当該端末をログオフする必要がある．また，リスクの高いアプリケーションシステムでは，接続時間帯を制限することも情報セキュリティ上，有効である．

(6) 業務用ソフトウェアおよび情報のアクセス制御

> |ISO/IEC 27001／JIS Q 27001|
>
> (「A.11 アクセス制御」の続き)
> **A.11.6 業務用ソフトウェア及び情報のアクセス制御**
> **目的**：業務用ソフトウェアシステムが保有する情報への認可されていないアクセスを防止するため．
> **A.11.6.1 情報へのアクセス制限**
> 管理策：利用者及びサポート要員による情報及び業務用ソフトウェアシステム機能へのアクセスは，既定のアクセス制御方針に従って，制限しなければならない．
> **A.11.6.2 取扱いに慎重を要するシステムの隔離**
> 管理策：取扱いに慎重を要するシステムは，専用の(隔離された)コンピュータ環境をもたなければならない．

管理目的および管理策の解説

① 情報や業務用ソフトウェアへのアクセス制御

　オペレーティングシステムへログオンした後に，情報や業務用ソフトウェアへのアクセスが行われる．したがって，オペレーティングシステムのアクセス制御のほかに，情報や業務用ソフトウェアのアクセス制御が必要であり，次のような事項に留意する必要がある．

- 情報や業務用ソフトウェアのそれぞれについて，参照，更新，削除，実行などのアクセス権を設定する．
- 利用者が参照する文書などには，アクセスを許可していない情報

や機能に関する内容を記載しない．
- 機密レベルの高い情報を扱う情報システムからの出力は，許可された端末または場所に限定する．
- 機密レベルの高い情報を扱う情報システムの出力内容は，定期的に内容をレビューして，記載情報の妥当性および適切性を確認する．

② **機密レベルの高い情報システムの環境**

　機密レベルの高い情報システムの環境にも十分な配慮が必要である．例えば，隔離された場所への設置や，専用コンピュータでの処理などを検討する．他システムと共有環境で処理する場合には，共有する資源などを識別し，その管理者などの承認を得るとともに，共有環境のアクセス制御を行う必要がある．

(7) モバイルコンピューティングおよびテレワーキング

ISO/IEC 27001／JIS Q 27001

（「A.11　アクセス制御」の続き）
A.11.7　モバイルコンピューティング及びテレワーキング[5]
目的：モバイルコンピューティング及びテレワーキングの設備を用いるときの情報セキュリティを確実にするため．

　<u>注[5]　モバイルコンピューティングとは，移動中又は外出先でコンピュータを利用することであり，テレワーキングとは，要員が，自分の所属する組織の外の決まった場所で，通信技術を用いて作業することである．</u>

A.11.7.1　モバイルのコンピューティング及び通信
管理策：モバイルコンピューティング設備・通信設備を用いた場合のリスクから保護するために，正式な方針を備えなければならず，

> また,適切なセキュリティ対策を採用しなければならない.
> A.11.7.2　テレワーキング
> 管理策:テレワーキングのための方針,運用計画及び手順を策定し,実施しなければならない.

管理目的および管理策の解説

① モバイルコンピュータの利用方針の策定

　ノートパソコンや携帯情報端末などに代表されるモバイルコンピュータの普及により,これらを利用した情報処理設備へのアクセスが増えている.モバイルコンピュータは,一般に外出先など物理的なアクセス制御が働かない環境で使用されることが多いので,情報セキュリティの確保には,特に注意を払う必要がある.モバイルコンピュータ利用方針(規程など)を明確に定めて,これにもとづく取扱いを徹底させる.方針で定める事項には,次のようなものがある.

- モバイルコンピュータの管理者の責任範囲
- モバイルコンピュータの管理項目(日常のチェック項目など)
- モバイルコンピュータの使用に際しての注意事項(使用者の責任,注意義務など)
- モバイルコンピュータの盗難・紛失防止対策
- モバイルコンピュータの社外への持出しに関する事項(持出し許可手続き,注意義務など)
- その他(私物のパソコン等の持込制限など)

② モバイルコンピュータの取扱い

　モバイルコンピュータは,不特定多数の人がいる場所で使用されることが多いので,第三者による盗み見などのリスクがある.また,モバイ

第9章 「管理目的及び管理策」の解説

図表9.35 モバイルコンピュータの管理策の例

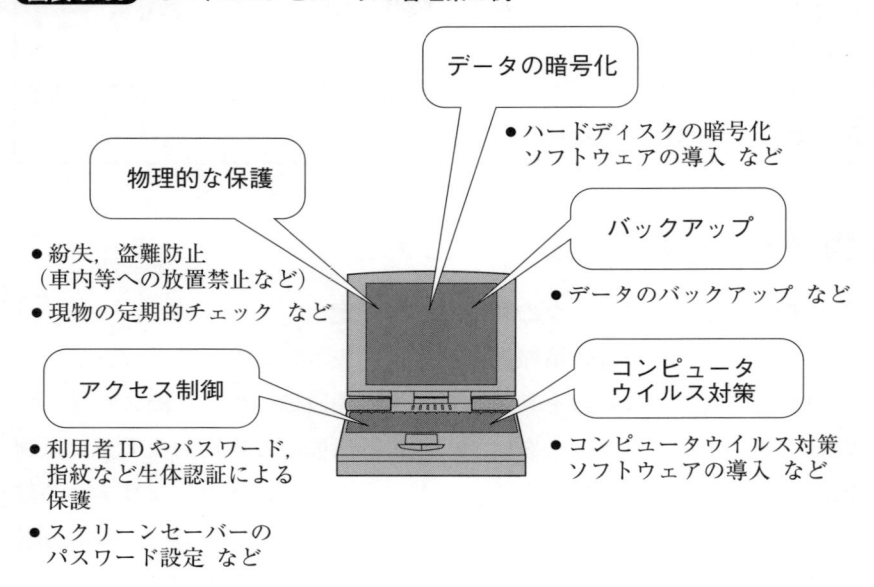

データの暗号化
- ハードディスクの暗号化ソフトウェアの導入 など

物理的な保護
- 紛失, 盗難防止
 (車内等への放置禁止など)
- 現物の定期的チェック など

バックアップ
- データのバックアップ など

アクセス制御
- 利用者IDやパスワード, 指紋など生体認証による保護
- スクリーンセーバーのパスワード設定 など

コンピュータウイルス対策
- コンピュータウイルス対策ソフトウェアの導入 など

ルコンピュータの小型化・軽量化は,紛失や盗難のリスクを高めている.

こうしたモバイルコンピュータのリスクに対応するため,**図表9.35**に示すような管理策を講じる必要がある.また,モバイルコンピュータのハードディスクにデータを残さない"シンクライアント"を導入する方法もある.

③ モバイルコンピュータの利用者教育

モバイルコンピュータの管理策を有効に機能させるためには,モバイルコンピュータの利用者の情報セキュリティに対する意識づけが大切である.モバイルコンピュータを取り扱い,管理する者は,利用者一人ひとりである.したがって,利用者教育を計画し,継続的に教育を実施することが必要である.

④ 在宅勤務などの考慮

インターネットなどのネットワークを使って，自宅などオフィス以外の場所で業務を行う在宅勤務(テレワーキング)がある．自宅などオフィス以外から情報システムやサービスへアクセスする場合，アクセスする場所の情報セキュリティを確保する必要がある．そこで，在宅勤務方針(規程など)を定め，方針にもとづいて，在宅勤務の可否を判断すべきである．在宅勤務方針には，次のような事項を盛り込む必要がある．

- 在宅勤務を行う必要性の判断基準
- 在宅勤務先からアクセスできる情報システムやサービスの制限
- 在宅勤務を行う施設や場所の物理的な情報セキュリティの基準
- 在宅勤務を行う施設や場所にいる者からのアクセス制御の基準

9.8 情報システムの取得，開発および保守

(1) 情報システムのセキュリティ要求事項

> ISO/IEC 27001／JIS Q 27001
>
> **A.12 情報システムの取得，開発及び保守**
> **A.12.1 情報システムのセキュリティ要求事項**
> 目的：セキュリティは情報システムの欠くことのできない部分であることを確実にするため．
> **A.12.1.1 セキュリティ要求事項の分析及び仕様化**
> 管理策：新しい情報システム又は既存の情報システムの改善に関する業務上の要求事項を記述した文書では，セキュリティの管理策についての要求事項を仕様化しなければならない．

管理目的および管理策の解説

① 情報セキュリティ機能の評価

事業の拡大や変更，あるいは事業を取り巻く環境の変化などにともなって，事業を支援する情報システムの新規開発・導入，システム機能の変更などが行われる．この場合の情報システムには，業務用ソフトウェア，オペレーティングシステム，ミドルウェアなどがある．

新規導入や変更などが行われる情報システムの情報セキュリティ機能は，個別に考えられ，システムに組み込まれる．パッケージソフトウェア（ERPパッケージのような大規模なものを含む）の場合には，開発したソフトウェアベンダーの考えによる情報セキュリティ機能が組み込まれている．

したがって，これらの組み込まれた情報セキュリティ機能が事業の要求事項にもとづくセキュリティ要求事項を満たしているかどうかを評価する必要がある．そのため，どのようなレベルの情報セキュリティ機能

9.8 情報システムの取得, 開発および保守

図表 9.36 情報セキュリティ要求事項の明確化

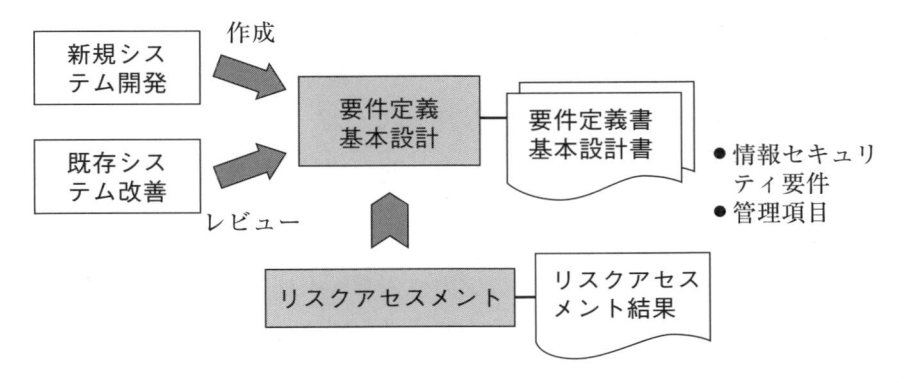

```
[新規システム開発] ─作成→  ┌──────────┐     ┌──────────┐
                          │ 要件定義  │────→│ 要件定義書│    ●情報セキュリ
[既存システム改善] ────→  │ 基本設計  │     │ 基本設計書│     ティ要件
                          └──────────┘     └──────────┘    ●管理項目
                    レビュー    ↑
                          ┌──────────┐     ┌──────────┐
                          │リスクアセスメント│→│リスクアセス│
                          │          │     │メント結果 │
                          └──────────┘     └──────────┘
```

を要求するかを検討し，明確にしておかなければならない．

　情報システムに組み込む機能の検討は，企画フェーズや設計フェーズで行われるが，情報セキュリティ機能の組込みも同様である．開発フェーズや運用フェーズで新たな情報セキュリティ機能を追加する場合は，コストがかさみ，効率が悪い．したがって，情報システムに求めるセキュリティ要求事項は，企画フェーズや設計フェーズで明確にして，要件定義書や基本設計書などに記載するなど文書化する必要がある．

② 情報システムのリスクアセスメント

　情報システムに求めるセキュリティ要求事項の明確化にあたっては，情報システムと関連する情報資産のリスク識別方法とリスク評価の判断基準を明確にする必要がある．判断基準としては，情報システムや対象業務について，取り扱う情報資産の業務上の価値，重要度，機密度などの項目がある．判断基準は，適宜，レビューを行うことが重要である（図表 9.36）．

（2） 業務用ソフトウェアでの正確な処理

> ISO/IEC 27001／JIS Q 27001
>
> （「A.12　情報システムの取得，開発及び保守」の続き）
> **A.12.2　業務用ソフトウェアでの正確な処理**
> **目的**：業務用ソフトウェアにおける情報の誤り，消失，認可されていない変更又は不正使用を防止するため．
> **A.12.2.1　入力データの妥当性確認**
> 管理策：業務用ソフトウェアに入力するデータは，正確で適切であることを確実にするために，その妥当性を確認しなければならない．
> **A.12.2.2　内部処理の管理**
> 管理策：処理の誤り又は故意の行為によって発生する情報の破壊を検出するために，妥当性確認の機能を業務用ソフトウェアに組み込まなければならない．
> **A.12.2.3　メッセージの完全性**
> 管理策：業務用ソフトウェアの真正性を確実にするための要求事項及びメッセージの完全性を保護するための要求事項を特定しなければならず，また，適切な管理策を特定し，実装しなければならない．
> **A.12.2.4　出力データの妥当性確認**
> 管理策：業務用ソフトウェアからの出力データは，保存する情報の処理が正しく，かつ，状況に対して適切であることを確実にするために，その妥当性を確認しなければならない．

管理目的および管理策の解説

①　業務用ソフトウェアのセキュリティ確保

　業務用ソフトウェアで取り扱うデータやパラメータは，生産台数や販売数量など物の流れにかかわるもの，入金や出金，金利などお金の流れにかかわるもの，個人の氏名や住所など人にかかわるものなど，多様である．

9.8 情報システムの取得，開発および保守

図表9.37 業務用ソフトウェアのセキュリティ管理項目

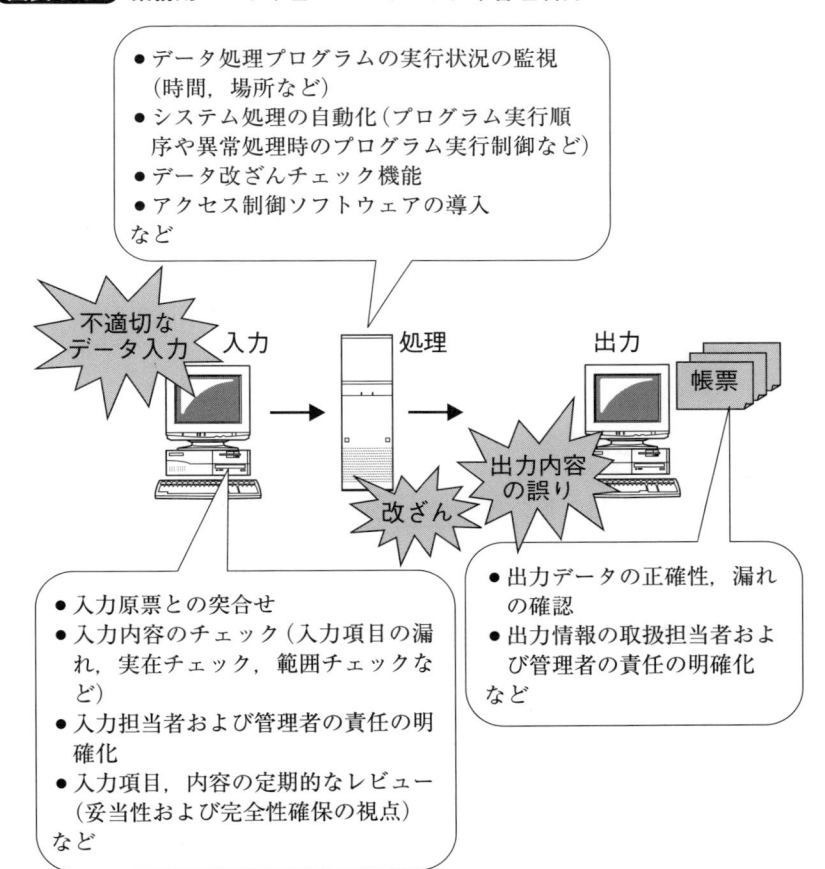

- データ処理プログラムの実行状況の監視（時間，場所など）
- システム処理の自動化（プログラム実行順序や異常処理時のプログラム実行制御など）
- データ改ざんチェック機能
- アクセス制御ソフトウェアの導入

など

入力　処理　出力　帳票

不適切なデータ入力

改ざん

出力内容の誤り

- 入力原票との突合せ
- 入力内容のチェック（入力項目の漏れ，実在チェック，範囲チェックなど）
- 入力担当者および管理者の責任の明確化
- 入力項目，内容の定期的なレビュー（妥当性および完全性確保の視点）

など

- 出力データの正確性，漏れの確認
- 出力情報の取扱担当者および管理者の責任の明確化

など

　業務用ソフトウェアの一般的なデータ処理では，こうしたデータやパラメータが入力され，システム内で処理された後，その結果が出力される．未承認のデータやパラメータの入力，データやパラメータの滅失，不正な変更などを防ぐために，**図表9.37**に示すような管理策が必要になる．

② メッセージの完全性の確保

電子商取引などで利用される業務用ソフトウェアでは,受発注,納品,請求などにかかわるデータ交換や,電子的な決済(資金移動)が行われる.電子商取引にかかわるデータ(メッセージ)は重要性が高いので,メッセージ内容が変更・改ざんされた場合には,業務への影響は大きい.

したがって,メッセージの完全性を保護するための管理策が必要になる.例えば,伝送されるメッセージの改ざんを検出するための技法に,メッセージ認証がある.メッセージ認証は,データ圧縮技術や暗号化技術などを組み合わせて行われるのが一般的である.

(3) 暗号による管理策

ISO/IEC 27001／JIS Q 27001

(「A.12 情報システムの取得,開発及び保守」の続き)
A.12.3 暗号による管理策
目的:暗号手段によって,情報の機密性,真正性又は完全性を保護するため.
A.12.3.1 暗号による管理策の利用方針
管理策:情報を保護するための暗号による管理策の利用に関する方針は,策定し,実施しなければならない.
A.12.3.2 かぎ(鍵)管理
管理策:組織における暗号技術の利用を支援するために,かぎ管理を実施しなければならない.

管理目的および管理策の解説

① 情報の暗号化とかぎ管理

アクセス制御方針にもとづいた機能や手順を整備しても,情報の機密性,真正性または完全性が損なわれる可能性がなくなるわけではない.

9.8 情報システムの取得，開発および保守

例えば，電子メールの誤送信による情報流出，不正アクセスによる改ざんなどのリスクがある．情報の機密性などを保護するための管理策のひとつとして，暗号化がある．機密レベルの高い情報は，機密性を確保するために，特に暗号化を行う必要がある．

暗号技術には，公開鍵暗号方式や共通鍵暗号方式など多様な方式がある．そこで，組織の暗号化に関する基本方針を明確にして，暗号使用方針（規程など）として文書化するとともに，かぎ管理を行う必要がある．暗号使用方針の策定に際しては，次のような事項を明確にする．

- 情報保護の基本的な考え方の明示
- 情報保護のレベル，取扱いの明確化
- 暗号化鍵および復号鍵の生成，配付，保管，更新，削除などの手続きの明確化
- 暗号化鍵および復号鍵の紛失や損傷などからの復旧策の策定
- 暗号化鍵および復号鍵の管理責任および義務の明確化

また，暗号使用に適用される法令や規制に関して，専門家の意見を求めることも大切である．

(4) システムファイルのセキュリティ

> ISO/IEC 27001／JIS Q 27001
>
> （「A.12 情報システムの取得，開発及び保守」の続き）
> **A.12.4 システムファイルのセキュリティ**
> **目的**：システムファイルのセキュリティを確実にするため．
> **A.12.4.1 運用ソフトウェアの管理**
> 管理策：運用システムにかかわるソフトウェアの導入を管理する手順を備えなければならない．
> **A.12.4.2 システム試験データの保護**
> 管理策：試験データは，注意深く選択し，保護し，管理しなければ

> ならない．
> **A.12.4.3　プログラムソースコードへのアクセス制御**
> 管理策：プログラムソースコードへのアクセスは，制限しなければならない．

管理目的および管理策の解説

① システムファイルの管理

　システムファイルの管理不備は，情報システムの停止や誤処理につながるリスクがある．特に，システムを運用するプログラムライブラリの更新には，十分な注意が必要である．たとえ小さなプログラム変更であっても，変更箇所に欠陥（バグ）や修正漏れなどがあれば，システム全体が停止する事態につながることもある．システムファイルの管理は，**図表9.38**に示すような項目について行う．なお，購入したソフトウェアについては，情報セキュリティ機能の検討を行うとともに，当該ソフトウェアベンダーに対するアクセス制御を行うことが重要である．特にオープン系のシステムは，ホスト系に比べて開発と運用の分離ができていない，あるいは難しい場合があるので，システムファイルの管理には注

図表9.38　システムファイルの管理

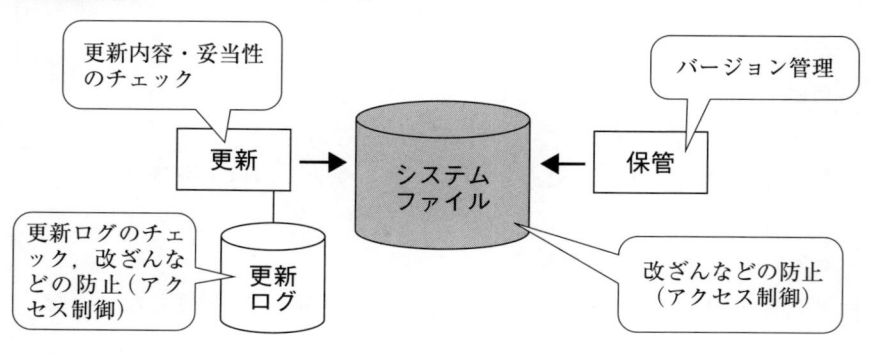

意する．

② テストデータの管理

　システムテストは，本番に近い状態で行われることが多い．例えば，テストデータとして本番データまたは本番データを修正（加工）したデータをシステムテストで用いることがある．本番データには，個人情報などの機密レベルの高いデータも含まれている場合があるので，取扱いには十分に注意しなければならない．

　テストデータの取扱いにあたっては，**図表9.39**のような事項に注意する．

③ プログラムソースライブラリへのアクセス制御

　プログラムソースライブラリへのアクセス制御も重要である．プログラムソースの不正な変更を防ぐために，アクセス権限者の限定，ライブラリ管理者の設置，アクセスログのチェックなどのアクセス管理を行う（**図表9.40**）．

図表9.39　テストデータの管理項目

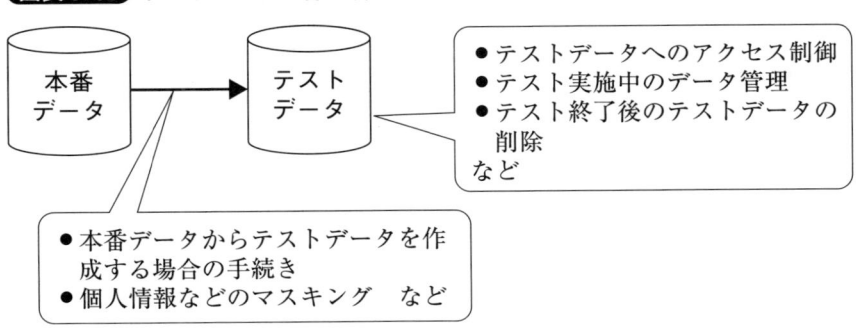

本番データ → テストデータ
- テストデータへのアクセス制御
- テスト実施中のデータ管理
- テスト終了後のテストデータの削除
など

- 本番データからテストデータを作成する場合の手続き
- 個人情報などのマスキング　など

第9章 「管理目的及び管理策」の解説

図表9.40 プログラムソースライブラリへのアクセス制御

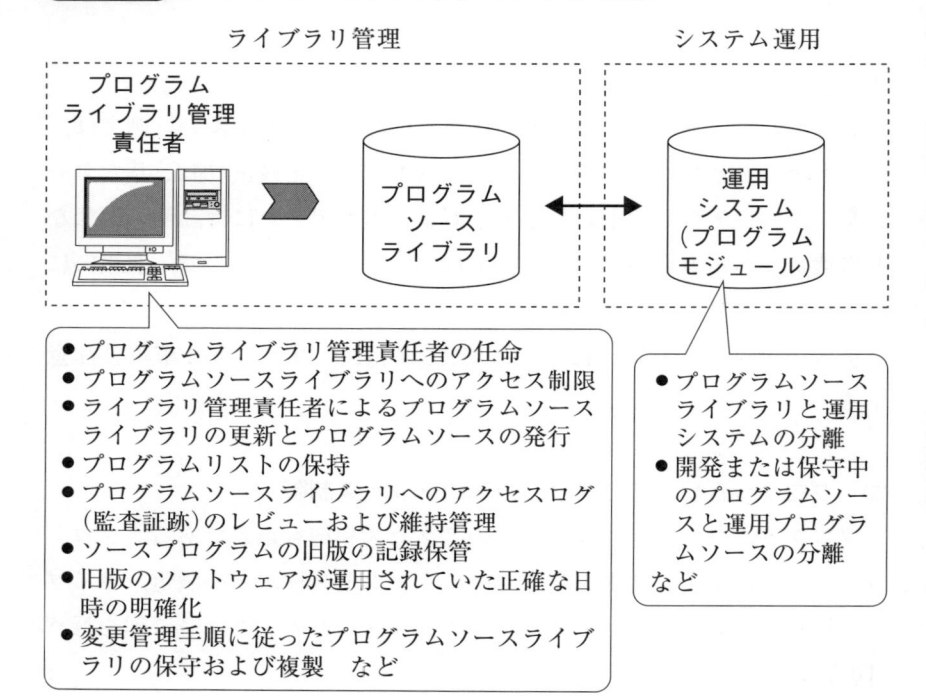

ライブラリ管理 / システム運用

プログラムライブラリ管理責任者 ⇒ プログラムソースライブラリ ⇔ 運用システム（プログラムモジュール）

- プログラムライブラリ管理責任者の任命
- プログラムソースライブラリへのアクセス制限
- ライブラリ管理責任者によるプログラムソースライブラリの更新とプログラムソースの発行
- プログラムリストの保持
- プログラムソースライブラリへのアクセスログ（監査証跡）のレビューおよび維持管理
- ソースプログラムの旧版の記録保管
- 旧版のソフトウェアが運用されていた正確な日時の明確化
- 変更管理手順に従ったプログラムソースライブラリの保守および複製　など

- プログラムソースライブラリと運用システムの分離
- 開発または保守中のプログラムソースと運用プログラムソースの分離
など

（5） 開発およびサポートプロセスにおけるセキュリティ

```
ISO/IEC 27001／JIS Q 27001
```

（「A.12　情報システムの取得，開発及び保守」の続き）
A.12.5　開発及びサポートプロセスにおけるセキュリティ
目的：業務用ソフトウェアシステムのソフトウェア及び情報のセキュリティを維持するため．
A.12.5.1　変更管理手順
管理策：変更の実施は，正式な変更管理手順の使用によって，管理しなければならない．

9.8 情報システムの取得，開発および保守

> **A.12.5.2 オペレーティングシステム変更後の業務用ソフトウェアの技術的レビュー**
> 管理策：オペレーティングシステムを変更するときは，組織の運用又はセキュリティに悪影響がないことを確実にするために，重要な業務用ソフトウェアをレビューし，試験しなければならない．
>
> **A.12.5.3　パッケージソフトウェアの変更に対する制限**
> 管理策：パッケージソフトウェアの変更は，抑止しなければならず，必要な変更だけに限らなければならない．また，すべての変更は，厳重に管理しなければならない．
>
> **A.12.5.4　情報の漏えい**
> 管理策：情報漏えいの可能性を抑止しなければならない．
>
> **A.12.5.5　外部委託によるソフトウェア開発**
> 管理策：組織は，外部委託したソフトウェア開発を監督し，監視しなければならない．

管理目的および管理策の解説

① 情報システムの変更管理

　情報システムは，業務上の必要性や関連法令等の改正などによってレビューが行われ，変更される．情報システムの変更管理が適切に行われない場合には，誤ってプログラムやデータが破壊されたり，不正なプログラムを組み込まれたりするリスクがある．そこで，情報システムの変更管理に関する手順を定め，情報セキュリティ上の問題が発生しないようにする必要がある．特に，オペレーティングシステムの変更(パッチやサービスパックの適用を含む)は，図表9.41に示すように影響範囲が広いので慎重に行わなければならない．オペレーティングシステムの変更では，既存の業務用ソフトウェアなどへの影響の有無，内容についてレビューし，事前に十分な内容のテストを実施する．

第9章 「管理目的及び管理策」の解説

図表 9.41 オペレーティングシステム変更の影響

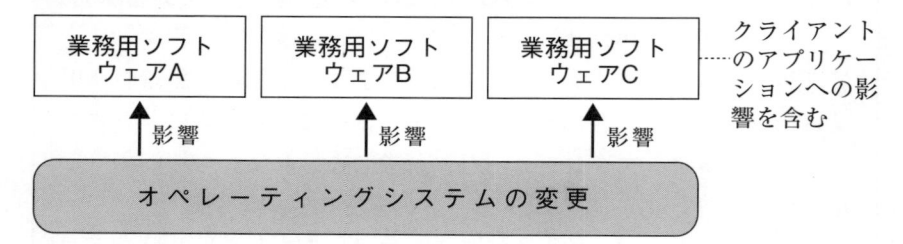

```
┌─────────┐  ┌─────────┐  ┌─────────┐
│業務用ソフト│  │業務用ソフト│  │業務用ソフト│ ······ クライアント
│ ウェアA  │  │ ウェアB  │  │ ウェアC  │      のアプリケー
└─────────┘  └─────────┘  └─────────┘      ションへの影
    ↑影響       ↑影響       ↑影響          響を含む
┌─────────────────────────────────────┐
│    オペレーティングシステムの変更      │
└─────────────────────────────────────┘
```

図表 9.42 ソフトウェア開発の外部委託における契約手順

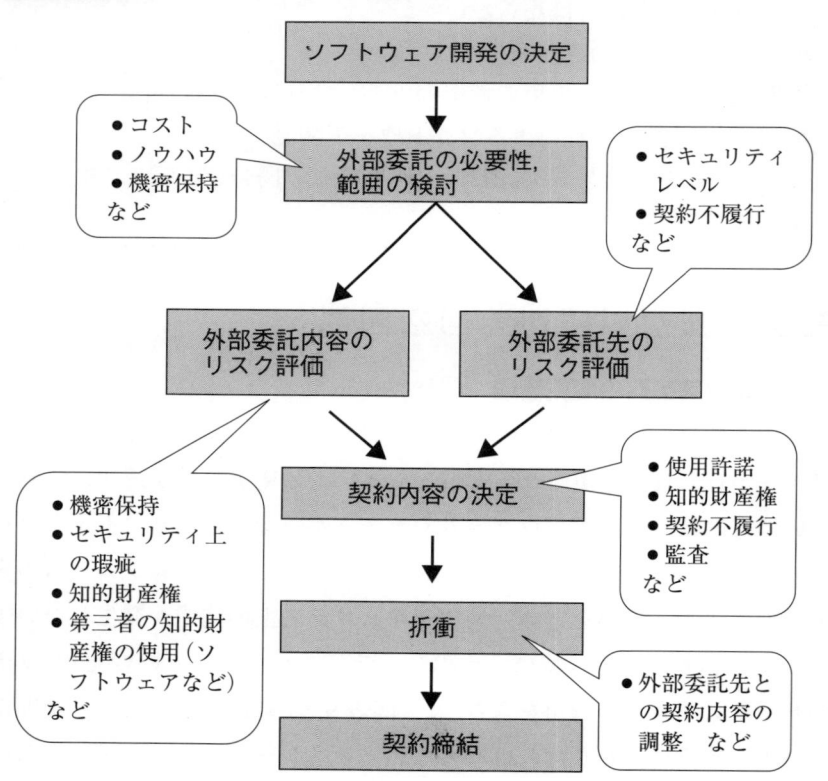

```
        ソフトウェア開発の決定
                ↓
   ●コスト   外部委託の必要性,    ●セキュリティ
   ●ノウハウ   範囲の検討        レベル
   ●機密保持                    ●契約不履行
    など      ↙    ↘           など
     外部委託内容の    外部委託先の
      リスク評価      リスク評価
            ↘        ↙
             契約内容の決定     ●使用許諾
   ●機密保持                  ●知的財産権
   ●セキュリティ上              ●契約不履行
    の瑕疵                    ●監査
   ●知的財産権                 など
   ●第三者の知的財       ↓
    産権の使用(ソ      折衝
    フトウェアなど)              ●外部委託先と
    など                        の契約内容の
                ↓              調整 など
             契約締結
```

9.8 情報システムの取得，開発および保守

② ソフトウェアの購入，使用および変更の管理

パッケージソフトウェアなどを購入して使用する場合には，当該ソフトウェアに不正プログラム（コンピュータウイルスなど）が含まれていないかどうかをチェックする．また，ソフトウェアを提供するベンダーについて，社会的な信用度，製品・サービスの評判，財務上の安定性などの視点から評価する．

パッケージソフトウェアの変更は，原則として避けるべきである．パッケージソフトウェアの内容（ソースコード）はブラックボックスになっているので，やむを得ず変更する場合には，その変更が情報セキュリティに及ぼす影響や変更プログラムのサポート内容などについて，パッケージベンダーに確認する必要がある．また，十分な内容のシステムテストを実施しなければならない．

③ ソフトウェア開発の外部委託

ソフトウェア開発を外部委託する場合には，**図表 9.42** のような手順で契約を締結する必要がある．

（6） 技術的ぜい弱性管理

> ISO/IEC 27001／JIS Q 27001
>
> （「A.12 情報システムの取得，開発及び保守」の続き）
> **A.12.6 技術的ぜい弱性管理**
> **目的**：公開された技術的ぜい弱性の悪用によって生じるリスクを低減するため．
> **A.12.6.1 技術的ぜい弱性の管理**
> 管理策：利用中の情報システムの技術的ぜい弱性に関する情報は，時機を失せずに獲得しなければならない．また，そのようなぜい弱性に組織がさらされている状況を評価しなければならない．さらに，

> それらと関連するリスクに対処するために，適切な手段をとらなければならない．

管理目的および管理策の解説

① 技術的ぜい弱性に関する情報収集

情報システムは，ハードウェアやオペレーティングシステム，ミドルウェア，業務用ソフトウェアなどで構成される．オペレーティングシステムやミドルウェアなどは常に技術的なぜい弱性にさらされているので，提供しているベンダーなどからの最新情報を収集しておく必要がある．技術的なぜい弱性については，各ベンダーのホームページなどで公開されているのでチェックするとよい．

② 技術的ぜい弱性への対処

利用あるいは提供している情報システムに関して，技術的ぜい弱性がある場合には，該当する技術的ぜい弱性に対応したバージョンにアップデートする．そのためには，情報システムを構成しているオペレーティングシステムやミドルウェアのバージョンを把握しておく必要がある．

また，技術的ぜい弱性に対応したバージョンにアップデートすることによって，既存の業務用ソフトウェアに影響を与える可能性もある．アップデートして影響がないかをテスト環境で事前にチェックしたり，アップデート前の状態に戻せるようにバックアップをとったりしておくことが重要である．

9.9 情報セキュリティインシデントの管理

（1） 情報セキュリティの事象および弱点の報告

> **ISO/IEC 27001／JIS Q 27001**
>
> **A.13 情報セキュリティインシデントの管理**
> **A.13.1 情報セキュリティの事象及び弱点の報告**
> **目的**：情報システムに関連する情報セキュリティの事象及び弱点を，時機を失しない是正処置をとることができるやり方で連絡することを確実にするため．
> **A.13.1.1 情報セキュリティ事象の報告**
> **管理策**：情報セキュリティ事象は，適切な管理者への連絡経路を通して，できるだけすみやかに報告しなければならない．
> **A.13.1.2 セキュリティ弱点の報告**
> **管理策**：すべての従業員，契約相手並びに第三者の情報システム及びサービスの利用者に，システム又はサービスの中で発見した又は疑いをもったセキュリティ弱点は，どのようなものでも記録し，また，報告するように要求しなければならない．

管理目的および管理策の解説

① 発見対策の重要性

　情報セキュリティにかかわるインシデント（事故）には，例えば，**図表9.43**に示すものがある．これらの情報セキュリティインシデントに対する管理策（情報セキュリティ対策）は，**図表9.44**に示すような３つの対策に分類できる．発見対策は，情報セキュリティインシデントを早期に発見し，復旧対策（回復対策）へつなげる重要な対策である．発見対策が適切に構築され運用されていない場合には，情報セキュリティインシデントの拡大や損失の増大につながる．

第9章 「管理目的及び管理策」の解説

図表9.43 情報セキュリティインシデントの例

- 情報システムの故障, サービス停止
- 不完全なデータ, 不正確なデータによる障害
- サービス妨害
- 情報漏えい, 改ざん, 破壊
- 不正アクセス
- メッセージの否認（電子商取引など）
- コンピュータウイルスなどの侵入

（中央：情報セキュリティインシデント）

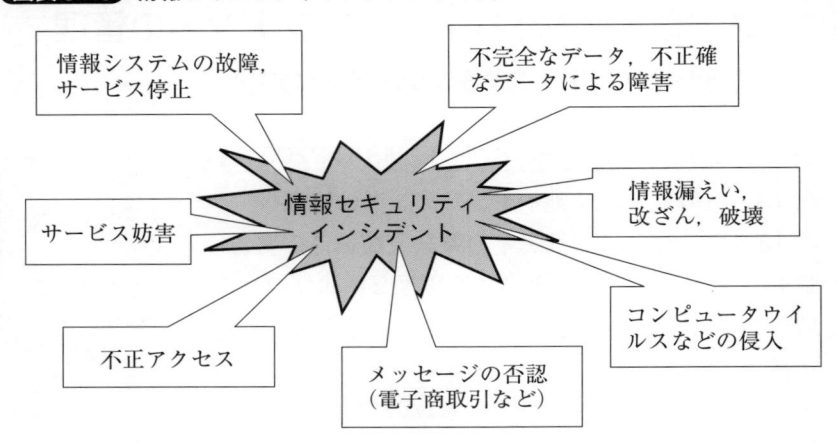

図表9.44 情報セキュリティインシデントに対する管理策の分類

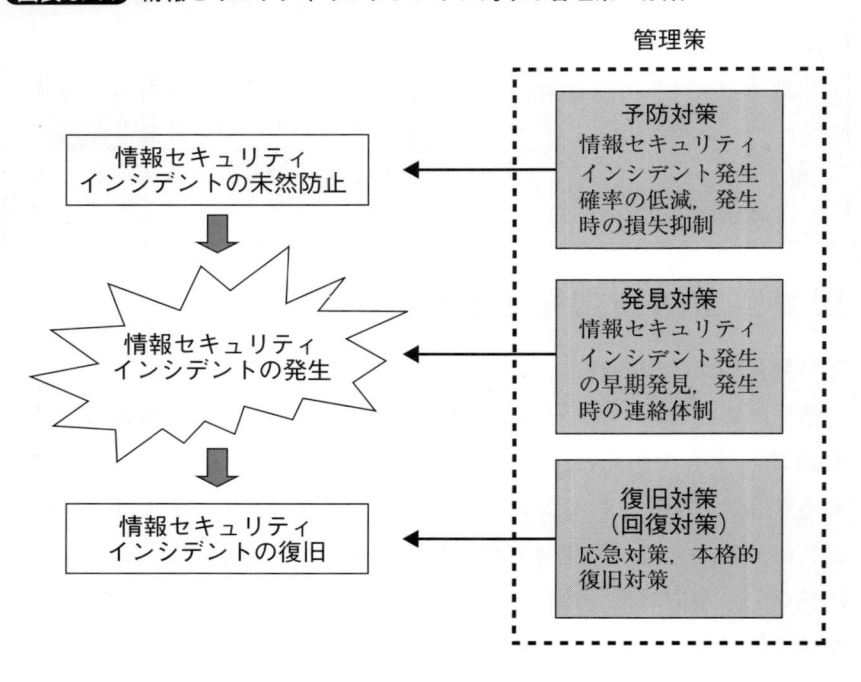

管理策

- 情報セキュリティインシデントの未然防止 ← **予防対策** 情報セキュリティインシデント発生確率の低減, 発生時の損失抑制
- 情報セキュリティインシデントの発生 ← **発見対策** 情報セキュリティインシデント発生の早期発見, 発生時の連絡体制
- 情報セキュリティインシデントの復旧 ← **復旧対策（回復対策）** 応急対策, 本格的復旧対策

9.9 情報セキュリティインシデントの管理

図表 9.45 情報セキュリティインシデントの連絡体制

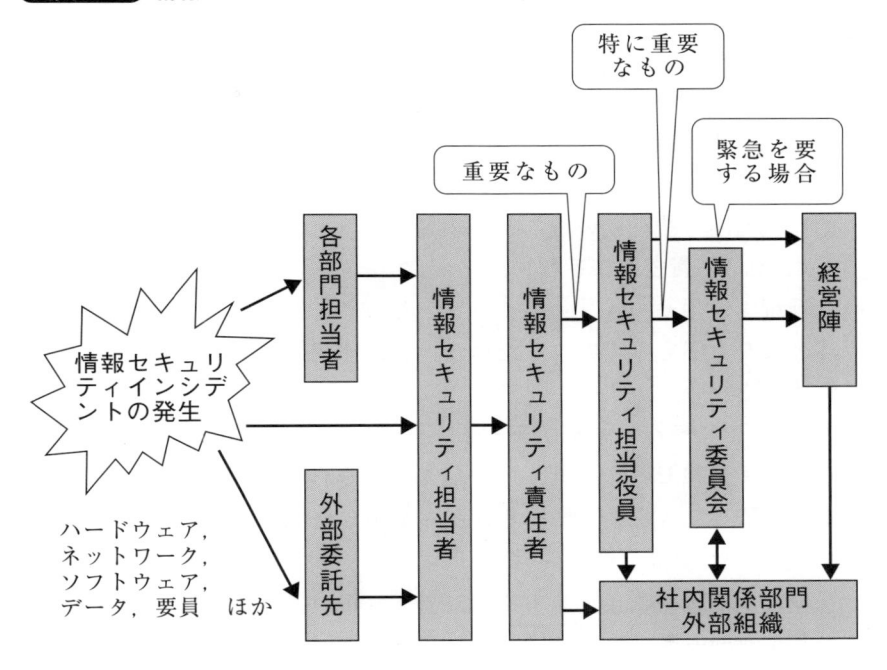

② 連絡体制の整備

　情報セキュリティインシデントを発見した場合には，インシデントの発生を速やかに関係者に連絡し，必要な対応が講じられるようにしなければならない．情報セキュリティインシデントには，軽微なものから重大なものまでさまざまであり，そのすべてを経営陣に報告することは，経営陣に過度の負荷をかけるなど現実的ではない．そこで，情報セキュリティインシデントの重要度に応じて，報告先を定める必要がある（図表 9.45）．

（2） 情報セキュリティインシデントの管理およびその改善

ISO/IEC 27001／JIS Q 27001

（「A.13　情報セキュリティインシデントの管理」の続き）
A.13.2　情報セキュリティインシデントの管理及びその改善
目的：情報セキュリティインシデントの管理に，一貫性のある効果的な取組み方法を用いることを確実にするため．
A.13.2.1　責任及び手順
管理策：情報セキュリティインシデントに対する迅速，効果的で整然とした対応を確実にするために，責任体制及び手順を確立しなければならない．
A.13.2.2　情報セキュリティインシデントからの学習
管理策：情報セキュリティインシデントの形態，規模及び費用を定量化し監視できるようにする仕組みを備えなければならない．
A.13.2.3　証拠の収集
管理策：情報セキュリティインシデント後の個人又は組織への事後処置が法的処置（民事又は刑事）に及ぶ場合には，関係する法域で定めている証拠に関する規則に従うために，証拠を収集，保全及び提出しなければならない．

管理目的および管理策の解説

①　情報セキュリティインシデントの管理

　情報セキュリティインシデントが発生した場合には，速やかにその原因を分析して，対応しなければならない．情報セキュリティインシデントへの適切な対応を行うためには，インシデント管理の責任体制および手順を明確にしておく必要がある．情報セキュリティインシデントの主な管理策には，例えば次のものがある．

　　●情報セキュリティインシデントの決定および対応手順の作成

- 情報セキュリティインシデントからの復旧対策(回復対策)の実施と管理
- 再発防止対策の計画策定と実施
- 監査証跡およびこれに類する資料の確保・保管

② 情報セキュリティインシデントの分析と改善

情報セキュリティインシデントが発生した場合には，その内容，原因，業務や経営への影響度などを明確にする必要がある．また，復旧手順に問題がなかったか，予防対策は十分だったか，復旧コストはどれくらいか，などについても明確にする必要がある．これらの結果は，**図表**

図表9.46 情報セキュリティインシデントの分析と管理策の改善

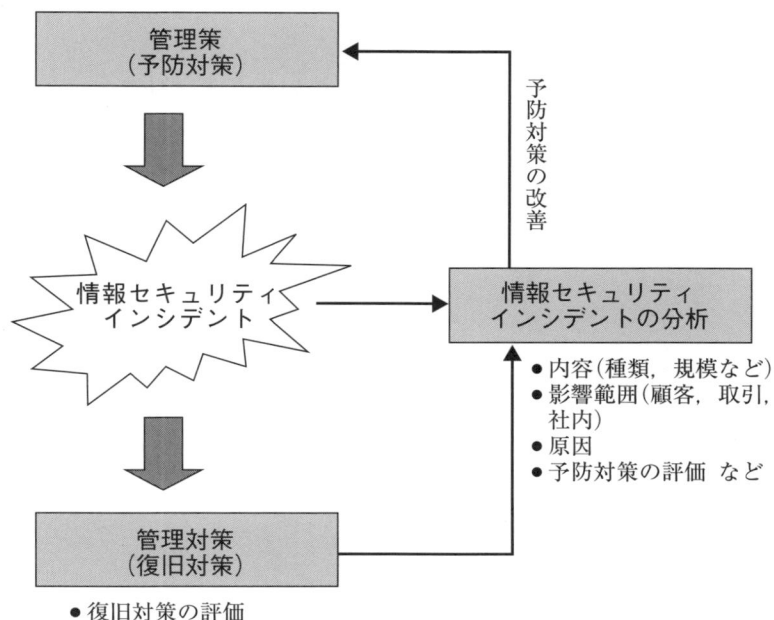

管理策（予防対策）
↓
情報セキュリティインシデント
↓
管理対策（復旧対策）
- 復旧対策の評価
- 連絡体制，手続きの評価
- 復旧コストの把握 など

→ 情報セキュリティインシデントの分析
- 内容(種類，規模など)
- 影響範囲(顧客，取引，社内)
- 原因
- 予防対策の評価 など

予防対策の改善 → 管理策（予防対策）

第9章 「管理目的及び管理策」の解説

9.46 に示すように，管理策の改善につなげなければならない．

③ 証拠の収集

情報セキュリティインシデントによって訴訟などになった場合には，証拠の提示が必要となる．提示する証拠は，証拠の容認性，証拠の質および完全性，プロセス管理の証拠など，関連法令や事件の審理が行われる特定の法廷の規則に定められる証拠に関する規程に適合させる必要がある．この場合，証拠の原本性を確保し，証拠の質および完全性を維持することが重要となる．記憶媒体上に保存された情報については，見読性を確保するとともに，不正な改ざんや消去などから保護し，適切な管理を行う必要がある．これらについては，弁護士などの専門家に相談し，助言を求めるとよい．

9.10 事業継続管理

(1) 事業継続管理における情報セキュリティの側面

| ISO/IEC 27001／JIS Q 27001 |

A.14 事業継続管理

A.14.1 事業継続管理における情報セキュリティの側面

目的：情報システムの重大な故障又は災害の影響からの事業活動の中断に対処するとともに，それらから重要な業務プロセスを保護し，また，事業活動及び重要な業務プロセスの時機を失しない再開を確実にするため．

A.14.1.1 事業継続管理手続への情報セキュリティの組込み

管理策：組織全体を通じた事業継続のために，組織の事業継続に必要な情報セキュリティの要求事項を取り扱う，管理された手続を策定し，維持しなければならない．

A.14.1.2 事業継続及びリスクアセスメント

管理策：業務プロセスの中断を引き起こし得る事象は，そのような中断の発生確率及び影響，並びに中断が情報セキュリティに及ぼす結果とともに，特定しなければならない．

A.14.1.3 情報セキュリティを組み込んだ事業継続計画の策定及び実施

管理策：重要な業務プロセスの中断又は不具合発生の後，運用を維持又は復旧するために，また，要求されたレベル及び時間内での情報の可用性を確実にするために，計画を策定し，実施しなければならない．

A.14.1.4 事業継続計画策定の枠組み

管理策：すべての計画が整合したものになることを確実にするため，情報セキュリティ上の要求事項を矛盾なく取り扱うため，また，試験及び保守の優先順位を特定するために，一つの事業継続計画の枠

第9章 「管理目的及び管理策」の解説

> 組みを維持しなければならない．
> **A.14.1.5　事業継続計画の試験，維持及び再評価**
> 管理策：事業継続計画は，最新で効果的なものであることを確実にするために，定めに従って試験・更新しなければならない．

管理目的および管理策の解説

① 事業継続管理

　システム障害や自然災害などによって情報システムやサービスが停止し，業務が中断するような事態が生じた場合には，速やかに業務を復旧し，業務を継続しなければならない．このような事態を事前に想定して，業務を復旧，継続するための管理策を検討のうえ，整備し維持する必要がある．これを"事業継続管理"という．また，事業継続管理は，組織全体としての危機管理と大きく関連するので，関係部門と十分に調整することが重要である．

　事業継続管理には，**図表9.47**に示すようなプロセスがある．
　また，事業継続管理の検討事項には**図表9.48**のようなものがある．

図表9.47　事業継続管理に必要なプロセス

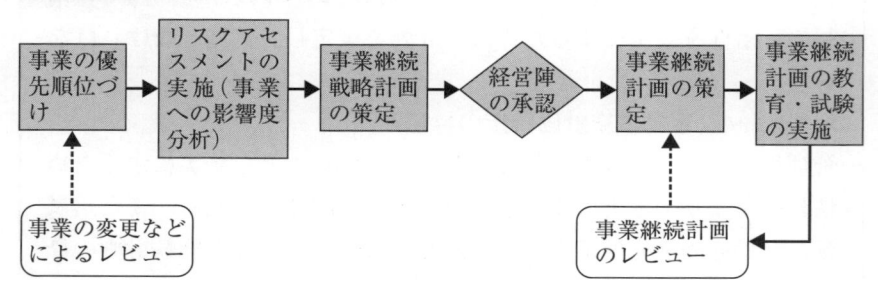

事業の優先順位づけ → リスクアセスメントの実施（事業への影響度分析）→ 事業継続戦略計画の策定 → 経営陣の承認 → 事業継続計画の策定 → 事業継続計画の教育・試験の実施

事業の変更などによるレビュー → 事業の優先順位づけ

事業継続計画のレビュー → 事業継続計画の策定／事業継続計画の教育・試験の実施

9.10 事業継続管理

図表9.48 事業継続管理の検討事項

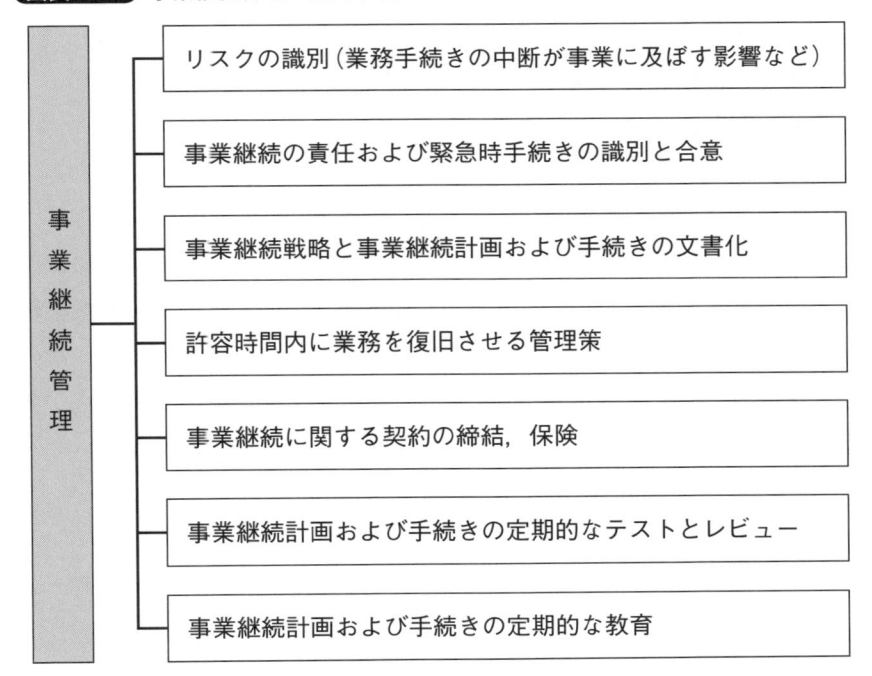

事業継続管理
- リスクの識別（業務手続きの中断が事業に及ぼす影響など）
- 事業継続の責任および緊急時手続きの識別と合意
- 事業継続戦略と事業継続計画および手続きの文書化
- 許容時間内に業務を復旧させる管理策
- 事業継続に関する契約の締結，保険
- 事業継続計画および手続きの定期的なテストとレビュー
- 事業継続計画および手続きの定期的な教育

② **事業継続計画の枠組み**

個々の業務について事業継続計画を策定しても，それらが全体として整合していなければ有効な対応がとれない．すべての事業継続計画の整合性を確保し，事業継続計画全体を統括するための枠組みには，次のような事項を検討する必要がある．

- 事業継続計画の策定手順，記載事項の明確化
- 事業継続計画の実施優先順位と判断基準
- 事業継続計画の実施条件（事業継続計画実行前に実施すべき手続きなど）
- 業務が中断するような緊急事態発生時の対応手続き
- 事業継続のための代替手段の手順

- 業務再開の手順
- 事業継続計画の維持・管理
- 事業継続計画の教育・訓練および周知
- 事業継続計画における個人の責任範囲の明確化

③ 事業継続計画の定期的なテストとレビュー

　緊急時に事業継続計画にもとづいた対応を確実に実施するためには，事業継続計画を定期的にテストし，レビューする必要がある．事業継続計画が業務復旧のために実際に有効であることを保証するために，次のような事項を検討するとよい．また，テスト結果を評価し，問題点がある場合には，事業継続計画を速やかにレビューする必要がある．

- 机上テスト(具体的な障害を想定した検討)
- 模擬テスト(要員の訓練)
- 技術的回復テスト(ハードウェアの切替え，バックアップデータからの復旧)
- 代替施設での回復テスト(業務再開の手順)
- 供給者施設およびサービスのテスト(契約事項の確認)
- 全体的な模擬回復テスト

9.11 順守

(1) 法的要求事項の順守

> **ISO/IEC 27001／JIS Q 27001**
>
> **A.15 順守**
>
> **A.15.1 法的要求事項の順守**
>
> **目的**：法令，規制又は契約上のあらゆる義務，及びセキュリティ上のあらゆる要求事項に対する違反を避けるため．
>
> > **注記** 法的順守は，しばしば，コンプライアンスといわれることがある．
>
> **A.15.1.1 適用法令の識別**
>
> 管理策：各情報システム及び組織について，すべての関連する法令，規制及び契約上の要求事項，並びにこれらの要求事項を満たすための組織の取組み方を，明確に定め，文書化し，また，最新に保たなければならない．
>
> **A.15.1.2 知的財産権（IPR）**
>
> 管理策：知的財産権が存在する可能性があるものを利用するとき，及び権利関係のあるソフトウェア製品を利用するときは，法令，規制及び契約上の要求事項の順守を確実にするための適切な手順を導入しなければならない．
>
> **A.15.1.3 組織の記録の保護**
>
> 管理策：重要な記録は，法令，規制，契約及び事業上の要求事項に従って，消失，破壊及び改ざんから保護しなければならない．
>
> **A.15.1.4 個人データ及び個人情報の保護**
>
> 管理策：個人データ及び個人情報の保護は，関連する法令，規制，及び適用がある場合には，契約条項の中の要求に従って確実にしなければならない．

> A. 15. 1. 5　情報処理施設の不正使用防止
> 管理策：認可されていない目的のための情報処理施設の利用は，阻止しなければならない．
> A. 15. 1. 6　暗号化機能に対する規制
> 管理策：暗号化機能は，関連するすべての協定，法令及び規制を順守して用いなければならない．

管理目的および管理策の解説

① 順守すべき関連法令などの明確化

情報システムの設計や運用，使用および管理においては，法的な要求事項を満たさなければならない．具体的には，**図表9.49**のような事項がある．

情報セキュリティにかかわる法律には，例えば，刑法，不正アクセス禁止法，電子署名法，不正競争防止法，著作権法，個人情報保護法，e-文書法などがある．これらの関連法令などを把握して，方針や管理策において関連法令などの要求事項を明確に文書化しておくことが重要であ

図表9.49 情報システムやサービスへの法的要求事項

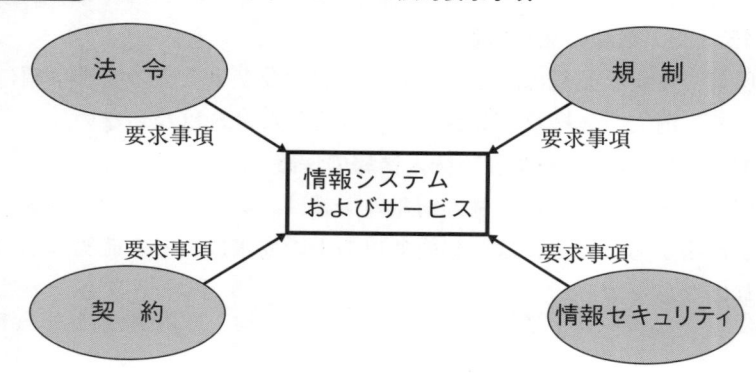

る．また，関連法令などの改正や新規制定などの情報を収集し，組織に周知する体制を整えることも必要である．

　第三者が知的財産権を所有しているソフトウェアを使用する場合には，使用許諾を確実に得る仕組みを整備する．また，使用許諾契約の内容を十分に理解したうえで適切に使用することが求められる．

② 記録や証拠の管理

　組織の事業活動の結果を示すものに記録がある．例えば，現金の出し入れの結果は会計帳簿に記録として残される．このような記録のなかには，法令や規制の要求事項にもとづいて記録・保存するものと，事業活動を行ううえで組織が任意に作成・保存するものがある．重要な記録は，紛失，滅失，破壊，改ざんなどから保護しなければならない．したがって，記録の取扱い方針を明確にして，適切に管理し，保護する必要がある．

　また，記録を電子データとして保存している記憶媒体の劣化に対する保護や可読性の確保も重要である．電子化された文書に対しては，e-文書法（「民間事業者等が行う書面の保存等における情報通信の技術の利用に関する法律」）において機密性や完全性，見読性などの法的要件があるので注意する．

　民事訴訟または刑事訴訟などになった場合には，証拠が必要になる．提示する証拠の適正性を保護するためには，関連法令や事件の審理が行われる特定の法廷の規則に定められる証拠に関する規定に適合したものであることが望ましい．これらの規則には，証拠の容認性，証拠の質および完全性，プロセス管理の証拠などがある．特に，記憶媒体に記録された証拠については，不正な改ざんや消去などから保護し，適切な管理を行う必要がある．また，電子メールには，組織間や組織内における業務上のやり取りなどが記録されているので，重要な記録として保護しな

第9章 「管理目的及び管理策」の解説

けראばならない.

③ 個人情報の管理

組織が取り扱う情報には,個人を特定できる氏名,性別,生年月日,住所,電話番号などの情報や,特定個人にかかわる取引内容などの情報が含まれることがある.これらの個人情報の取扱いについては,個人情報保護に関する法令やガイドラインにもとづいて,適切に保護しなければならない.2005年4月には,個人情報保護法が全面施行され,各省庁からも,個人情報の取扱いに関するガイドラインが公表されている.また,1999年3月に制定された個人情報保護に関するコンプライアンス・プログラムの要求事項であるJIS Q 15001:1999は,個人情報保

図表9.50 個人情報の管理

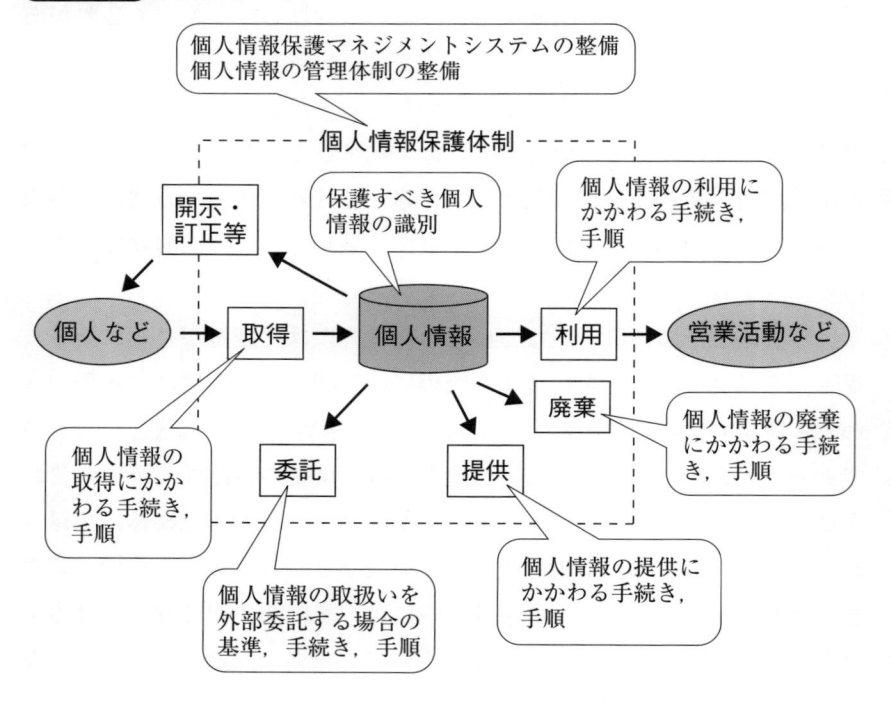

9.11 順守

護マネジメントシステムの要求事項として，JIS Q 15001：2006に改正されている．個人情報については，**図表9.50**に示すような管理を行う必要がある．

④ 情報処理施設や設備の管理

情報処理施設や設備は，組織の業務を遂行するために使用するものである．業務以外の目的で情報処理施設や設備を使用することは，不適切な使用になるおそれがあるので，使用状況を監視する必要がある．使用状況の監視には，監視を行うことの合法性について事前に十分検討する必要がある．情報処理施設や設備の不正使用に関する法律には，例えば，不正アクセス行為の禁止などに関する法律や刑法における電磁的記録不正作出および毀棄罪などがある．

⑤ 暗号の使用

暗号の使用に関しては，国によってその取扱いが異なっている．したがって，暗号化機能を組み込んだハードウェアやソフトウェアの輸出入，あるいは暗号化された情報の送信などについては，該当する国の法律を順守するように注意する必要がある．

(2) セキュリティ方針および標準の順守，ならびに技術的順守

ISO/IEC 27001／JIS Q 27001

(「A.15　順守」の続き)
A.15.2　セキュリティ方針及び標準の順守，並びに技術的順守
目的：組織のセキュリティ方針及び標準類へのシステムの順守を確実にするため．
A.15.2.1　セキュリティ方針及び標準の順守
管理策：管理者は，セキュリティ方針及び標準類への順守を達成す

るために，自分の責任範囲におけるすべてのセキュリティ手順が正しく実行されることを確実にしなければならない．

A.15.2.2　技術的順守の点検
管理策：情報システムを，セキュリティ実施標準の順守に関して，定めに従って点検しなければならない．

管理目的および管理策の解説

① 情報セキュリティ基本方針などの順守(準拠)性チェック

情報セキュリティを確保し，維持するためには，計画にもとづく実行だけではなく，実施状況や順守状況をチェックし，これらの手続きや情報システム，情報処理設備などが，情報セキュリティ基本方針などを順守したものであるかどうかを定期的にチェックする必要がある．そして，問題点があれば，改善することが重要となる．

図表9.51　情報セキュリティ基本方針などのレビュー

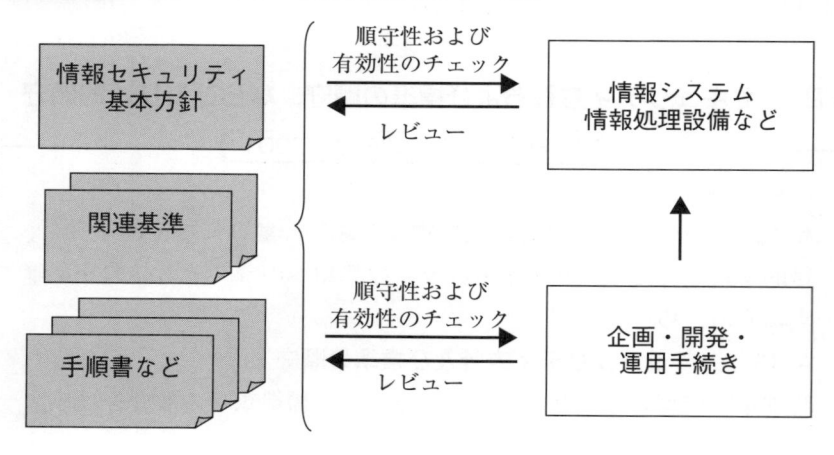

9.11 順　守

② 情報セキュリティ基本方針などのレビュー

情報セキュリティ基本方針は，一度策定すればそれで終わりということではない．事業の要求事項の追加や変更にともなって，組織で行われるさまざまな手続きはレビューされる．また，情報システムや情報処理設備なども変更される．したがって，情報セキュリティ基本方針などを策定した時点での状況とは異なる場合がある．情報セキュリティ基本方針などの順守状況のチェックにおいて発見された問題点などを参考にして，情報セキュリティ基本方針や関連基準などの定期的なレビューが必要である（図表9.51）．

（3）　情報システムの監査に対する考慮事項

ISO/IEC 27001／JIS Q 27001

（「A.15　順守」の続き）

A.15.3　情報システムの監査に対する考慮事項
目的：情報システムに対する監査手続の有効性を最大限にするため，及びシステムの監査プロセスへの干渉及び／又はシステムの監査プロセスからの干渉を最小限にするため．

A.15.3.1　情報システムの監査に対する管理策
管理策：運用システムの点検を伴う監査要求事項及び活動は，業務プロセスの中断のリスクを最小限に抑えるために，慎重に計画され，合意されなければならない．

A.15.3.2　情報システムの監査ツールの保護
管理策：情報システムを監査するツールの不正使用又は悪用を防止するために，それらのツールへのアクセスは，抑制しなければならない．

第9章 「管理目的及び管理策」の解説

管理目的および管理策の解説

① 情報システムの監査実施時の考慮

情報システムの監査では，監査対象システムに監査ツールを組み込んだり，稼動中のシステムを監査したりすることがある．このような場合，情報システムの監査の実施によって業務が中断するようなことがあってはならない．そこで，情報システムの監査の実施による影響を分析のうえ，監査計画を立案し，事前に関係者の合意をとることが望ましい．情報システム監査の実施にあたっては，**図表 9.52** に示す点に注意するとよい．

また，ソフトウェアやデータファイルを監査するためにシステム監査ツールを使用する場合がある．監査ツールの誤用や，第三者による悪用を防止するために，適切なレベルでの保護策が講じられていない限り，システム監査ツールは，開発および運用システムから分離することが望ましい．

図表 9.52 情報システムの監査を実施する際の考慮事項

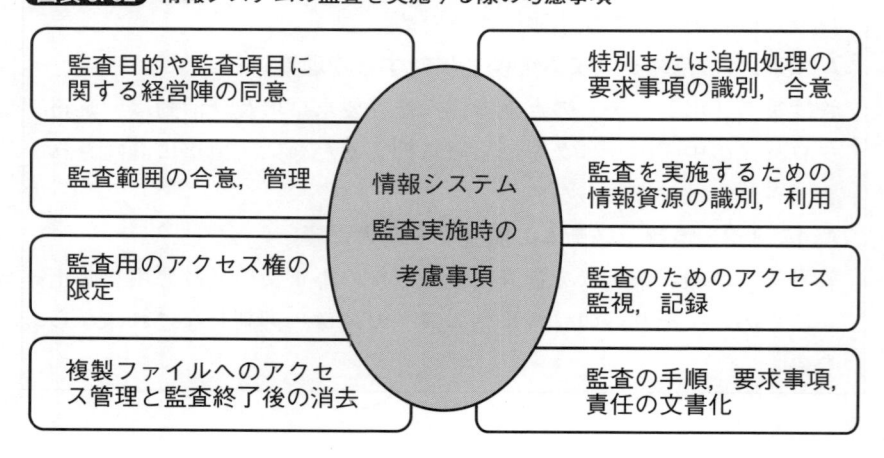

- 監査目的や監査項目に関する経営陣の同意
- 監査範囲の合意，管理
- 監査用のアクセス権の限定
- 複製ファイルへのアクセス管理と監査終了後の消去
- 特別または追加処理の要求事項の識別，合意
- 監査を実施するための情報資源の識別，利用
- 監査のためのアクセス監視，記録
- 監査の手順，要求事項，責任の文書化

（情報システム監査実施時の考慮事項）

参 考 文 献

1) 日本工業標準調査会(審議):『JIS Q 27001(ISO/IEC 27001)情報技術—セキュリティ技術—情報セキュリティマネジメントシステム—要求事項』, 日本規格協会, 2006年.
2) 日本規格協会:『ISO/IEC 27001:2005 英和対訳版』, 2005年.
3) 島田裕次・榎木千昭・山本直樹・五井孝・内山公雄:『ISMS認証基準と適合性評価の解説』, 日科技連出版社, 2002年.
4) 島田裕次・本田実・五井孝:『情報セキュリティ監査制度の解説と実務対応』, 日科技連出版社, 2003年.
5) 島田裕次(編著), 宇佐美豊・大和田淳・川村光利・五井孝・小宮英智・本田実:『情報セキュリティ・個人情報保護のための内部監査の実務[CD—ROM付]』, 日科技連出版社, 2005年.
6) 島田裕次:『リスク図による情報セキュリティ監査の実践』, 同文舘出版, 2006年.
7) 日本情報処理開発協会:『情報セキュリティマネジメントシステム(ISMS)適合性評価制度の概要』の「5. ISMS適合性評価制度の運用」(http://www.isms.jipdec.jp/about/index.html), 2006年2月7日.
8) EC委員会:『経済活動に関する統計的分類基準』(NACE Rev.1), 1994年.
9) 日本情報処理開発協会:『ISMS審査登録機関認定基準に関する指針(JIP-ISAC101-1.0)』, 2005年4月26日.
10) 欧州認定協力機構(EA:European Cooperation for Accreditation):『情報セキュリティマネジメントシステム審査登録機関の認定に関するEA指針(EA-7/03)』, 1999年11月.
11) 日本情報処理開発協会:『ISMS審査員の資格基準(JIP-ISAC400-1.0)』, 2003年6月2日.
12) 日本情報処理開発協会:『ISO/IEC 27001への移行計画』, 2005年12月7日.
13) 日本規格協会:『JIS・海外規格説明会/講演会のご案内 JIS Q 27001, 27002制定説明会 開催主旨』(http://www.jas.or.jp/), 2006年4月7日.

索　引

■英数字■

Act　　11, 125
asset　　56
availability　　4, 56
BS 7799：1995　　18
BS 7799-1：1995　　19
BS 7799-2：1998　　19
BS 7799-2：2002　　53
Check　　11, 141
CIO（Chief Information Officer）　　139
CISA（Certified Information Systems Auditor）　　104
CISM（Certified Information Security Manager）　　104
CISO（Chief Information Security Officer）　　139
COBIT　　84
confidentiality　　3, 56
CSF（Critical Success Factors）　　84
CVCF（Constant Voltage Constant Frequency）　　165
Do　　11, 81
DoS（Denial of Service）攻撃　　59
ERM（Enterprise Risk Management）　　8, 71
e-文書法　　244, 245
GMITS　　29
IAF　　34
IDS（Intrusion Detection System）　　81
Information　　10
information security　　56
information security event　　56
information security incident　　56
integrity　　3, 57, 61
IPR　　243

ISACA　　104
ISMS（information security management system）　　57
ISMS 基本方針　　73, 88, 98
ISMS 審査登録機関認定基準に関する指針　　35, 41
ISMS 担当者　　112
ISMS 適合性評価制度　　16, 25
ISMS 内部監査　　83, 98, 108, 109, 127
ISMS 認証基準（Ver.2.0）　　30, 52, 81, 139
ISMS 認定マーク　　40
ISMS の維持および改善　　86
ISMS の監視　　82
ISMS のマネジメントレビュー　　98
ISMS の有効性　　122
ISMS 文書　　88, 91
ISO　　34
ISO 14001　　127
ISO 9001　　127
ISO/IEC 13335-1：2004　　21
ISO/IEC 17799：2000　　20
ISO/IEC 17799：2005　　21
ISO/IEC 27000　　28
ISO/IEC 27000 ファミリー　　27
ISO/IEC 27001：2005　　1
ISO/IEC 27003　　28
ISO/IEC 27004　　28
ISO/IEC 27005　　28
ISO/IEC TR 13335　　28
ISO/IEC TR 18044：2004　　21
IT 委員会　　139
IT ガバナンス協会　　84
IT リスク　　71
JAB　　34
JIPDEC　　34

253

索　引

JIS Q 14001　127
JIS Q 15001：2006　247
JIS Q 27001：2006　1
JIS Q 9001　127
KGI(Key Goal Indicators)　84
KPI(Key Performance Indicators)　84
MAC アドレス(Media Access Control address)　209
Management　10
NACE Rev. 1　37
"need to know"の原則　199
PDCA モデル　10, 30, 70, 80, 99, 121
Plan　11, 80
residual risk　63
RFID(Radio Frequency Identification)　140
risk acceptance　63
risk analysis　63
risk assessment　63
risk evaluation　63
risk management　63
risk treatment　63
Security　10
shall　33
should　33
SLA(Service-Level Agreement)　174
SSID(Service Set ID)　209
statement of applicability　66
System　10
UPS(Uninterrupted Power Supply)　165
WEP(Wired Equivalent Privacy)　209

■ア　行■

アカウンタビリティ　89
悪意のあるコード　177
アクセス権　201
アクセス権の削除　156
アクセス権の付与基準　200

アクセスコントロール　199
アクセス制御　199
アクセス制御方針　199, 200
アクセスログ　194
アルバイト　154
暗号　224
暗号化機能　244, 247
暗号通信機能　209
意識向上　102
委託先に対する監査　174
インフラ投資　14
受入れ基準　176
受渡場所　158, 161
運用環境　171
運用基準書　169
影響度　65
エスクロー契約　188
オペレーション管理　195
オペレーティングシステム　220
　　――のアクセス制御　211
オンライン取引　190, 192

■カ　行■

解雇　157
改善目的　87
開発環境　171
開発施設　168
外部委託　173, 229, 231
外部委託先　143, 154
　　――の監督　174
回復対策　237
外部組織　141
かぎ(鍵)管理　224
火災　164
火災対策　161
瑕疵担保　174
可用性　4, 56, 58, 165
監査員　108, 112
監査計画　250

索引

監査証跡　237
監査チェックリスト　112
監査ツール　249
監査プログラム　108, 112
監査プロセスの客観性及び公平性　108
監査ログ　195
監査ログ取得　193
監視　193
完全性　3, 57, 61, 165
管理策　21, 63, 67, 75
　——の選択　65
　——の有効性測定方法　122
　——の有効性の測定　80, 85
管理目的　21, 75
企業の統合的リスク管理　8
技術的回復テスト　242
技術的順守　248
技術的ぜい弱性管理　231
机上テスト　242
機密性　3, 56, 60
機密レベル　215
キャパシティ管理　175
脅威　74
教育・訓練　80, 102, 153
教育・周知　135
境界　73
業務用情報システム　187, 190
業務用ソフトウェア　5, 211, 215, 220, 222
記録の管理　94
記録の管理手順　95
クリアデスク・クリアスクリーン方針　206
クロックの同期　194
経営資源　80, 104
　——の運用管理　102
経営者の責任　6
経営陣　49, 104, 135
　——のコミットメント　98

——の承認　78
——の責任　98, 137, 153
経営責任　12
経済活動に関する統計的分類基準　37
刑事訴訟　245
継続的改善　126
携帯電話　140, 166
警備員　160
刑法　244
契約相手　149
契約書　143
ケーブル配線　162
見学者　142
検収　174
現場視察　44
公開情報　191, 192
構外にある装置　163
公衆ネットワーク　182, 190
更新審査　47
公認情報システム監査人　104
公認情報セキュリティマネージャー　104
コールバック　209
顧客対応　141
国際認定機関フォーラム（IAF）　34
国際標準化機構（ISO）　34
個人情報　246
個人情報保護法　244
コスト　80
雇用期間　149
雇用契約書　149
雇用時の教育　152
雇用条件　149, 150
雇用の形態　149
コンサルタント　50
コントロール　67
コンピュータウイルス　178, 179

255

索引

■サ 行■

サービス・レベル・アグリーメント　174
サービス提供業者　149
サーベイランス　46
再委託　173
在宅勤務　219
サイトツアー　44
再発防止対策　237
再利用　163
差分審査　53
サポートユーティリティ　162
残留リスク　63, 83
事業継続管理　239, 240
事業継続計画　239, 241
事業上の要求事項　122
試験施設　168
時刻の同期　197
資産　56
資産の移動　163
資産の管理責任者　144
資産の返却　156
資産目録　144
地震　164
地震対策　161
システム　10
システム監査技術者　104
システム監査ツール　250
システム試験データ　225
システム障害　195
システム設定プログラム　214
システムの受入れ　175
システムファイル　225, 226
システム文書　184, 186
システムユーティリティ　211
自然災害　158
下請負業者　149
従業員　149

就業規則　142
重要成功要因　84
出力データの妥当性確認　222
守秘義務　143
主要業績指標　84
主要目標指標　84
順守　129, 243
状況監視　176
証拠　245
　——の収集　236, 238
詳細管理策　33
情報　10
情報資産　5, 57, 145
情報システムの監査　249
情報システムの取得，開発及び保守　220
情報システムのセキュリティガイドライン　2
情報処理サービス業情報処理システム安全対策実施事業所認定制度　25
情報処理施設および設備　159
情報処理設備　137
情報セキュリティ　2, 56
情報セキュリティアドミニストレータ　104
情報セキュリティ委員会　139
情報セキュリティインシデント　6, 56, 59, 61, 82, 169, 171, 233, 235
　——の管理　233, 236
情報セキュリティ機能　220
情報セキュリティ基本方針文書　134
情報セキュリティ事象　56, 61, 233
情報セキュリティ責任　137
情報セキュリティ対策　67
情報セキュリティの9原則　2
情報セキュリティの定義　58
情報セキュリティマネジメントシステム　1, 10, 57, 70
情報セキュリティマネジメントシステム適

256

索　引

合性評価制度　25
情報セキュリティ要求事項　108
情報戦略　14
情報の交換　186
情報の消去　166
情報の分類　146
情報の分類基準　146
情報のラベル付け　146
情報の漏えい　229
情報へのアクセス制限　215
情報倫理教育　155
初回審査　41, 43
職務定義書　149, 151
職務の分割　168, 171
処置　86
処分　163
処分業者　185
人材派遣業者　149
審査員　89
審査員研修機関　36
審査員評価登録機関　36
審査登録機関　33, 35, 89
審査登録機関の選定　50
審査登録制度　33
浸水　164
人的災害　158
人的資源のセキュリティ　149
侵入検知システム　81
ステージ1の審査　43
ステージ2の審査　45
ぜい弱性　74, 147
責任追跡性　201
責任範囲　143
セキュリティ　10
セキュリティインシデント　94
セキュリティ運営委員会　139
セキュリティカテゴリ　21
セキュリティ基本方針　134
セキュリティ弱点　233

セキュリティ方針　247
セキュリティ要求事項　83, 122, 220
セキュリティ領域　159
セキュリティを保つべき領域　158
是正処置　128
セッションのタイムアウト　211
接続時間の制限　211, 214
説明責任　89
選考　150
戦略目標　14
操作手順書　168, 169
装置のセキュリティ　162
装置の保守　163
損害賠償　143, 174

■タ　行■

第三者が提供するサービス　172
第三者との契約　141
代替施設での回復テスト　242
知的財産権　243, 245
注意義務　143
懲戒手続　153, 155
著作権法　244
通信及び運用管理　168
通信傍受　165
適用宣言書　66, 67, 76, 88
適用範囲　36, 73
適用法令の識別　243
テスト環境　171
テストデータ　227
テレワーキング　216, 219
電源異常　165
電子化されたISMS文書　93
電子商取引　187, 190
電子署名法　244
電子的メッセージ通信　187
電磁波　164
電子メールの管理　189
盗難　164

索　引

登録証書　39
登録マーク　39
特別審査　53
独立したレビュー　138
特権ID　204
特権管理　202
トレーサビリティ　188
トロイの木馬　178

■ナ　行■

内部監査　109
内部処理の管理　222
内部組織　137
㈶日本情報処理開発協会　33
㈶日本適合性認定協会　34
入退管理システム　160
入力データの妥当性確認　222
認証制度　14
認定機関　34
認定マーク　39
ネットワーク管理策　181
ネットワークサービス　182
ネットワークセキュリティ管理　181
ネットワークのアクセス制御　208
ネットワークのアクセス制御方針　210
ネットワークの接続制御　208
ネットワークの領域分割　208
ネットワークルーティング制御　209
ネットワークワーム　178

■ハ　行■

パートタイマー　154
廃止文書　91
媒体の管理　184
媒体の処分　184
媒体の取扱い　183
破壊　164
バグ　226
派遣社員　154

パスワード　213
パスワード管理　206
　——システム　211
パスワードの割当て　204
バックアップ　180
バックアップ回線　182
パッケージソフトウェア　220, 231
発見対策　233
発信者番号　209
発生可能性　65
パフォーマンスの記録　94
秘密保持　174
秘密保持契約　137
フォローアップ　108
復元ソフトウェア　185
不正アクセス　199
不正アクセス禁止法　244
不正競争防止法　244
不正使用　244
不正プログラム　231
附属書A　67, 75
復旧対策　237
物理的セキュリティ境界　158
物理的入退管理策　158
物理的媒体　187
不適合　128
プライバシーマーク　127
プログラムソースライブラリ　227
文書化に関する要求事項　88
文書管理　90, 169
文書管理手順　91
文書更新　91
文書審査　43
文書配付　91
分類手順　147
分類の指針　146
変更管理　168, 170, 229
方策　63
法的要求事項　243

索　引

■マ　行■

マネジメント　10
マネジメントレビュー　116, 126
ミドルウェア　220
民事訴訟　245
無線 LAN　182
無停電電源装置　165
メッセージの完全性　222, 224
模擬テスト　242
モバイルコード　177, 180
モバイルコンピュータ　140, 166
モバイルコンピューティング　216

■ヤ　行■

有効性評価　30
ユーティリティプログラム　211, 214
要員の力量　104
容量・能力の管理　175
予備審査　41
予防処置　128, 130

■ラ　行■

雷害　165
リース　166
力量　102
リスク　74
リスクアセスメント　25, 63, 73, 83, 130, 221, 239
リスク受容基準　74, 98, 122
リスク対応　25, 63, 65, 75
リスク対応計画　79, 80, 88
リスクテイク　79
リスクの移転　66
リスクの回避　65
リスクの識別　141
リスクの受容　63, 65
リスクの受容可能レベル　85, 98
リスクの連鎖　72
リスク評価　63
リスク分析　63
リスクマネジメント　63
リモート接続　182
利用者 ID　202, 205
利用者登録　202
利用者の識別及び認証　211
利用者の責任　205
利用者の認証　213
利用者パスワードの管理　202
レビュー　82
　──からのアウトプット　122
　──へのインプット　119
連絡体制　235
漏水　164
ログオンプロセス　212

259

◆著者紹介

島田裕次(しまだ ゆうじ)　執筆担当：第1章1.1～1.2節，第3章～第8章，第9章9.1～9.5節
1956年生まれ．1979年，早稲田大学政治経済学部卒業．
現在，東京ガス㈱情報システム監査グループマネージャー．1999年から日本大学商学部非常勤講師(コンピュータ会計論)を兼務．情報処理技術者試験委員．米国公認情報システム監査人(CISA)，経済産業省システム監査技術者．公認内部監査人(CIA)
著　書　『情報セキュリティ・個人情報保護のための内部監査の実務』(編著)，日科技連出版社．『リスク図による情報セキュリティ監査の実践』(単著)，同文舘出版．

榎木千昭(えのき ちあき)　執筆担当：第1章1.3節
1961年生まれ．1985年，北九州市立大学法学部卒業．
現在，KPMGビジネスアシュアランス㈱執行役員．情報処理技術者試験委員，㈶日本情報処理開発協会ISMS適合性評価制度運営委員．米国公認情報システム監査人(CISA)，経済産業省システム監査技術者．
著　書　『ネットビジネスのセキュリティ』(共著)，『事業継続マネジメントの構築と運用の実践』(編著)，日科技連出版社．

澤田智輝(さわだ もとき)　執筆担当：第2章2.1～2.3節
1974年生まれ．1998年，法政大学工学部卒業．
現在，KPMGビジネスアシュアランス㈱マネージャー(ISO 27001認証取得支援，情報セキュリティ管理態勢構築・運用支援，事業継続態勢構築・運用支援，システム監査などに従事)．米国公認情報システム監査人(CISA)，経済産業省システム監査技術者．

内山公雄(うちやま きみお)　執筆担当：第2章2.4～2.6節
1961年生まれ．1985年，東京理科大学理学部卒業．
現在，KPMGビジネスアシュアランス㈱シニア・マネージャー(ISO 27001認証取得支援，プライバシーマーク認証取得支援，ISMS審査員コース教育講師，情報セキュリティ／個人情報保護管理態勢構築およびマネジメントシステム統合アドバイザリーサービス，情報セキュリティ監査などに従事)．KPMG BS 7799審査員，ISMS主任審査員，KPMG BS 7799リードオーディターコース・リードチューター，ISMS審査員コース認定講師，JRCA品質システム審査員補，IRCA QMS PROVISIONALAUDITOR．

五井　孝(ごい たかし)　執筆担当：第9章9.6～9.11節
1960年生まれ．1984年，東京理科大学理学部卒業．
現在，㈱大和総研ソリューション推進部上席コンサルティング・マネージャ(情報セキュリティ監査，情報セキュリティコンサルティング，システム監査などに従事)．情報処理技術者試験委員．情報システムコントロール協会(ISACA)東京支部元理事(1998-2003)．ISMS主任審査員，米国公認情報システム監査人(CISA)，経済産業省システム監査技術者，システム監査学会認定情報セキュリティ専門監査人．
著　書　『情報セキュリティ監査制度の解説と実務対応』(共著)，『情報セキュリティ・個人情報保護のための内部監査の実務』(共著)，日科技連出版社．

ISO 27001 規格要求事項の解説とその実務
情報セキュリティマネジメントの国際認証制度への対応

2006 年 7 月 19 日　第 1 刷発行
2012 年 2 月 7 日　第 4 刷発行

著　者　島田裕次　　榎木千昭
　　　　澤田智輝　　内山公雄
　　　　五井　孝

発行人　田中　健

検印省略

発行所　株式会社日科技連出版社
〒 151-0051　東京都渋谷区千駄ケ谷 5-4-2
電　話　出版　03-5379-1244
　　　　営業　03-5379-1238〜9
振替口座　東　京　00170-1-7309

印刷・製本　三　秀　舎

Printed in Japan

© Yuji Shimada, Chiaki Enoki, Motoki Sawada, Kimio Uchiyama, Takashi Goi 2006
ISBN978-4-8171-9185-4
URL　http ://www.juse-p.co.jp/

本書の全部または一部を無断で複写複製(コピー)することは，著作権法上での例外を除き，禁じられています．

━━━━━━━━━ ISO 27001 の認証取得に役立つ本 ━━━━━━━━━

リスクアセスメント(4.2.1 ISMS の確立)に役立つ

情報セキュリティのためのリスク分析・評価

畠中敏伸 [編著]、羽生田和正・折原秀博・伊藤重隆・相沢健実 [著]
B5 判、並製、384 頁

内部監査(6 ISMS 内部監査)に役立つ

情報セキュリティ・個人情報保護のための内部監査の実務 [CD-ROM 付]

島田裕次 [編著]、宇佐美豊・大和田淳・川村光利・五井孝・小宮英智・本田実 [著]
B5 判、並製、352 頁
書籍に掲載したチェックリストなどを収録した CD-ROM 付

事業継続管理(A.14 事業継続管理)に役立つ

事業継続マネジメントの構築と運用の実践

KPMG ビジネスアシュアランス㈱ [編]
A5 判、並製、176 頁

中央防災会議「事業継続ガイドライン」の解説と Q & A

丸谷浩明・指田朝久 [編著]
A5 判、並製、224 頁

━━━━━━━━━━━━━━━━━━━━━━━━━━━━━

◎日科技連出版社の図書案内はホームページでご覧いただけます。
http://www.juse-p.co.jp/